职业院校课程改革规划新教材

Qiche Dipan Changjian Weixiu Xiangmu Lishi Yitihua Jiaocai

汽车底盘常见维修项目理实一体化教材

颜华平　主编
朱　军　主审

人民交通出版社
China Communications Press

内 容 提 要

本书是职业院校课程改革规划新教材之一,共分为9章,全书较系统地介绍了离合器、变速器、万向传动装置、驱动桥、车轿及车轮定位、车轮与车胎、车架与悬架、转向系统、制动系统的结构、工作原理和相关部件的常见维修项目。

本书为职业院校汽车运用与维修专业的教材,也可供相关从业人员学习使用。

图书在版编目(CIP)数据

汽车底盘常见维修项目理实一体化教材 / 颜华平主编. —— 北京:人民交通出版社,2012.8
职业院校课程改革规划新教材
ISBN 978-7-114-09697-6

Ⅰ.①汽… Ⅱ.①颜… Ⅲ.①汽车–底盘–车辆修理–高等职业教育–教材 Ⅳ.①U472.41

中国版本图书馆CIP数据核字(2012)第043667号

职业院校课程改革规划新教材

书　　名:	汽车底盘常见维修项目理实一体化教材
著 作 者:	颜华平
责任编辑:	戴广超
出版发行:	人民交通出版社
地　　址:	(100011)北京市朝阳区安定门外外馆斜街3号
网　　址:	http://www.ccpress.com.cn
销售电话:	(010) 59757973
总 经 销:	人民交通出版社发行部
经　　销:	各地新华书店
印　　刷:	北京鑫正大印刷有限公司
开　　本:	880×1230　1/16
印　　张:	19
字　　数:	567千
版　　次:	2012年8月　第1版
印　　次:	2017年7月　第3次印刷
书　　号:	ISBN 978-7-114-09697-6
定　　价:	39.00元

(有印刷、装订质量问题的图书由本社负责调换)

序 言

2007年交通部汽车维修行业协会组织编写了由人民交通出版社出版的"汽车常见维修项目实训教材",该教材在深入研究了当时汽车维修行业实际工作过程中常见的汽车维修项目后,提出了以汽车维修一线常见汽车维修项目为基础筛选汽车职业教学实训项目的思路,体现了汽车维修职业教学目标与汽车维修一线实践紧密结合的要求,为实现汽车维修职业教育与汽车维修行业零距离对接的要求提供了有价值的经验。该教材由山东德州汽车摩托车专修学院(现为德州交通中等专业学校)承担编写工作,教材采用了拍摄实际操作过程中系列照片的方式编写,这种表达方式很好的展现了实训教学过程中的操作工艺流程,使得实训教学内容的细节能够清晰的彰显出来,成为当时第一套图文并茂的汽车职业教育实训教学教材,该教材一经出版就引起了全国汽车职业学校的广泛关注,很多省市的汽车专业学校都将其选为汽车专业的实训教材或参考教材。

近年来随着汽车维修职业教育教学的发展,许多一线的老师和同学们对这套教材提出了希望能够实现"做中学、学中做"即知识和技能学做合一的改进建议。在广泛征求了使用过该教材的汽车职业院校师生的意见后,人民交通出版社决定将这本教材重新组织编写成一本理实一体化的汽车专业教材,定名为"汽车常见维修项目理实一体化教材"。

改编后的教材首先继承了原教材中实训教学的基本编写形式,重点加入了发动机、底盘和电气三大部分的理论知识内容,在编写汽车理论知识时采取了适度够用的原则,对中等职业汽车专业理论知识教材进行了适当的剪裁和修改,并加入了大量生动的汽车知识图片来增强教材的图形感染力,使得这本教材更适合中等职业学校的学生阅读。在实训教学内容的改编过程中,本书编写单位常州交通技师学院专门组织编写老师走访了数家典型汽车的4S店,收集了最近几年来主流车型的市场变化和汽车维修项目的详细资料,对原教材中汽车维修项目进行了细微的调整,使之更接近当前汽车消费市场的主流车型,同时根据中等职业汽车专业教学和竞赛的汽车车型变化,选择了一汽丰田卡罗拉轿车(原教材为上汽桑塔纳轿车)做为实训教材指定用车,以便更加适合我国汽车专业学校汽车维修知识和技能教学的实际需求。为了实现"做中学、学中做"的教学目标,教材按照汽车的发动机、底盘和电气三大部分分册,再将各部分的子系统分章节编写,每章先给出需用知识,然后再列出从维修一线选出的与这部分子系统相关联的常见维修项目作为技能训练内容,这种编写体例将汽车维修知识和技能进行了相对独立的编写,教学中可以按照项目导入的方法先引入常见汽车维修项目直接进行技能训练,然后再学习相关的理论知识,实现"做中学"的目标。也可以先进行相关专业知识的学习，然后再进行对应汽车维修技能的实训，达到"学中做"目的。尝试这样的编写体例是为了满足不同教学方式的需要，以便更好的适应当前我国汽车维修专业实际教学组织的需要，使得理论教学和实践训练水平不同的教师都能较好的完成汽车专业理实一体化教学的组织和实施工作。

  教材主要内容包括中等职业学校汽车维修专业教学中最重要的三门专业课程的理论知识内容和汽车维修实践中最常见最基本的几十项汽车维护和检修作业内容，这些知识和技能是每一名汽车维修技工必须熟练掌握的最重要的知识和最基础的技能，是每一位从汽车专业学校毕业的学生初次面对汽车维修一线实际工作时不可或缺的"看家"本领。希望这本教材能够为汽车维修专业教学找到一个基本的教学"底线"要求，使得汽车维修教学的成本降到最低，而教学的实用效果达到最佳的目的。希望此教材能有助于汽车专业教学中理实一体化教学的实施和探究，能够为汽车专业教学改革起到积极地推动作用。也希望广大师生对教材使用中的问题给予指导和批评。最后感谢常州交通技师学院领导和汽车系全体老师为教材的编写所付出的辛勤努力。

朱 军

2012年4月

目录

第一章　离合器 ……………………………………………………………………… 1
第一节　需用知识 ………………………………………………………………… 1
第二节　常见维修项目 …………………………………………………………… 4
　　任务一　检查和调整离合器踏板位置 …………………………………………… 4
　　任务二　检查、添加或更换离合器液压系统工作油液 ………………………… 11
　　任务三　更换离合器主缸、工作缸 ……………………………………………… 19
　　任务四　更换离合器分离轴承、压盘和从动盘 ………………………………… 30

第二章　变速器 ……………………………………………………………………… 54
第一节　需用知识 ………………………………………………………………… 54
第二节　常见维修项目 …………………………………………………………… 63
　　任务一　检查、添加或更换手动变速器油 ……………………………………… 63
　　任务二　检查、添加或更换自动变速器油 ……………………………………… 72

第三章　万向传动装置 ……………………………………………………………… 78
第一节　需用知识 ………………………………………………………………… 78
第二节　常见维修项目 …………………………………………………………… 82
　　任　务　检查和更换传动轴、等速万向节及橡胶护套 ………………………… 82

第四章　驱动桥 ……………………………………………………………………… 93
第一节　需用知识 ………………………………………………………………… 93
第二节　常见维修项目 …………………………………………………………… 96
　　任　务　检查、添加或更换减速器油 …………………………………………… 96

第五章　车桥及定轮定位 ………………………………………………………… 104
第一节　需用知识 ………………………………………………………………… 104
第二节　常见维修项目 …………………………………………………………… 107
　　任　务　汽车车轮定位测量 ……………………………………………………… 107

第六章　车轮与车胎 ……………………………………………………………… 125
第一节　需用知识 ………………………………………………………………… 125
第二节　常见维修项目 …………………………………………………………… 129
　　任　务　检查和更换轮胎与车轮动平衡检测 …………………………………… 129

第七章　车架与悬架 ……………………………………………………………147
第一节　需用知识 ……………………………………………………………147
第二节　常见维修项目 ………………………………………………………154
任务一　检查和更换悬架下摆臂及其球头 ……………………………154
任务二　检查和更换前后减振器 ………………………………………160
任务三　检查和更换前后轮轮毂轴承总成 ……………………………176
任务四　检查汽车悬架组件固定螺栓紧固情况 ………………………191

第八章　转向系统 ………………………………………………………………198
第一节　需用知识 ……………………………………………………………198
第二节　常见维修项目 ………………………………………………………205
任务一　检查和更换转向横拉杆球头 …………………………………205
任务二　检查转向系的间隙及固定螺栓紧固情况 ……………………211

第九章　制动系统 ………………………………………………………………216
第一节　需用知识 ……………………………………………………………216
第二节　常见维修项目 ………………………………………………………225
任务一　检查制动踏板位置 ……………………………………………225
任务二　检查和调整驻车制动器 ………………………………………232
任务三　检查、添加或更换制动液 ……………………………………236
任务四　检查和更换制动蹄（片） ……………………………………244
任务五　检查和更换制动盘 ……………………………………………256
任务六　更换制动助力器、制动主缸及轮缸 …………………………266
任务七　检查汽车制动系统固定螺栓紧固情况 ………………………281
任务八　检查和更换ABS轮速传感器 …………………………………284

第一章 离合器

第一节 需用知识

一、概述

离合器安装在发动机与变速器之间,如图1-1所示。其功用是:使发动机与传动系统逐渐接合,保证汽车平稳起步;暂时切断发动机的动力传递,保证变速器换挡平顺;限制所传递的转矩,防止传动系统过载。

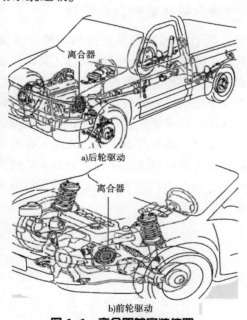

图1-1 离合器的安装位置

二、离合器的结构和工作原理

1 离合器的基本结构

离合器的基本结构如图1-2所示。根据各元件的动力传递和作用不同,离合器可分为主动部分、从动部分、压紧装置和操纵机构。压紧装置(膜片弹簧)将从动盘压紧在飞轮端面上,发动机转矩靠飞轮与从动盘接触面之间的摩擦作用而传递到从动盘上,再经过从动轴等传给驱动车轮。

图1-2 离合器的基本结构

2 离合器的工作原理

离合器的工作原理如图1-3所示。从动盘通过花键和变速器主动轴相连,可以前后运动。在膜片弹簧(压紧弹簧)作用下,压盘将从动盘压紧在飞轮上,离合器处于接合状态。

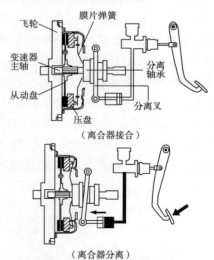

图1-3 离合器的工作原理

当驾驶人踩下离合器踏板时,分离轴承在分离叉的推动下,推动压盘克服压紧弹簧的力而后移,使从动盘处于自由状态,离合器处于分离状态,中断动力传动。

逐渐抬起离合器踏板，压盘在压紧弹簧的作用下前移逐渐压紧从动盘，此时从动盘与压盘、飞轮的接触面之间产生摩擦力矩并逐渐增大，动力由飞轮、压盘传给从动盘经输出轴输出。在这一过程中，从动盘及输出轴转速逐渐提高，直至与主动部分相同，主、从动部分完全接合，接合过程结束，离合器处于接合状态。

在离合器的接合过程中，飞轮、压盘和从动盘之间接合还不紧密时，所能传递的摩擦力矩较小，其主、从动部分未达到同步，处于相对打滑的状态称为半联动状态。这种状态在汽车起动时是必要的。

3 膜片弹簧式离合器

膜片弹簧式离合器的结构如图1-4所示。膜片弹簧式离合器结构简单，可免除调整分离杠杆高度的麻烦，且膜片弹簧弹性极佳，操作省力，故为目前使用最广的离合器。

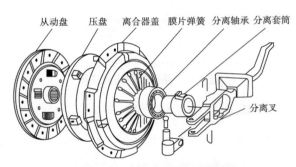

图1-4　膜片弹簧式离合器的结构

离合器盖通过螺栓固定在飞轮上，为了保持正确的安装位置，离合器盖通过定位销进行定位。压盘与离合器盖之间通过周向均布的三组或四组传动片来传递转矩。传动片用弹簧钢片制成，每组两片，一端用铆钉铆在离合器盖上，另一端用螺钉连接在压盘上。

从动盘主要由波形弹簧片、摩擦衬片和从动盘花键毂等组成，如图1-5所示。为消除传动系统的扭转振动，从动盘一般都带有扭转减振器。

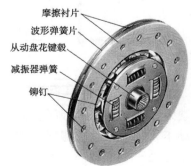

图1-5　从动盘的结构

膜片弹簧的径向开有若干切槽，形成弹性杠杆。切槽末端有圆孔，固定铆钉穿过圆孔，并固定在离合器盖上。膜片弹簧两侧装有钢丝支承环，这两个钢丝支承环是膜片弹簧工作时的支点。膜片弹簧的外缘通过分离钩与压盘联系起来，如图1-6所示。

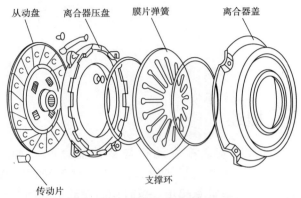

图1-6　膜片弹簧式离合器的结构

4 离合器踏板的自由行程

当从动盘摩擦片磨损变薄后。膜片弹簧（或分离杠杆）外端和压盘一起向前移，其与分离轴承接触的内端向后移。如果膜片弹簧（或分离杠杆）与分离轴承之间没有间隙，则由于机械式操纵机构的干涉作用，压盘最终无法前移，即导致离合器从动盘不能接合，出现打滑现象。为此，在离合器膜片弹簧（或分离杠杆）内端与分离轴承之间预留一定的间隙（一般为几毫米），这个间隙称为离合器的自由间隙，如图1-7所示。

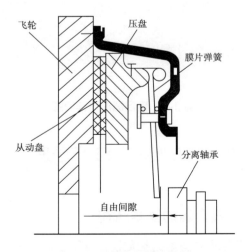

图1-7　离合器的自由间隙

离合器分离过程中，为消除离合器自由间隙和分离机构、操纵机构零件的弹性变形所需要踩下的踏板行程称为离合器踏板自由行程。

5 离合器的操纵机构

离合器的操纵机构起始于离合器踏板，终止于分离杠杆，可分为机械式和液压式。

1. 机械式操纵机构

机械式操纵机构有杠杆传动和钢索传动两种。

钢索传动操纵机构如图 1-8 所示。由于钢索是挠性件，对其他装置的布置没有大的影响，安装方便、成本低、维护容易，因此使用较多。

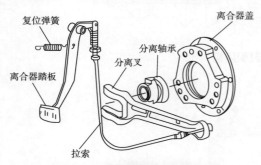

图1-8 钢索传动操纵机构

2. 液压式操纵机构

液压式操纵机构如图 1-9 所示，由离合器踏板、离合器主缸、液压软管、离合器工作缸（或称离合器分泵）、分离叉、分离轴承等组成。

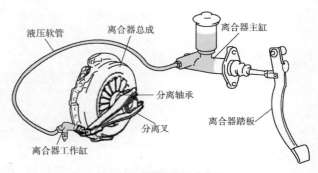

图1-9 液压式操纵机构

（1）离合器主缸。离合器主缸结构如图 1-10 所示。主缸壳体上的回油孔、补偿孔通过进油软管与储液罐相通。主缸内装有活塞，活塞两端装有皮碗，左端中部装有止回阀，经小孔与活塞右方主缸内腔的油室相通。当离合器踏板处于完全放松位置时，活塞左端皮碗位于回油孔与补偿孔之间，两孔均与储液罐相通。

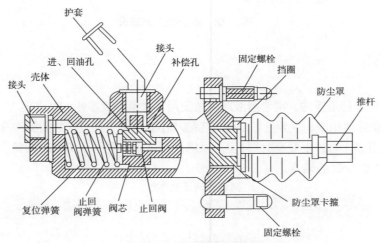

图1-10 离合器主缸的结构

（2）离合器工作缸。离合器工作缸结构如图 1-11 所示。工作缸内装有活塞、皮碗、推杆等，壳体上还设有放气螺塞。当管路内有空气存在而导致离合器不能分离时，需要拧出放气螺塞进行放气。工作缸活塞直径略大于主缸活塞直径，故液压系统具有增力作用，以使操纵轻便。

3. 工作情况

（1）离合器工作情况如图1-12所示。分离过程。当离合器踏板踩下时，离合器主缸推杆推动主缸活塞，离合器主缸产生油压，压力油经油管使工作缸的活塞推出，经推杆推动分离叉，再推移分离轴承等，使离合器分离。

（2）接合过程。离合器踏板放松时，踏板复位弹簧将踏板拉回，离合器主缸油压消失，各机件复原，离合器接合。

（3）补偿过程。当管路系统渗入空气时，可利用补偿孔来排除渗入的空气。补偿过程如下：当踩下离合器踏板难以使离合器分离时，可迅速放松踏板，在踏板复位弹簧的作用下，主缸活塞快速右移。储液罐中的油液从补偿孔经主缸活塞上的止回阀流入活塞左面。再迅速踩下踏板，工作缸活塞前移，以弥补因从动盘磨损或系统渗入少量空气后引起的在相同踏板位置工作缸活塞移动量的不足，从而保证离合器的正常工作。

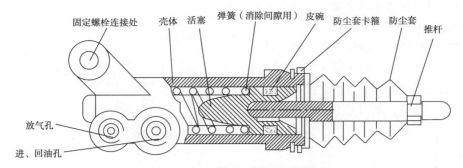

图1-11 离合器工作缸的结构

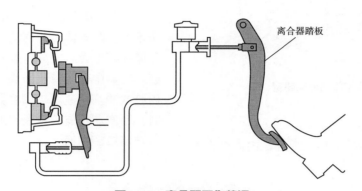

图1-12 离合器工作情况

三、离合器液压油

离合器液压油使用制动器液压油。离合器液压系统使用了大量橡胶零件，如皮碗、套管、软管等。因此，离合器液压油由非石油类液体组成，主要是乙二醇与乙醚和不影响橡胶和金属的酯类构成。

离合器液压油类型见表1-1，主要有4种分类，以沸点为基础，同时应考虑水含量。

干沸点，水含量为0%时的沸点。

离合器液压油类型　　　　　　　　　　　　表1-1

项目＼类型	DOT3	DOT4	DOT5	SAE J1702
干沸点（℃）	205	230	260	150
湿沸点（℃）	140	155	180	

第二节　常见维修项目

任务一　检查和调整离合器踏板位置

一、技术标准与要求

（1）现代雅绅特轿车离合器踏板自由行程为6~13mm。

（2）离合器踏板高度为163±5mm。

（3）离合器总泵与推杆间隙为0~1mm。

（4）离合器踏板总行程131.8~139.1mm。

（5）离合器踏板最大踏板力不超过122.2N（不计复位弹簧的作用）。

第一章 离 合 器

二、实训时间：20min

三、实训教学目标

（1）了解检查和调整离合器踏板位置的重要性。
（2）熟悉离合器操纵机构的结构与组成。
（3）掌握离合器踏板位置的检查与调整技能。

四、实训器材

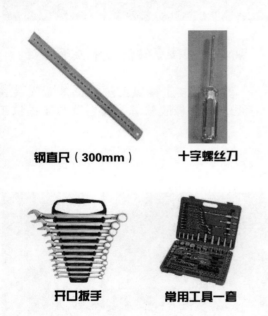

钢直尺（300mm）　　十字螺丝刀

开口扳手　　常用工具一套

五、教学组织

（1）教学组织形式：
每辆车安排4名学生参与实训，两名学生为一组。一组操作，一组观察学习。
（2）学生站位分工和要求：
两名学生一组，按照1号、2号进行编号，1号为主，2号为辅。
（3）实训教师职责：
讲解操作步骤和注意事项；下达"操作开始"口令；工位间巡视、检查、指导和纠正错误。
（4）学生职责变换：
两名学生实行职责交换制度，即第一遍1号为主，2号为辅；第二遍2号为主，1号为辅。

六、操作步骤

第一步　事前准备

1 车辆进入工位前，参训学生将工位卫生清理干净，排除障碍物，准备好相关的工具、物品等。

提示： 培养良好的工作习惯，做好事前准备，有利于安全操作和提高工作效率。

2 将车辆停驻在举升机平台的中央位置。

3 1号拉紧驻车制动器操纵杆（简称驻车制动杆），并将变速杆置于空挡。

提示： 为保证车辆在工位上可靠停驻，防止出现溜滑，造成安全事故，要拉紧驻车制动杆并将变速杆置于空挡。

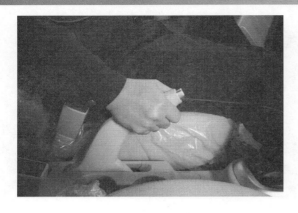

4 1号打开并可靠支撑机舱盖。

提示：将支撑杆插入机舱盖支撑孔时，要保证接触可靠，否则，机舱盖滑落会造成人身伤害。

5 1号、2号把护裙粘贴在汽车左右侧翼子板上，要求护裙将翼子板全部覆盖。护裙的上边沿粘贴到排水槽的内侧，前端至侧灯处，后端至车门与翼子板接合缝隙。

提示：

（1）粘贴护裙的主要目的是保护操作中能够接触到的翼子板车漆。

（2）护裙是通过磁铁吸附在翼子板上的，因此，在粘贴时，当护裙接近翼子板，感受到吸力后，要稍微用力，使护裙轻轻与翼子板贴合，不允许听到接触碰撞声。

6 1号安装转向盘套、变速杆手柄套、座椅套、铺设地板垫。

提示：保护罩是由薄塑料制成的，极易破损。所以在安装时，用力要均匀，避免因用力过大造成损坏。其主要作用是在操作过程中确保保护驾驶室内清洁。

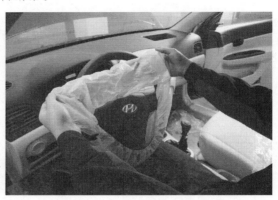

第二步　检查储液罐中液面高度

1 离合器液压操纵系统的储液罐安装在制动总泵上，通过橡胶软管为离合器总泵提供工作油液。

提示：离合器液压系统与制动系统共用一个储液罐。

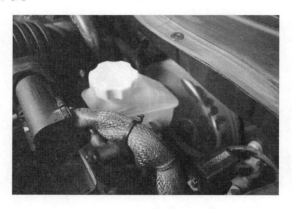

2 1号检查储液罐中液面高度，应位于"MIN"与"MAX"刻度中间位置。

提示：

（1）如果储液罐中液面过低，将会造成液压管路中油压不足，离合器踏板有效行程缩短，踩下离合器踏板时离合器分离不彻底，造成换挡困难或无法换挡。

（2）当储液罐中液量不足时，应添加适量工作液，达到规定液面高度。

（3）当储液罐中液面低于规定值时，组合仪表中的液位指示灯点亮报警，提醒驾驶员检查或添加离合器液压系统工作液。

第一章 离合器

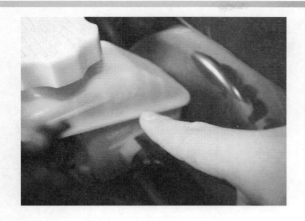

3 1号将装饰罩取下并传递给2号。2号将其摆放在零件车上。

第三步 拆卸仪表台下防护罩

1 2号将十字螺丝刀传递给1号。

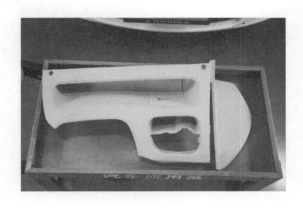

第四步 检查离合器踏板位置

1 1号取出离合器踏板下方地板垫并传递给2号。

!提示：取出地板垫便于更精确测量离合器踏板高度。

2 1号使用螺丝刀，拆下装饰罩，并传给2号。

!提示：螺钉拆卸后，应摆放在零件车上，以防丢失。

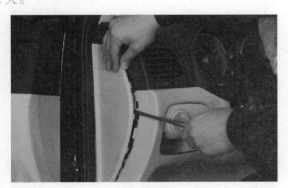

2 2号将直尺传递给1号。

3 1号使用直尺测量离合器踏板高度。

⏱ 提示：

（1）现代雅绅特轿车离合器踏板高度为163mm±5mm。如果测量高度不在规定范围内，应检查踏板助力弹簧的弹力是否正常，以及踏板是否出现变形等损伤，必要时应更换新品。

（2）如果离合器踏板高度不在规定范围内，将会影响离合器操纵性能和使用性能。

（3）测量时，将直尺垂直于地板面，观察踏板上平面在直尺上的显示数值，该数值即为踏板高度。

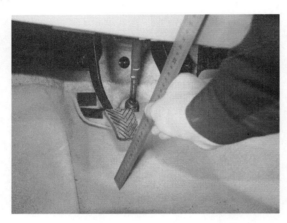

4 1号使用直尺测量离合器踏板自由行程。

⏱ 提示：

（1）现代雅绅特轿车离合器踏板自由行程为6~13mm。如果测量数值不在规定范围内，将会影响离合器操纵性能和使用性能，测量数值过大，离合器将分离不彻底，变速器换挡困难；测量数值过小，离合器打滑，车速下降，加速离合器相关部件磨损。

（2）测量时，将直尺保持与地板垂直，踏板处于自然状态。确认此时踏板高度值后，用手稍用力下压踏板，当感觉阻力增大时，停止下压，观察踏板上平面在直尺上显示的数值，计算出两个数的差值，即为离合器踏板自由行程。

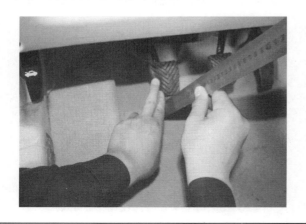

5 1号使用直尺测量离合器踏板总行程。

⏱ 提示：

（1）离合器踏板总行程=自由行程+有效行程，如果自由行程适当，而总行程变小，则有效行程就变小。那么与离合器分泵相连接的推杆移动距离缩短，离合器压板后移量便减小，造成离合器分离不彻底，导致变速器换挡困难。

（2）现代雅绅特轿车离合器踏板总行程为131.8~139.1mm。

（3）测量时，首先将直尺保持与地板垂直，然后确认离合器踏板自然状态下的高度值，接下来用力踩下离合器踏板至极限位置。观察此时直尺所显示的踏板高度，两高度差值，即为离合器踏板总行程。

（4）如果总行程小于规定值，应检查离合器总泵、分泵、推杆、分离叉等相关部件，是否出现卡滞、变形等现象。排除故障后，再次测量离合器踏板总行程，直到符合规定要求为止。

第五步　调整离合器踏板位置

1 2号将12~14mm开口扳手递给1号。

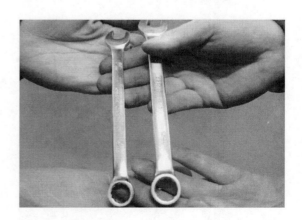

2 1号使用开口扳手，拧松离合器推杆锁紧螺母，然后拧动调整螺栓调整其长度，来改变离合

器踏板自由行程。

!提示:

（1）两个扳手配合使用，可紧固或拧松推杆锁紧螺母和调整螺母。

（2）在调整推杆长度时，要反复测量踏板自由行程，直到符合规定要求为止。

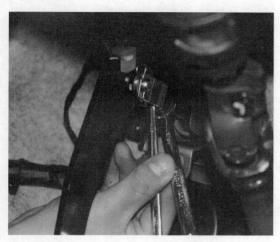

3 离合器踏板自由行程调整完毕，1号检查推杆与离合器总泵之间的间隙。

!提示:

（1）现代雅绅特轿车推杆与离合器总泵之间的间隙值为0~1mm。如果间隙值过大，则离合器踏板自由行程变大，有效行程变小，导致离合器分离不彻底、变速器换挡困难等故障发生；如果间隙值过小，液压系统内始终存在一定的油压，会造成离合器打滑、分离轴承和压盘总成过早损坏等故障发生。

（2）测量法：将厚薄规的0.05mm规片，插入推杆与离合器总泵活塞连接处，轻轻拉动规片，感到稍有阻力，为两者配合间隙正常。

（3）经验法：如果用手转动推杆时感觉稍有阻力，证明推杆与离合器总泵间的配合间隙正常。反之，配合间隙过大。

第六步 车辆运行试验

1 将离合器踏板位置调整完毕，1号打开点火开关，起动发动机。

!提示:

（1）起动发动机前，要确认驻车制动器操纵杆已拉紧，变速器处于空挡位。严禁带挡起动，防止意外事故发生。

（2）起动发动机前，1号、2号注意安全确认，配合口号是"正常"、"起动"。

2 1号将离合器踏板踩到底，操纵变速杆，变换变速器挡位，检查变速器换挡是否轻便、灵活、迅速、可靠，换挡时有无异常响声,离合器结合是否稳定良好。

!提示: 发动机在空载情况下，检查离合器踏板位置是否适当。

第七步 安装仪表台下方装饰护罩

1 2号将转向盘下方防护罩传递给1号。

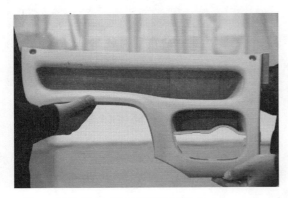

2 1号将装饰罩安装到仪表台上。

⏱ 提示：安装时，不要剧烈弯折防护罩。

3 1号使用十字螺丝刀，旋紧装饰罩固定螺钉。

⏱ 提示：自攻螺丝钉旋紧时，用力不要过大。否则，滑扣后压紧力反而变小。

4 2号将装饰罩侧盖传递给1号。

5 1号将装饰罩侧盖装上。

第八步 整理工位

1号、2号共同拆除护裙、驾驶室内保护罩，清理工具和量具等，清洁地面卫生。

⏱ 提示：作业项目完成后，要搞好工位的清扫、整理工作，培养良好的工作习惯。

七、考核标准

考核标准表

考核时间	序号	考核项目	满分	评分标准	得分
30min	1	作业前整理工位	3	整理遗漏酌情扣分	
	2	打开并支撑机舱盖	3	操作不当扣3分	
	3	安装汽车保护罩	6	操作不当酌情扣分	
	4	检查储液罐中液面高度	7	检查错误扣7分	

续上表

考核时间	序号	考核项目	满分	评分标准	得分
30min	5	拆装仪表台防护罩	5	操作不当扣5分	
	6	拆装组合开关下防护罩	6	操作不当扣6分	
	7	拆装防尘罩	4	操作不当扣4分	
	8	测量离合器踏板高度	9	操作不当扣9分	
	9	测量离合器踏板自由行程	9	操作不当扣9分	
	10	测量离合器踏板总行程	9	操作不当扣9分	
	11	调整离合器踏板自由行程	10	操作不当扣10分	
	12	检测推杆与总泵间的间隙	8	操作不当扣8分	
	13	踏板位置的空载试验	8	操作不当扣8分	
	14	踏板位置的起步试验	10	操作不当扣10分	
	15	作业后整理工位	3	整理遗漏扣3分	
	16	遵守相关安全规范		因违规操作造成人身和设备事故的，总分按0分计	
分数合计			100		

任务二　检查、添加或更换离合器液压系统工作油液

一、技术标准与要求

（1）加注现代雅绅特轿车离合器液压系统规定型号的工作油液。

（2）离合器液压操纵系统中的工作油液，更换周期为两年或40000km。

（3）储液罐内工作油液的液面应保持在"MAX"与"MIN"两个标记之间。

（4）现代雅绅特轿车离合器液压系统工作压力为0.222MPa。

（5）离合器工作油液有毒性，严禁用嘴吸或接触到皮肤。不慎溅入眼中应迅速用清水冲洗，严重者应到医院处理。

（6）离合器工作油液具有吸湿性，应储存在密封容器中。

二、实训时间：10min

三、实训教学目标

（1）了解检查、添加或更换离合器液压系统工作油液的重要性。

（2）熟悉离合器液压系统的组成与工作原理。

（3）掌握检查、添加或更换离合器液压系统工作油液的操作技能。

四、实训器材

塑料软管　　量杯

油液　　漏斗

常用工具一套

其他工具及器材：防护手套；12~14mm梅花扳手、开口扳手；翼子板护裙；驾驶室内保护罩；棉纱。

五、教学组织

（1）教学组织形式：

每辆车安排4名学生参与实训，两名学生为一组。一组操作，一组观察学习。

（2）学生站位分工和要求：

两名学生一组，按照1号、2号进行编号，1号为主，2号辅助。

（3）实训教师职责：

讲解操作步骤和注意事项；下达"操作开始"口令；工位间巡视、检查、指导和纠正错误。

（4）学生职责变换：

两名学生实行职责变换制度，即第一遍1号为主，2号辅助；第二遍2号为主，1号辅助。

六、操作步骤

第一步 事前准备

提示：事前准备的详细操作步骤和规范要求，请参阅"第一章任务一检查、调整离合器踏板位置中的步骤一"，在此不再赘述。

第二步 检查储液罐中液面高度

1 离合器液压操纵系统的储液罐安装在制动主缸上，通过橡胶软管为离合器主缸提供工作油液。

提示：离合器液压系统与制动系统共用一个储液罐。

2 1号检查储液罐中液面高度，应位于"MIN"与"MAX"刻度中间位置。

提示：

（1）如果储液罐中液面过低，将会造成液压管路中油压不足，离合器踏板有效行程缩短，踩下离合器踏板时离合器分离不彻底，导致变速器换挡困难或无法换挡。

（2）当储液罐中的液面低于规定值时，组合仪表中的液位指示灯点亮报警，提醒驾驶人检查或添加工作油液。

第三步 添加液压系统油液

1 1号拔下安装在储液罐上的液位传感器电插头。

提示：拔插电器元件电插头时，应保持点火开关处于关闭状态。否则，产生的电动势容易损坏电控单元。

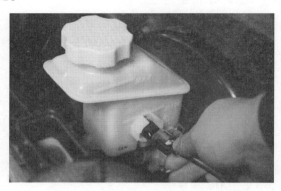

2 1号用手旋下储液罐盖，擦净油液后传递给2号。

提示：取下储液盖时，注意不要碰伤传感器的浮子，以免造成传感器损坏；擦净浮子上的油液后再传递出去，避免油液滴落到车身上或黏附到皮肤上，导致车漆剥落或皮肤侵蚀。

第一章 离 合 器

3 2号将储液罐盖摆放到零件车上之后,将加液桶传递给1号。

4 2号将漏斗放入储液罐加油口中并扶稳。1号打开加油液桶,然后将油液缓慢倒入储液罐内,直到液面达到规定要求为止。

提示:

(1)储液罐中的液面应位于"MIN"与"MAX"刻度线中间位置。

(2)在加注油液时,注意观察储液罐内液面变化,液面不得超过"MAX"刻度线。

5 2号将储液罐盖传递给1号。

6 1号用棉纱擦净加注油口处油迹,并旋紧储油罐盖。

7 1号将电插头安装到液位传感器插座上。

提示:安装电插头时,要注意其安装方向且应安插到位。否则,将影响传感器正常工作。

第四步 检查离合器液压操纵系统泄漏

1 2号进入驾驶室,连续踩踏离合器踏板数次,然后将踏板踩到底并保持位置不变。

提示:

(1)连续踩踏离合器踏板,目的是建立液压系统工作油压。

(2)保持踏板位置,目的是在高压状态下,发现液压操纵系统中存在的漏油点。

2 1号检查离合器主缸进出油口处、总泵端口处、储液罐、离合器软管、工作缸、进油口等部位,是否存在漏油现象。

提示:

(1)离合器液压操纵系统,如果存在泄漏现象,应修复后,再更换工作油液,以免造成工作液损失及影响系统正常工作。

(2)系统泄漏检修完成后,方可进行更换工作液工作。

第五步 排放液压操纵系统油液

1 2号操纵举升机，将车辆举升到适当高度后，可靠锁止提升臂。

提示：

（1）举升机的操作要领和规范要求，请参阅"举升机的使用方法"。

（2）举升或下降车辆时，强调安全确认令"正常"、"举升车辆"，以防止意外情况发生。

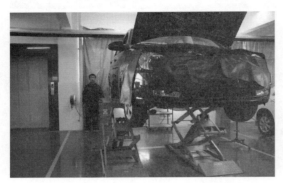

2 1号用手取下离合器工作缸放气阀上的防尘帽。

3 1号将塑料软管的一端插入离合器工作缸放气阀上，另一端插入接油容器内。

提示：

（1）通过塑料软管将离合器工作缸和接油容器连接起来，接收液压操纵系统中排放的油液。

（2）严禁将液压系统中的油液直接排放到地面上。否则，不仅污染环境，而且影响安全操作。

4 2号将11mm开口扳手传递给1号。

5 1号使用11mm开口扳手拧松离合器工作缸上的放气阀。

提示：离合器工作缸安装在变速器壳体上，位置较为隐蔽。拧松放气阀时，保证扳手与放气阀螺丝可靠配合，避免滑方和碰伤手。

6 2号操纵举升机，将车辆降落到地面上。

提示：

（1）举升机的操作要领和规范要求，请参阅"举升机的使用方法"。

（2）举升机或降落车辆时，强调安全确认口令"正常"，"降落车辆"，防止意外情况发生。

7 1号拔下液位传感器电插头并旋下储液罐盖，擦净油迹后传递给2号。2号将储液罐盖摆放在零件车上。

提示：打开储液罐盖，有利于快速排放液压系统油液。

8 2号11mm开口扳手传递给1号。

9 2号进入驾驶室后，1号操作举升机将车辆举升到适当高度，并可靠锁止提升臂。

提示：

（1）举升机的操作要领和规范要求，请参阅"举升机的使用方法"。

（2）举升机或降落车辆时，强调安全确认口令"正常"，"降落车辆"，防止意外情况发生。

10 1号彻底松开离合器工作缸放气阀。

提示：

（1）此时有少量油液流入接油容器中。

（2）彻底松开放气阀，为排油做好准备。

11 2号连续踩踏离合器踏板。

提示：此时离合器液压系统内的油液急速排出，进入接油容器内。

12 1号观察液压系统内油液排放情况。

提示：当不再有油液排出时，告知2号停止踩踏并放松踏板。

第六步　清洗液压管路

1 1号将车辆降落到地面上，然后将新鲜油液加注到液压系统内，保持液面不低于储液罐上的"MAX"刻度线。

提示：将系统内注入新鲜油液，目的是清洗系统管路及油腔。防止旧油污染新油，降低新油使用性能。

2 2号再次连续踩踏离合器踏板，直到1号告知"停止"为止。

提示：

（1）1号观察系统内排出油液的色泽，直到新鲜油液排出，系统清洗才算完成。

（2）注意储油罐内液面变化，必要时添加油液。

3 1号将车辆再次举升后，使用11mm开口扳手，拧紧工作缸放气阀。

> 提示：至此，离合器液压系统管路清洗完毕。

第七步　液压系统排气

1 车辆降落到地面后，1号检查储液罐内液面位置，应不低于"MIN"刻度线，必要时添加油液。

> 提示：储液罐中的液面应不低于"MIN"刻度线。

2 1号旋紧储油罐盖。

> 提示：离合器油液具有吸湿性，应尽量减少与空气接触。因此，油液加注完毕，及时旋紧储液罐盖。

3 2号进入驾驶室后，1号操作举升机将车辆举升到适当高度，并可靠锁止提升臂。

> 提示：
> （1）举升机的操作要领和规范要求，请参阅"举升机的使用方法"。
> （2）举升机或降落车辆时，强调安全确认口令"正常"、"降落车辆"，防止意外情况发生。

4 2号连续踩踏离合器踏板数次后，将踏板踩到极限位置并保持。

> 提示：
> （1）连续踩踏踏板，目的是建立一定的系统压力，便于排出系统中的存留空气，此时系统压力较低。
> （2）2号配合口令"放"。

5 1号更换洁净接油容器后，用11mm开口扳手拧松离合器工作缸放气阀。

> 提示：
> （1）当拧松离合器工作缸放气阀时，空气随油液迅速排出并进入容器内，在容器内会有气泡出现。
> （2）在排气过程中，离合器踏板随系统中油液排出而下降。此时严禁放松踏板，否则空气会再次进入液压系统中。

第一章 离 合 器

6 当油液排出压力减小后,1号拧紧放气阀,2号继续踩踏离合器踏板。

提示:

(1)拧紧放气阀,便于再次建立系统油压,同时防止空气被吸入系统中。

(2)1号配合口令"踩"。

7 踩踏离合器踏板数次后,2号将离合器踏板踩到极限位置并保持。1号拧松放气阀排放系统中的空气。如此反复进行,直到系统中排出的油液在容器中不再有气泡产生为止。证明系统中的空气排放完毕。

提示:

(1)在系统排放过程中,注意观察储液罐中的液面变化,及时进行油液添加补充,避免因油液不足系统再次吸入空气,致使排气工作前功尽弃。

(2)1号、2号配合口令为"踩"、"放"。

(3)在系统排气过程中,注意检查储液罐中液面变化,及时添加油液。

第八步 车辆运行试验

1 离合器液压操纵系统内空气排放完毕后,1号将车辆降落至轮胎最低点距离地面20cm的高度,并可靠锁止提升臂。

提示: 使车辆轮胎离开地面,便于试验离合器液压系统工作性能。

2 1号进入驾驶室,起动发动机并保持怠速运转。

提示:

(1)起动发动机之前,要确认变速器处于空挡,严禁带挡起动。

(2)起动发动机之前,1号、2号注意安全确认,配合口令为"正常"、"起动",防止意外事故发生。

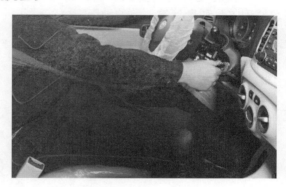

3 发动机预热完毕,1号将离合器踏板踩到底,操纵变速杆,变换变速器挡位检验变速器换挡是否轻便、灵活、迅速、可靠,且换挡时有无异常响声,离合器结合是否稳定良好。

提示:

(1)发动机空载情况下,检查离合器液压操纵系统工作是否正常。

(2)如果出现换挡困难,在确认离合器液压操纵系统正常工作的情况下,应检查或调整离合器踏板位置。

4 1号将变速器挡位依次挂入1挡、2挡、3挡、4挡、5挡和倒挡，在车辆运行的情况下，检验离合器液压系统工作情况是否正常。如果检验正常，则检查、添加或更换离合器液压系统工作油液的作业项目，操作完毕。

提示：

（1）变速器升挡时，顺序递增换挡，减挡时，可减速跨挡，如5挡变2挡等。由前进挡变换为倒挡时，必须在对驱动车轮制动后，方可换入倒挡。

（2）在不同车速下，可以更好地检验离合器液压系统工作性能。

（3）另外，如果条件允许，还可以通过路试检验离合器液压系统的工作情况。

第九步　整理工位

1 1号、2号共同拆除护裙、驾驶室内保护罩，清理工具和量具等，清洁地面卫生。

提示： 作业项目完成后，要搞好工位的清扫、整理工作，培养良好的工作习惯。

七、考核标准

考 核 标 准 表

考核时间	序　号	考核项目	满分	评分标准	得　分
30min	1	作业前整理工位	3	整理遗漏酌情扣分	
	2	打开并支撑机舱盖	3	操作不当扣3分	
	3	安装汽车保护罩	5	操作不当扣5分	
	4	检查储液罐中液面高度	5	检查错误扣5分	
	5	添加液压系统工作油液	6	操作不当扣6分	
	6	液压系统泄漏检查	6	操作不当扣6分	
	7	建立液压系统油压	5	操作不当扣5分	
	8	排放液压系统中的空气	8	操作不当扣8分	
	9	连接放气阀、软管和容器	7	操作不当扣7分	
	10	确认排气是否彻底	7	操作不当扣7分	
	11	清洗液压系统	10	操作不当扣10分	
	12	举升车辆	5	操作不当扣5分	
	13	起动发动机前安全确认口令	7	操作不当扣7分	
	14	液压系统的发动机运行试验	10	操作不当扣10分	
	15	液压系统车辆运行试验	10	操作不当扣10分	
	16	作业后整理工位	3	整理遗漏，酌情扣分	
	17	遵守相关安全规范		因违规操作造成人身和设备事故的，总分按0分计	
	分数合计		100		

任务三　更换离合器主缸、工作缸

一、技术标准与要求

（1）安装与现代雅绅特轿车配套使用的离合器主缸和离合器工作缸。

（2）加注现代雅绅特轿车规定使用型号的离合器液压系统工作油液。

（3）离合器液压系统储油罐内的工作油液液面应保持在"MAX"与"MIN"两个标记之间。

（4）离合器液压系统中的工作液有毒，严禁用嘴吸或接触到皮肤。不慎溅入眼内应迅速用清水冲洗，严重者应送到医院处理。

二、实训时间：45min

三、实训教学目标

（1）了解更换离合器主缸和离合器工作缸的重要性。

（2）熟悉离合器主缸和离合器工作缸的结构与工作原理。

（3）掌握更换离合器主缸和离合器工作缸的操作技能。

四、实训器材

套筒、接杆、扳手

扳手

尖嘴钳

鲤鱼钳

五、教学组织

（1）教学组织形式：

每辆车安排4名学生参与实训，两名学生为一组。一组操作，一组观察学习。

（2）学生站位分工和要求：

两名学生一组，按照1号、2号进行编号，1号为主，2号为辅。

（3）实训教师职责：

讲解操作步骤和注意事项；下达"操作开始"口令；工位间巡视、检查、指导和纠正错误。

（4）学生职责变换：

两名学生实行职责交换制度，即第一遍1号为主，2号为辅；第二遍2号为主，1号为辅。

六、操作步骤

第一步　事前准备

提示：事前准备的详细操作步骤和规范要求，请参阅"第一章任务一检查、调整离合器踏板位置中的步骤一"，在此不再赘述。

第二步　排放液压操纵系统油液

排放液压操纵系统油液的详细操作步骤和规范要求，请参阅"第一章任务二检查、添加或更换离合器液压系统工作油液中的步骤五"，在此不再赘述。

第三步 拆卸仪表台下防护罩

1 2号将十字螺丝刀传递给1号。

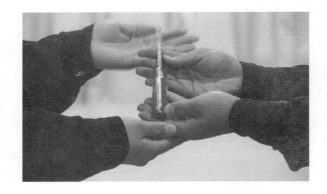

2 1号使用螺丝刀,拆下装饰罩,并传给2号。

⏱ 提示:螺钉拆卸后,应摆放在零件车上,以防丢失。

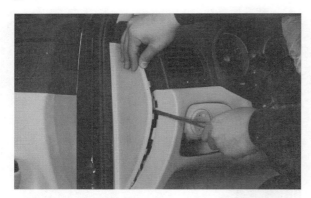

3 1号将装饰罩取下并传递给2号,2号将其摆放在零件车上。

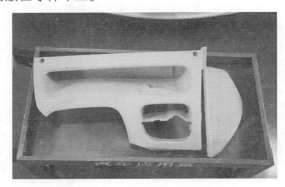

第四步 拆卸离合器主缸

1 2号将鲤鱼钳传递给1号。

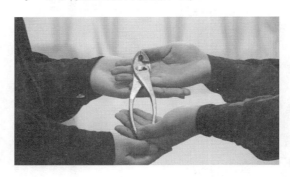

2 1号使用鲤鱼钳,松开离合器主缸进油软管与储液罐端的压紧卡箍,并用手拔下进油软管。

⏱ 提示:拔下进油软管时,严禁使用螺丝刀别撬或生拉硬拽,否则容易造成油管损坏。应先用手拧松油管后,用力转动向外拉再取下。

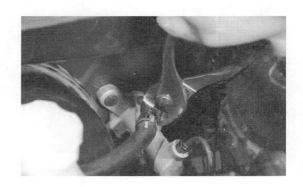

3 1号将2号传递来的油管堵头插入进油软管内。

💡**提示：** 将进油软管堵塞，目的是防止尘埃、杂物等进入油管，污染工作油液和离合器主缸、离合器工作缸磨损加剧。

4 2号将11mm开口扳手传递给2号。

5 1号使用11mm开口扳手，拧松离合器主缸出油管固定螺栓。

💡**提示：**

（1）拆卸出油管固定螺栓时，严禁使用已严重磨损的开口扳手。否则，容易使螺栓滑方，给拆卸出油管带来更大难度。

（2）由于空间狭小，拆卸出油管固定螺栓时，用力不要过猛，以免碰伤手。

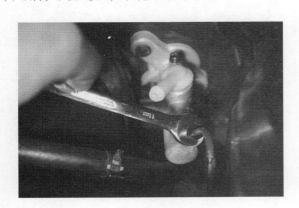

6 固定螺栓松开后，1号用手将其旋出，然后将出油管稍稍拉离离合器主缸。

💡**提示：** 出油管由铜质材料制成，受力容易变形，变形后的油管将会影响离合器液压系统正常工作。因此，严禁剧烈弯折油管。

7 1号将2号传递来的油管堵头插入油管口内。

💡**提示：** 将出油管口堵塞，目的是防止尘埃、杂物等进入油管，污染工作油液和加剧离合器主缸、离合器工作缸磨损。

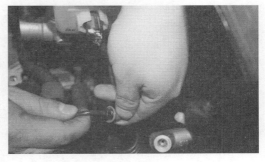

8 2号将尖嘴钳传递给1号。

9 1号使用尖嘴钳，取出推杆与离合器踏板相连接端的连接销上的保险装置，然后取出连接销，断开推杆与离合器踏板的连接。

💡**提示：** 连接销和保险装置所处位置较隐蔽，拆卸或安装时难度较大，最好配合灯光照明。

10 2号将连接轴、保险装置摆放到零件车上。

⚠提示：连接轴和保险装置，这两个部件较小，要妥善放置，以免丢失。

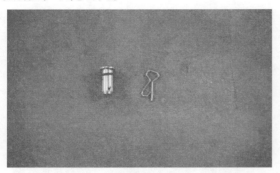

11 2号将14mm套筒、连杆、棘轮扳手组合后传递给1号。

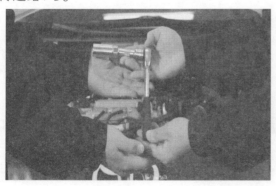

12 1号使用14mm套筒、连杆、棘轮扳手，拧松离合器主缸的两个固定螺母。

⚠提示：离合器主缸的两个固定螺母，需要在驾驶室内拆卸，其位置隐蔽，空间狭小，最好配合灯光照明。

13 2号接收工具摆放到工具车上。

⚠提示：工具擦拭完后，再摆放到工具车上。

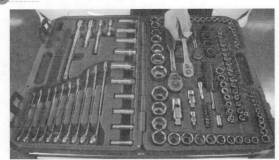

14 2号用手扶住发动机舱内的离合器主缸的两个固定螺母。

⚠提示：2号扶住离合器主缸，是为了防止固定螺母取下后，离合器主缸掉落到地面上。

15 2号将离合器主缸取出后，摆放到零件车上。

⚠提示：离合器主缸内残留少量油液，取出时要用棉纱将其包裹，避免油液滴落到车身漆面、地面或黏附到皮肤上。

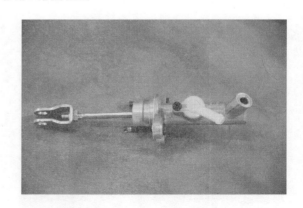

第五步 拆卸离合器工作缸

1 1号、2号共同配合，将车辆举升后至适当高度，并可靠锁止提升臂。

⚠提示：

（1）举升机的安全操作规范，请参阅"举升机的使用方法",在此不再赘述。

(2)举升车辆的目的是便于在车下拆卸离合器工作缸。

2 2号将11mm开口扳手传递给1号。

3 1号使用11mm开口扳手,拧松离合器工作缸进油管固定螺栓。

提示:

(1)拆卸进油管固定螺栓时,严禁使用已严重磨损的开口扳手。否则,容易使螺栓滑方,给拆卸出油管带来更大难度。

(2)由于空间狭小,拆卸出油管固定螺栓时,再用力不要过猛,以免碰伤手。

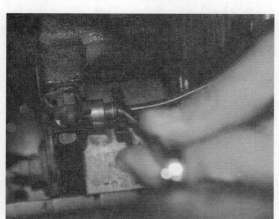

4 1号将工具递还2号后,用手旋出油管固定螺栓,取下油管并传递给2号。

5 2号将出油管口用堵头堵塞,之后将油管摆放到零件车上。

提示:

(1)将出油管口堵塞,目的是防止尘埃、杂物等进入油管,污染工作油液离合器主缸、离合器工作缸磨损和加剧。

(2)严禁将油管剧烈弯折,以免造成损坏。

6 2号将14mm开口扳手传递给1号。

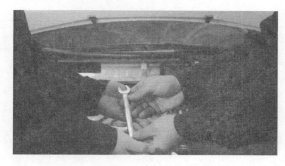

7 1号使用14mm开口扳手,拧松离合器工作缸的2只固定螺栓。

提示:离合器工作缸的2只固定螺栓,位置隐蔽,推卸空间狭小,最好配合灯光照明。拆卸时,注意不要碰伤手。

8 1号一手推压离合器工作缸，一手旋下固定螺栓，然后将螺栓传递给2号。

⏱ **提示**：离合器工作缸连接的推杆，承受部分来自分离叉弹簧的弹力。因此，推压离合器工作缸，用手旋出其固定螺栓会省力些。

9 1号将工作缸小心取下后，传递给2号。2号将其摆放到零件车上。

⏱ **提示**：

（1）离合器工作缸取出后，将推杆和衬套保留在承孔中。注意确认离合器的安装位置，便于提高安装效率。

（2）离合器工作缸取出后，注意确认其安装位置，便于提高安装效率。

（3）离合器工作缸内残留少量油液，取出时要用棉纱将其包裹，避免油液滴落到地面或沾附到皮肤上。

第六步　安装离合器工作缸

1 2号将新的离合器工作缸传递给1号。

2 1号在离合器工作缸活塞及分离叉的凹坑中涂抹适量润滑脂。然后，将装有推杆的橡胶套套装于工作缸外壳上，推杆与活塞凹坑接触。

⏱ **提示**：离合器工作缸活塞及分离叉上的凹坑，与推杆相接触，因相互摩擦而产生磨损。因此，在安装时应在两部件涂抹润滑脂，减轻摩擦损伤。

3 1号将推杆对正分离叉上的凹坑后，用力将工作缸推入其承孔中并保持住，然后将2号传递来的固定螺栓，用手旋入螺纹孔中，将离合器工作缸定位于变速器壳体上。

⏱ **提示**：由于推杆一端与分离叉相连，因此安装离合器工作缸时，需克服安装于分离叉轴上的复位弹簧部分弹力，才能够将离合器工作缸的固定螺栓旋入螺纹孔中。

4 1号使用14mm梅花扳手，拧紧离合器工作缸的2只固定螺栓。

⏱ **提示**：紧固工作缸固定螺栓时，应用手扶住工作缸泵避免倾斜。否则，容易损伤工作缸及其承孔内防尘罩。

5 1号取下离合器工作缸进油孔上的密封堵头和油管口上的密封堵头。

提示：新的离合器工作缸的进油孔，安装有密封堵头，其作用是防止尘埃、潮湿空气等进入油腔，产生磨损和腐蚀。

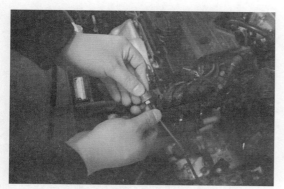

6 1号对正油管与离合器工作缸进油孔，用手旋入油管固定螺栓，并用扳手拧紧。

提示：旋入油管固定螺栓时，手感顺畅且有明显位移量，证明螺纹已对正。否则，微量调整油管方位，确定是否对准螺纹。严禁使用工具直接将螺栓拧入其螺栓孔，一旦螺栓歪斜，将导致螺栓及螺栓孔内的螺纹损坏，给安装工作带来更大难度。

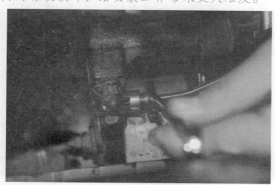

第七步　安装离合器主缸

1 2号操作举升机将车辆降落到地面上。

提示：举升机操作规范，请参阅"举升机的使用方法"。

2 2号将离合器主缸前端凸缘和推杆穿过车身上的承孔，将两条固定螺栓穿过主缸壳和车身上的螺栓孔。

提示：安装离合器主缸固定螺栓时，首先将泵体前端与车身拉开适当距离，便于观察螺栓和车身螺栓孔的所在位置，这样可以快速将螺栓穿过车身上的螺栓孔。

3 2号扶住离合器主缸，1号用手将螺母旋到螺栓上。

提示：在1号将螺母旋到螺栓上时，2号用手固定螺栓，防止螺栓转动。

4 1号使用14mm套筒、接杆、棘轮扳手将螺母拧紧到适当力矩。

提示：在紧固离合器主缸固定螺栓时，需要1号和2号配合完成。

5 1号将推杆上的连接孔与离合器踏板上的连接孔对齐后，用手把连接轴穿过两连接孔，这样便将推杆和离合器踏板连接起来，最后将保险装置安装到连接轴上。

提示：在安装保险装置时，要确认其安装方向，并将钢片插入连接轴上的环槽中。

6 2号取下离合器主缸出油口上的密封堵头和油管口上的密封堵头。

提示：新的离合器总泵进油孔，安装有密封堵头，其作用是防止尘埃、潮湿空气等进入油腔，产生磨损和腐蚀。

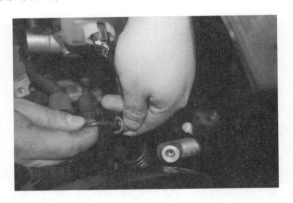

7 2号将油管与离合器主缸出油口对正后，用手将油管固定螺母旋入螺纹孔内。

提示：离合器总泵油管螺母的旋入方法及要求，与离合器分泵相同。

8 2号使用11mm的开口扳手，将油管固定螺栓拧紧到适当力矩。

提示：严禁使用已严重磨损的扳手紧固油管固定螺栓。否则，容易造成螺栓滑方，因紧固力矩不足而出现油液泄漏。

9 2号用手将进油软管安装到离合器主缸的进油接口上，然后使用鲤鱼钳将卡箍压紧在软管与进油接口重叠处。

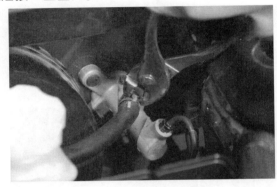

第八步　加注液压系统工作油液

1 2号将漏斗放入储液罐加油口中并扶稳。1号打开加液桶盖，然后将油液缓慢倒入储液罐内，直到液面达到规定要求为止。

提示：

（1）储液罐中的液面应位于"MIN"与"MAX"刻度线中间位置。

（2）在加注油液的同时，注意观察储液罐内液面的变化，液面不得超过"MAX"刻度线。

2 1号旋紧储油罐盖。

💡 提示：离合器油液具有吸湿性，应尽量减少与空气接触，因此油液加注完毕，及时旋紧储油罐盖。另外，还可防止杂物落入储油罐内，污染油液。

第九步　检查离合器液压操纵系统泄漏

1 2号进入驾驶室，连续踩踏离合器踏板数次后，将踏板踩到底保持位置不变。

💡 提示：

（1）连续踩踏离合器踏板，目的是建立液压系统工作油压，便于检查系统是否存在泄漏。

（2）保持踏板最低位置，目的是在系统工作压力下，便于发现泄漏点。

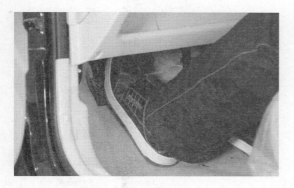

2 1号检查离合器主缸进出油口处、主缸后端活塞与壳体内壁接触部位、储油罐、离合器软管、分泵进油口处等部位，是否存在油液泄漏现象。

💡 提示：离合器液压操纵系统，如果存在泄漏现象，应修复后，再进行系统排气步骤。

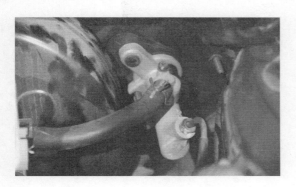

第十步　排除液压操纵系统中的空气

1 2号操纵举升机将车辆举升到适当的高度，并可靠停驻。

💡 提示：为液压系统排放空气做好准备。

2 2号将10mm开口扳手传递给1号。

3 1号使用10mm开口扳手拧松离合器主缸上的放气阀。

💡 提示：离合器工作缸安装在变速器壳体上，位置较为隐蔽，拧松放气阀时，保证扳手与放气阀的螺方可靠配合，避免滑方和碰伤手。

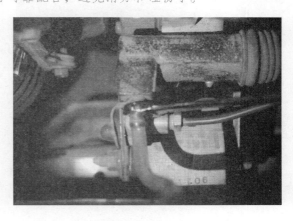

4 2号将塑料软管传递给1号，并将容器放置于车辆附近适当的位置。

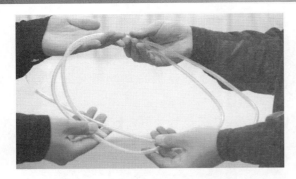

5 1号将塑料软管的一端插入离合器工作缸的放气阀上，另一端插入容器内。

提示：

（1）连接离合器工作缸、塑料软管和容器，用于接收液压操纵系统中排放出来的油液。

（2）严禁将液压系统中的油液直接排放到地面上，油液不但会造成污染而且会影响安全操作。

6 2号进入驾驶室，连续踩踏离合器踏板数次后，将踏板踩到极限位置并保持。

提示：

（1）连续踩踏踏板，目的是建立一定的系统压力，便于排出系统中的存留空气，此时系统压力较低。

（2）2号配合口令"放"。

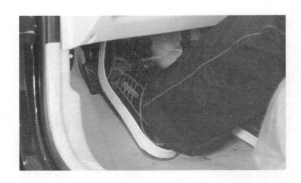

7 1号使用11mm开口扳手，拧松工作缸放气阀。

提示：

（1）当拧松工作缸放气阀时，空气随油液迅速排出进入容器内，在容器内会有气泡出现。

（2）在排放空气过程中，离合器踏板伴随油

液排出而下降，属于正常现象。严禁此时放松踏板，否则空气将被吸入液压系统中。

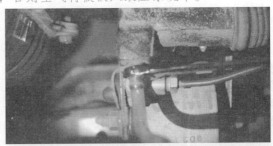

8 当油液流动导致压力减小后，1号拧紧放气阀，2号继续踩踏离合器踏板。

提示：

（1）拧紧放气阀，便于再次建立系统油压，同时防止空气被吸入系统中。

（2）1号配合口令"踩"。

9 踩踏离合器踏板数次后，2号将踏板踩到极限位置并保持。1号拧松放气阀排放系统中的空气。如此反复进行，直到系统中排出的油液在容器中不再有气泡产生为止，证明系统中的空气排放完毕。最后将液位传感器的电插头安装到位。

提示： 在系统排气过程中，注意观察储液罐中的液面变化，及时进行添加补充，避免吸入空气，致使排气工作前功尽弃。

第十一步 车辆运行试验

1 离合器液压操纵系统内的空气排放完毕后，1号、2号共同配合，将车辆举升至轮胎最低点距离地面20cm的高度，并可靠锁止提升臂。

提示：将车辆举升，使轮胎离开地面，目的是便于试验离合器液压系统的工作性能。

2 1号进入驾驶室，起动发动机并保持怠速运转。

提示：

（1）起动发动机之前，要确认变速器处于空挡，严禁带挡起动。

（2）起动发动机之前，1号、2号注意安全确认，配合口令是"正常"、"起动"，防止意外事故发生。

3 发动机预热完毕，1号将离合器踏板踩到底，操纵变速杆，变换变速器挡位，检验变速器换挡是否轻便、灵活、迅速、可靠，且换挡时有无异常响声。

提示：

（1）发动机空载情况下，检查离合器液压操纵系统工作是否正常。

（2）如果出现换挡困难，在确认离合器液压操纵系统正常工作的情况下，应检查和调整离合器踏板位置。

4 1号将变速器挡位依次挂入1挡、2挡、3挡、4挡、5挡和倒挡，在车辆运行的情况下，检验离合器液压系统工作情况是否正常。如果检验正常，则检查、添加或更换离合器液压系统工作油液的作业项目，操作完毕。

提示：

（1）变速器升挡时，顺序递增换挡、减挡时，可减速跨挡，如5挡变2挡等。由前进挡变换为倒挡时，必须在对驱动车轮制动后，方可换入倒挡。

（2）在不同车速下，可以更好地检验离合器液压系统工作性能。

（3）另外，如果条件允许，还可以通过路试检验离合器液压系统的工作情况。

第十二步 整理工位

1号、2号共同拆除护裙、驾驶室内保护罩，清理工具和量具等，清洁地面卫生。

提示：作业项目完成后，要搞好工位的清扫、整理工作，培养良好的工作习惯。

七、考核标准

考 核 标 准 表

考核时间	序号	考核项目	满分	评分标准	得分
45min	1	作业前整理工位	2	整理遗漏酌情扣分	
	2	打开并支撑机舱盖	2	操作不当扣1分	
	3	安装汽车保护罩	2	操作不当酌情扣分	
	4	连接放气阀、容器和塑料管	4	操作不当扣4分	
	5	排放液压系统中的空气	7	操作不当扣7分	
	6	拆下仪表台下防护罩	4	操作不当扣4分	
	7	拆装离合器总泵	10	操作不当扣10分	
	8	拆装供油管路	5	操作不当扣5分	
	9	连接和断开推杆与踏板	5	操作不当扣5分	
	10	安装供油管路密封堵头	4	操作不当扣4分	
	11	工具维护	3	操作不当扣3分	
	12	举升、降落车辆	4	操作不当扣4分	
	13	零件摆放	3	操作不当扣3分	
	14	离合器活塞凹坑内涂油	4	操作不当扣4分	
	15	拆装离合器分泵	10	操作不当扣10分	
	16	加注系统工作油液	4	操作不当扣4分	
	17	确定储液罐中液面	3	操作不当扣3分	
	18	液压系统检漏	5	操作不当扣5分	
	19	液压系统空载试验	6	操作不当扣6分	
	20	车辆运行试验	7	操作不当扣7分	
	21	起动发动机前安全确认	4	操作不当扣4分	
	22	作业后工位整理	2	整理遗漏酌情扣分	
	23	遵守相关安全规范		因违规操作造成人身和设备事故的,总分按0分计	
分数合计			100		

任务四　更换离合器分离轴承、压盘和从动轴

一、技术标准与要求

（1）安装现代雅绅特轿车配套的离合器分离轴承、压盘和从动盘。

（2）安装时，严禁将油液、油脂和水黏附到离合器压盘及从动盘上。

（3）离合器盖压紧螺栓按照"对角多遍"的要求旋松或拧紧。

（4）离合器盖压紧螺栓规定力矩为25N·m。

（5）安装离合器时，应使用导向专用工具。

（6）从车辆上取下或安装变速器总成时，应使用托板。

二、实训时间：120min

三、实训教学目标

（1）了解更换离合器分离轴承、压盘和从动盘的重要性。

（2）熟悉摩擦离合器的结构和工作原理。

(2) 熟悉摩擦离合器的结构和工作原理。

(3) 掌握更换离合器分离轴承，压盘和从动盘的操作技能。

四、实训器材

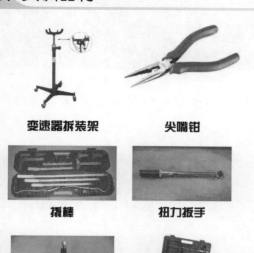

变速器拆装架　　　　尖嘴钳

撬棒　　　　扭力扳手

拉器　　　　常用工具一套

五、教学组织

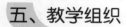

（1）教学组织形式：

每辆车安排4名学生参与实训，两名学生为一组。一组操作，一组观察学习。

（2）学生站位分工和要求：

两名学生一组，按照1号、2号进行编号，1号为主，2号为辅。

（3）实训教师职责：

讲解操作步骤和注意事项；下达"操作开始"口令；工位间巡视、检查、指导和纠正错误。

（4）学生职责变换：

两名学生实行职责交换制度，即第一遍1号为主，2号为辅；第二遍2号为主，1号为辅。

六、操作步骤

第一步　事前准备

⚠提示：事前准备的详细操作步骤和规范要求，请参阅"第一章任务一检查和调整离合器踏板位置中的步骤一"，在此不再赘述。

第二步　拆卸蓄电池

1 2号将10mm开口扳手传递给1号。

2 1号使用10mm开口扳手拧松蓄电池负极电缆固定螺栓。

⚠提示：为防止拆卸起动机时引起电路搭铁，损坏发动机电控单元ECU和其他电气设备。因此，必须断开蓄电池与汽车电路连接。

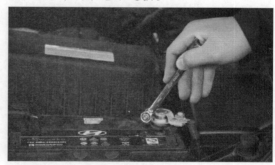

3 1号用手旋下固定螺栓，取下负极电缆并拉离蓄电池负极接线柱。

⚠提示：为保证在作业过程中，负极电缆与蓄电池负极接线柱不搭连，建议将负极电缆端子用绝缘胶布包裹起来。

4 1号使用10mm开口扳手拧松蓄电池正极电缆固定螺栓。

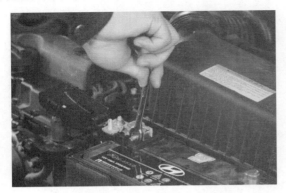

5 1号用手旋下固定螺栓，取下正极电缆并拉离蓄电池正极接线柱。

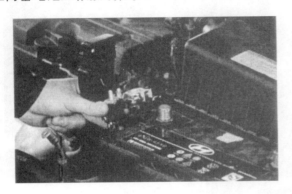

6 2号将12mm套筒、接杆、棘轮扳手组合后传递给1号。

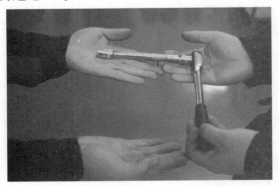

7 1号将蓄电池固定器螺栓拆下。

8 1号将蓄电池从车身取出。

第三步 拆卸空气滤清器及变速器连接附件

1 1号打开空气滤清器。

2 2号将十字螺丝刀传递给1号。

3 1号用十字螺丝刀松开进气软管卡箍。

4 1号拆下空气滤清器上盖。

5　1号取出空气滤清器芯。

6　1号松开空气滤清器下盖螺栓。

7　1号拆下电脑单元连接器。

8　1号取出空气滤清器壳体。

9　2号将棘轮扳手、接杆、套筒传递给1号。

10　1号拆下蓄电池支架螺栓。

11　1号取出蓄电池支架。

12　1号拆除变速器连接器和线束。

第四步　拆卸与变速器连接的附件

1　1号拆除离合器工作缸管路固定螺栓。

2　1号整理离合器工作缸管路。

3　1号拆下变速器壳体搭铁线。

4　2号将尖嘴钳传递给1号。

5　1号拆下变速器换挡机构拉索弹簧销。应注意将变速杆置于空挡位置上。

6　1号分离变速器换挡机构拉索。

7　1号整理变速器换挡机构拉索支架上的线束和导线连接器。

8 1号拆卸变速器换挡机构拉索支架。

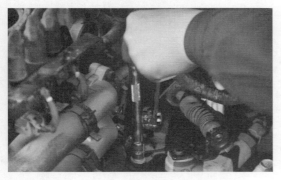

9 1号取出变速器换挡机构拉索支架。

第五步 拆卸左前和右前车轮

提示：拆卸左前和右前车轮的详细操作步骤和规范要求，请参阅"第六章任务检查和更换轮胎与车轮动平衡检测"，在此不再赘述。

第六步 拆卸左右传动轴凸缘固定螺母

1 2号操纵举升机，将车辆再次举升到适当高度后，2号将尖嘴钳传递给1号。

2 1号用尖嘴钳拆下凸缘固定螺母销。

3 2号用撬棒撬住两个轮胎螺栓，1号用扭力扳手和套筒旋松螺母。

提示：拆卸传动轴凸缘固定螺母时，1号和2号共同配合。

4 1号用手旋下传动轴凸缘固定螺母。

5 1号取出传动轴凸缘固定螺母的垫片。

第七步　拆卸前下悬架臂球头螺母

1 2号将尖嘴钳传递给1号。

2 1号拆下前下球节螺母固定销。

3 2号将棘轮扳手和套筒递给1号。

4 1号旋下前下球节螺母。

第八步　拆卸横拉杆球节螺母

1 2号将尖嘴钳传递给1号。

2 1号拆卸下转向节球节螺母固定销。

3 1号拆卸转向横拉杆球节螺母。

第九步　分离稳定杆和稳定杆连杆

1 1号旋下稳定杆与稳定杆连杆螺母。

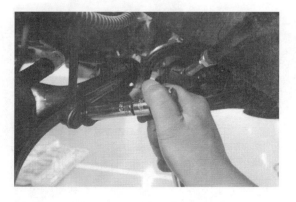

2 1号将稳定杆与稳定杆连杆分离。

第一章 离 合 器

第十步 分离前下球节与前下悬架臂

1 1号用拉器顶住前下球节螺栓,并旋紧顶出前下球节螺栓。

提示:使用拉器时应注意使之与前下球节螺栓在同一直线位置上。

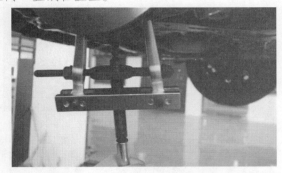

2 1号双手用力前下悬架臂,2号向外拉制动盘,调整转向节位置。1号和2号配合取出悬架控制臂球头。

提示:如果球头取下困难时,可使用铁锤适当用力敲击球头壳,然后再配合拆卸。

3 2号向外拉动制动盘,使传动轴断开与轮盘的花键连接。

4 1号取出该侧传动轴。

提示:用相同的方法拆卸另一侧。

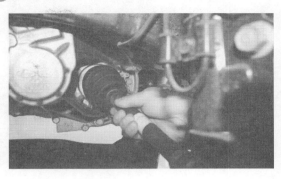

第十一步 拆卸尾气排气管隔热板和吊耳

1 1号旋下尾气排气管隔热板螺栓。

2 1号取下尾气排气管隔热板。

3 1号用撬棒撬下尾气排气管吊耳。

第十二步 拆卸转向器壳体与横梁连接螺栓、拆卸起动机

1 放下车辆,2号将套筒、接杆、棘轮扳手

传递给1号。

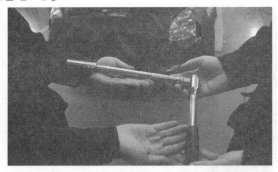

2 1号拆卸转向器壳体与横梁连接螺栓。

提示： 套筒应从上方穿入，对孔时要注意套筒完全卡入，防止把螺栓拧滑。

3 2号将套筒、接杆、万向节、棘轮扳手传递给1号。

4 1号使用工具，拧松起动机的3条固定螺栓。

提示：
（1）螺栓位置隐蔽且空间狭小，应配合灯光照明，同时注意不要碰到手。
（2）螺栓取下后，保持起动机在连续板承孔内，不必取下来。

第十三步　拆卸变速器左缓冲支架

1 2号将套筒、接杆、棘轮扳手传递给1号。

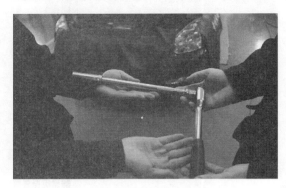

2 1号拧下左缓冲支架连接螺栓。

提示： 拧松螺栓时应注意同时对角拧松，防止损伤螺纹。

3 1号使用扳手旋松导线支架上的2个固定螺母。支架固定在变速器壳上端。

提示：
（1）两个支架固定螺栓，位置隐蔽，并且是远距离拆卸。因此，需要较长接杆，另外需要增加万向节来传递扭矩。
（2）为便于观察，在发动机后端配合灯光照明。

第十四步　拆卸前悬架横梁

1 将车辆举升到适当高度，用千斤顶顶住发

动机和变速器壳体下方。

2 1号使用扭力扳手，拧松发动机支架下端的1条固定螺栓并用手取下。操作完毕后将工具递还给2号。

提示：发动机前缓冲支架下的固定螺栓，所处位置空间狭小。拆卸时，要保持工具与螺栓的螺帽完全接触且正直、不倾斜，防止工具滑出，碰伤手和损坏螺栓。可适当调整工具在空间内的角度，便于用力。

3 1号拧松前悬架横梁与车身的连接螺栓。

提示：注意对角拧松，分次拆卸，同时应叫2号来协助托住横梁。

4 1号和2号共同把横梁放下。

第十五步 拆卸变速器

1 1号使用10～11mm梅花扳手，拧松离合器防护板上的1条固定螺栓。

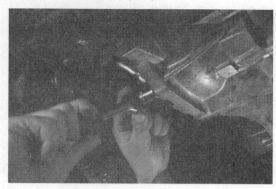

2 将螺栓取下后，1号用手取下防护板传递给2号。

提示：
（1）取下防护板时，要保持平齐下拉。
（2）防护板取下后，禁止弯折，以防变形。否则，安装时将非常困难。2号将防护板、螺栓放到零件车上。

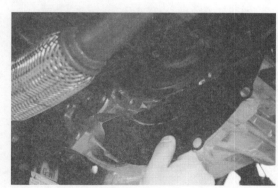

3 1号使用工具，拧松变速器与发动机连接的2条固定螺栓。

提示：拧松固定螺栓时，一定要保持套筒正直且安插到位，避免损坏螺栓的螺方。否则，将给拆卸螺栓带来很大困难。

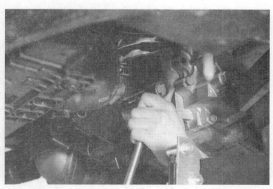

4 用撬棒在变速器壳体和发动机壳体的间隙

处把变速器向外撬出。

⏱️ 提示：汽缸体上的定位销和变速器壳上的定位孔配合较紧，直接拉出变速器会非常吃力。

5 1号、2号齐用力将变速器向后拉，待输出轴前端离开离合器膜片时，落下变速器，将变速器平稳放置到托架上。

⏱️ 提示：变速器降落困难时，注意察看阻挡部位，适当调整变速器角度，便可以较顺利取下变速器，严禁生拉硬撬锤击，否则将会造成损伤。

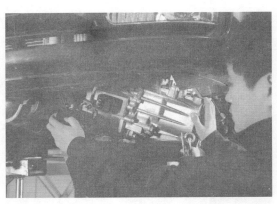

第十六步 拆卸并检修离合器

1 1号将专用工具的销轴插入汽缸体后端螺栓孔中，并且使专用工具上的挡块键入齿圈的轮齿间，将飞轮固定。

⏱️ 提示：拧松离合器盖固定螺栓时，专用工具用于固定飞轮，防止其转动。

2 1号使用3mm内六角扳手，拧松离合器盖上的6条压紧螺栓。

⏱️ 提示：

（1）拧松压紧螺栓时，按照"对角多遍"的要求进行。

（2）不便拆卸的螺栓，可适当转动飞轮，调整螺栓位置。

3 1号用手旋下压紧螺栓并传递给2号。

4 1号双手取下离合器压盘和离合器片传递给2号。

⏱️ 提示：因为在离合器盖圆周方位方向上有三个定位孔分别与飞轮上的定位销相配合，所以，只有保持离合器盖水平后移，方可顺利将其取下。

5 2号将离合器压盘，从动轮及压紧螺栓摆放到零件车上。

⏱️ 提示：部件与其固定螺栓，摆放应整齐有序，避免螺栓混用。

第一章 离 合 器

6 1号将分离轴承及座从分离叉上取下并传递给2号。

提示：分离轴承座两侧各有一个橡胶挡块。取下分离轴承及座时，稍微倾斜分离轴承座，先脱开一侧挡块，再脱出另一挡块，最后从分离轴承套筒上拉出分离轴承及座。

7 2号将分离轴承及座摆放到零件车上。

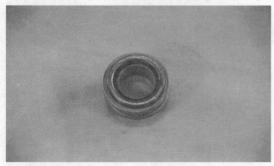

8 1号用手指转动变速器输入轴导向轴承，检查轴承是否良好。

提示：变速器输入轴的导向轴承，安装在曲轴后端轴的轴孔内，起到导向和辅助支撑作用，有衬套和轴承两种。

9 1号使用手向输出轴导向轴承内抹入适量润滑脂。

提示：
（1）抹入润滑脂，用于润滑轴承。
（2）抹入润滑脂的量不要过多，否则，多余润滑脂会飞溅到离合器摩擦表面，造成离合器打滑。

10 1号使用2号传递来的0号粗砂布砂磨飞轮盘工作表面。

提示：光滑的飞轮盘工作表面砂磨后，会变得比较粗糙，可增加与离合器片的接触面积，增强转矩传递能力。

11 1号使用粗砂布砂磨离合器压盘和从动盘的工作表面。

提示：其道理与砂磨飞轮盘工作表面相同。

12 1号使用棉纱擦净分离轴承套筒上的油渍。

提示：分离轴承座在套筒上滑动，如有油污等脏物，将导致离合器踏板沉重、分离轴承卡滞等故障发生。

13 在分离轴承座孔内，均匀涂抹适量润滑脂。

⏱ 提示：加强分离轴承座孔与套筒间润滑，减小滑动阻力。

14 2号将分离轴承及轴承座传递给1号。

15 1号将分离轴承座套装到套筒上，确认轴承座上的挡块位置后，一手扶住分离叉，一手将轴承座推入分离叉安装孔内。

⏱ 提示：分离轴承及轴承座安装后，应反复推拉分离叉，使分离轴承座在套筒上滑动，确保轴承座安装到位且可靠。

16 1号检查分离叉的复位情况。

⏱ 提示：如果分离叉复位不良，应拆下分离叉，在其叉轴上涂抹适量润滑脂，视情况更换弹性复位钢片。

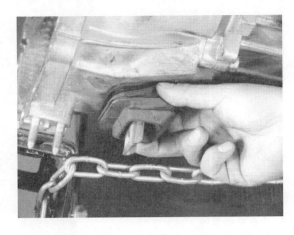

17 2号将离合器压盘及从动轮盘传递给1号。

18 1号确认离合器片的长毂朝后之后，将其贴合在离合器压盘工作表面上。

⏱ 提示：

（1）安装离合器压盘及其从动盘时，要保持双手清洁干燥，禁止将油、水黏附到摩擦表面上。否则，将导致离合器打滑。

（2）离合器片安装时，有方向性要求，长毂应朝向变速器。一旦离合器片安装方向错误，将导致离合器不能够分离。

第一章 离 合 器

第十七步 安装离合器

1 1号将离合器压盘及其从动盘，一起安放到飞轮盘上。

提示：注意不要将离合器压盘及其从动盘滑落到地面上。

2 1号将离合器盖上的定位孔与飞轮盘上的定位销对齐后，将离合器压盘定位于飞轮盘上。

提示：离合器盖与飞轮盘之间，安装位置是固定不变的。只有正确的定位，才能够保证定位销与定位孔之间、螺栓孔和螺纹孔之间均对正，否则，应调整离合器盖位置。

3 2号将导向专用工具传递给1号。

4 1号将导向专用工具穿过离合器片的毂孔，并使其前端插入输入轴的导向轴承内圈。

提示：使用导向专用工具安装离合器压盘及片，可以有效保证导向轴承内圈、离合器片毂和变速器的输入轴三者同心。这样可以减轻安装变速器总成时的劳动强度。

5 1号将专用工具的销轴插入汽缸体后端螺栓孔中，并且使专用工具上的挡块与齿圈上的轮齿间，将飞轮固定。

提示：拧紧离合器盖固定螺栓时，专用工具用于固定飞轮，防止其转动。

6 1号将2号传递来的离合器盖压紧螺栓，用手旋入螺栓，可感知螺纹是否对正，能够避免直接使用工具旋入螺栓，造成螺纹损伤的弊病。

7 1号使用6mm内六角扳手，拧紧离合器盖上的6条压紧螺栓。螺栓规定力矩为25N·m。1号将工具递还给2号。

提示：

（1）离合器盖上的6条压紧螺栓，呈不对称布置。

（2）拧紧螺栓时，按照"对角多遍"的要求进行。

第十八步　安装变速器

1 1号和2号检查发动机后方是否影响安装变速器的线束、支架等，有则进行整理。

提示：事先检查和整理，目的是在安装变速器过程中，避免存在安装障碍，造成不必要的损坏。

2 1号和2号配合将变速器移至车下的安装位置。

3 1号位于变速器前侧，2号位于变速器后侧，同时用力托起变速器。

提示：托起变速器时，要注意配合默契，思想不得有丝毫松懈，避免发生安全事故。

4 1号调整变速器前端位置，使输入轴前段插入离合器片毂内，2号保持变速器水平状态。当1号发出"向前推"口令时，共同努力，将变速器水平前移。

提示：当变速器输入轴不能够顺利穿过离合器片毂花键时，可将变速器挂入某档位，转动传动轴凸缘盘，同时水平前推变速器，输入轴便可顺利穿过离合器片毂花键而前移。

5 1号观察变速器壳上的定位孔是否与气缸体上的定位销对正，否则调整变速器位置后，继续前移变速器，直到变速器壳体前端和连接板贴合为止。

提示：

（1）观察定位销和定位孔时，应配合灯光照明。

（2）严禁在变速器壳体前端面与连接板尚有一定距离的情况下，通过拧紧螺栓拉近两者间的距离。否则。容易导致变速器壳体、离合器损伤。

6 将变速器稳定于发动机上之后，1号扶好变速器，2号推出变速器托架。

⏱ 提示：为防止变速器滑出，造成危险和损伤。因此，在变速器固定之前，必须保证1号和2号扶好变速器。

7 2号将变速器固定螺栓传递给1号。1号用手旋入螺栓，2号扶好变速器。

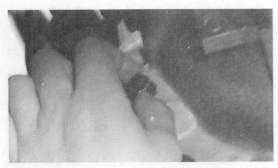

8 变速器2个固定螺栓旋入完毕，2号将14mm套筒、棘轮扳手组合后传递给1号。

⏱ 提示：拧紧固定螺栓时，一定要保持套筒垂直且安插到位，避免损坏螺栓的螺方。

9 1号使用扭力扳手将变速器2条固定螺栓力矩拧紧至55N·m。

⏱ 提示：变速器固定螺栓拧紧力矩要均匀，否则，将导致变速器变形。

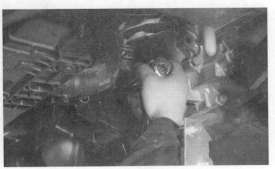

第十九步　安装横梁和附件

1 1号和2号配合抬起前悬架横梁，对齐螺栓。

2 1号用扭力扳手拧紧横梁固定螺栓。拧紧力矩为95～120N·m

3 1号用手旋紧缓冲支架螺栓。

4 1号用扭力扳手旋紧缓冲支架螺栓。旋紧后下降车辆到合适的高度。拧紧力矩为50～65N·m。

5 1号用扭力扳手拧紧左缓冲支架螺栓。

6 1号用扭力扳手拧紧转向器壳体和前悬架横梁连接螺栓。拧紧力矩为60~80N·m。

提示：该螺栓位置不佳，必要时可以用万向节连接。

7 1号用扭力扳手拧紧起动机于发动机壳体连接螺栓。拧紧后将车辆举升到合适的位置。

8 1号安装尾气排气管隔热板。

9 1号用棘轮扳手拧紧隔热板螺栓。

第二十步 安装传动轴和底盘附件

1 2号将车辆下降到合适位置，由1号装入转动轴。

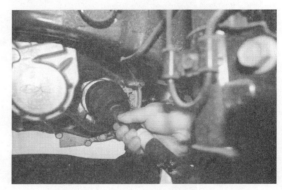

2 1号将传动轴装入轮盘的花键中。

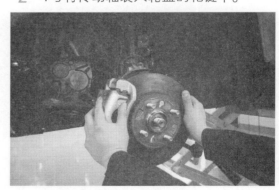

3 2号将前下悬架臂向下拉，1号将前减振器向里推，装入前下球节。

第一章 离合器

4 1号将稳定杆连杆球节与稳定杆连接。

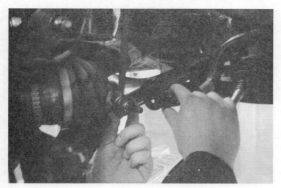

5 1号将稳定杆连杆球节螺母用扭力扳手拧紧。拧紧力矩为35~45N·m。

6 1号装入转向器横拉杆球节，并将球节螺母用扭力扳手拧紧到规定力矩。拧紧力矩为24~34N·m。

7 1号将转向器横拉杆球节螺母固定销装入，并用尖嘴钳把销子扳到位。

8 1号用扭力扳手把前下球节螺母拧紧到规定力矩。拧紧力矩为100~120N·m。

9 1号装入前下球节螺母固定销，并把销子扳到位。

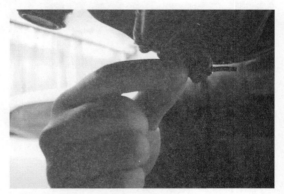

10 1号装入凸轴螺母垫片。

11 1号用手带上凸轴螺母。

12 2号用撬棒配合1号用扭力扳手拧紧凸轴螺母到规定力矩。拧紧力矩为200~260N·m。

13 1号装入凸轴螺母固定销,并用尖嘴钳把销子扳到位。

第二十一步 安装车轮

> **提示：** 安装左前和右前车轮的详细操作步骤和规范要求,请参阅"第六章任务检查和更换轮胎与车轮动平衡检测",在此不再赘述。

第二十二步 安装变速器附件

1 2号将车辆下降到合适的位置,1号将变速器拉索支架安装到位。

2 1号用扭力扳手把变速器拉索支架螺栓拧紧到规定力矩。

3 1号整理线束并连接线束连接器。

4 1号安装变速器拉索。

5 1号用尖嘴钳装入变速器拉索销。

6   1号连接变速器壳体搭铁线。

7   1号整理离合器工作缸管路。

8   1号用扭力扳手固定离合器工作缸管路固定架。

9   1号连接线束连接器。

第二十三步　安装蓄电池和空气滤清器

1   1号安装蓄电池下托架。

2   1号用棘轮扳手拧紧蓄电池托架固定螺栓。

3   1号装入空气滤清器壳体。

4   1号连接电脑连接器。

5　1号用棘轮扳手拧紧壳体固定螺栓。

6　1号装入滤清器芯。

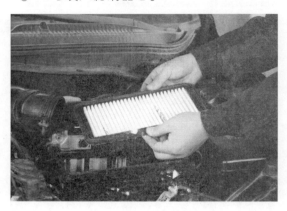

7　1号装入空气滤清器上盖。

8　2号将十字螺丝刀传递给1号。

9　1号把空气软管连接到空气滤清器上盖，并用十字螺丝刀拧紧卡箍。

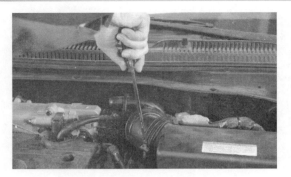

10　1号将空气滤清器上盖安装到位。

11　1号装入蓄电池。

12　1号用扭力扳手拧紧蓄电池固定架螺栓。

13　1号装入蓄电池正极桩头。

14 1号用开口扳手旋紧螺栓。

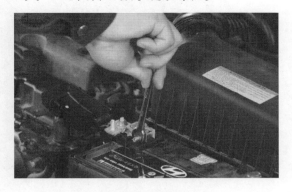

15 1号装入蓄电池负极桩头。

16 1号用梅花扳手拧紧蓄电池负极桩头螺栓。

第二十四步 车辆运行试验

1 2号操纵举升机，将车辆举升至车轮最低点距离地面20cm的高度，并可靠锁止提升臂。

提示：将车辆举升，使车轮离开地面，目的是便于试验离合器的工作性能。

2 1号进入驾驶室，打开点火开关，并起动发动机。

提示：

（1）起动发动机前，要确认变速器处于空挡位置，严禁带挡发动。

（2）起动发动机前，1号、2号注意安全确认，配合口令是"正常"、"起动"，防止意外事故发生。

3 发动机预热完毕，1号将离合器踏板踩到底，操纵变速杆，变换变速器挡位，检验变速器换挡是否轻便、灵活、迅速、可靠且换挡时有无异常响声。

提示：

（1）发动机在空载情况下，检查离合器工作是否正常。

（2）如果出现换挡困难，在确认离合器液压操纵系统正常情况下，应检查和调整离合器踏板位置。

4 1号将变速器挡位依次挂入1挡、2挡、3挡、4挡、5挡和倒挡，在车辆运行的情况下，检查离合器工作情况是否正常。如果检查正常，则更换离合器分离轴承、压盘和从动盘的作业项目操作完毕。

提示：

（1）加挡时，加速顺序递增挡位；减挡时，可减速跨挡,如5挡变2挡等。由前进挡变换为倒挡时,必须制动驱动轮,方可换入倒挡。

(2)在不同的车速下,能够更好地检查离合器工作性能。

(3)另外,如果条件允许,还可以通过路试检验离合器的工作状况。

第二十五 整理工位

1 1号、2号共同拆除防护裙,驾驶室内保护罩,清理工具和量具等,清洁地面卫生。

提示:作业项目完成后,要搞好工位的清扫、整理工作,培养良好的工作习惯。

七、考核标准

考 核 标 准 表

考核时间	序 号	考核项目	满 分	评分标准	得 分
120min	1	作业前整理工位	1	整理遗漏酌情扣分	
	2	打开并支撑机舱盖	1	操作不当扣1分	
	3	安装汽车保护罩	1	操作不当酌情扣分	
	4	拆装蓄电池负极接线柱	2	操作不当扣2分	
	5	拆装氧传感器	2	操作不当扣2分	
	6	拆前左右车轮	4	操作不当扣4分	
	7	固定传动轴	2	操作不当扣2分	
	8	拆装左右传动轴	6	操作不当扣6分	
	9	拆装控制臂球头	5	操作不当扣5分	
	10	拆装车速传感器	2	操作不当扣2分	
	11	拆装氧传感器	3	操作不当扣3分	
	12	拆装离合器分泵	3	操作不当扣3分	
	13	连接或断开排气管	2	操作不当扣2分	
	14	拆装排气管支架	2	操作不当扣2分	
	15	拆装换挡机构总成	3	操作不当扣3分	
	16	拆装发动机前缓冲支架	1	操作不当扣1分	
	17	拆装离合器防护板	1	操作不当扣1分	
	18	拆装起动机	3	操作不当扣3分	
	19	拆装变速器固定螺栓	5	操作不当扣5分	
	20	拆装变速器减振垫及其支架	4	操作不当扣4分	
	21	取下或安装变速器总成	14	操作不当扣14分	
	22	拆装离合器压盘和从动盘	10	操作不当扣10分	
	23	拆装分离轴承及轴承座	3	操作不当扣3分	
	24	检查并润滑导向轴承	3	操作不当扣3分	

续上表

考核时间	序号	考核项目	满分	评分标准	得分
120min	25	砂磨离合器工作表面	5	操作不当扣5分	
	26	分离轴承座孔润滑	3	操作不当扣3分	
	27	检查分离叉复位情况	2	操作不当扣2分	
	28	车辆运行检验离合器性能	6	操作不当扣6分	
	29	作业后整理工位	1	整理遗漏酌情扣分	
	30	遵守相关安全规范		因违规操作造成人身和设备事故的，总分按0分计	
分数合计			100		

第二章 变速器

第一节 需用知识

一、概述

变速器安装在离合器或变矩器后端。如图2-1所示。

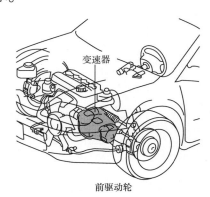

前驱动轮

后驱动轮

图2-1 变速器的位置

❶ 变速器的种类

变速器按传动比变化方式可分为有级式、无级式和综合式三种；按操纵方式可分为手动变速器、自动变速器和手动自动一体变速器三种。

❷ 变速器的功用

（1）实现变速、变矩。改变传动比，扩大驱动轮转速和转矩的变化范围，以适应汽车不同工况下所需的牵引力和合适的行驶速度，并使发动机尽量在功率较高而油耗较低的工况下工作。变速器是通过变换不同的挡位来实现这一功用的。

（2）实现倒车。发动机的旋转方向从前往后看为顺时针方向，且不能改变。为了实现汽车的倒向行驶，变速器中设置了倒挡。

（3）实现中断动力传动。在发动机起动和怠速运转、变速器换挡、汽车滑行和暂时停车等情况下，都需要中断发动机的动力传动，因此变速器中设有空挡。

❸ 齿轮传动的基本原理

1.普通齿轮

普通齿轮传动的基本原理如图2-2所示。一对齿数不同的齿轮啮合传动时可以实现变速，而且两齿轮的转速比与其齿数成反比。主动齿轮（即输入轴）转速与从动齿轮（即输出轴）转速之比值称为传动比。

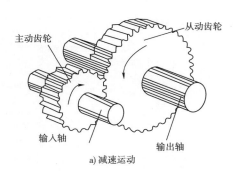

a) 减速运动

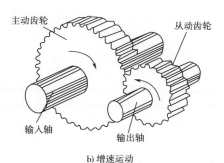

b) 增速运动

图2-2 普通齿轮的基本原理

（1）变速器增大和减小转速。当小齿轮为主动齿轮，带动大齿轮转动时，输出转速n_2降低，为减速传动，如图2-3a）所示，此时传动比大于1；当大齿轮驱动小齿轮时，输出转速n_2升高，为增速传动，如图2-3b）所示，此时传动比小于1。

（2）变速器增大和减小转矩。齿轮是一个旋转的杠杆，圆周力作用在从动齿的较大力臂$d_{02}/2$处，转矩M_{d2}与齿轮直径成正比增大，如图2-3a）所示。圆周力作用在从动齿的较小力臂$d_{02}/2$处，转矩M_{d2}与齿轮直径成正比减小，如图2-3b）所示。

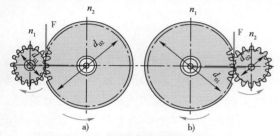

图2-3 普通齿轮的基本功能（一）

（3）变速器改变输出轴的转动方向。驱动齿与从动齿之间安装中间齿轮，改变从动齿的旋转方向，实现倒档。如图2-4所示。

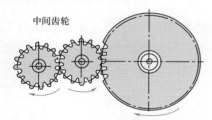

图2-4 普通齿轮的基本功能（二）

2. 行星齿轮

行星齿轮传动的结构如图2-5所示。由一个太阳轮（或称为中心轮）、一个带有若干个行星齿轮的行星架和一个齿圈组成。

由于太阳轮与行星轮是外啮合，所以二者的旋转方向是相反的；而行星轮与齿圈是内啮合，则这二者的旋转方向是相同的。

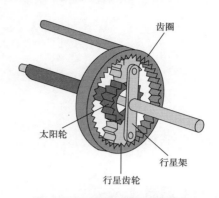

图2-5 行星齿轮传动的结构

如果将太阳轮、齿圈和行星架中某个元件作为主动（输入）部分，让另一个元件作为从动（输出）部分，则由于第三个元件不受任何约束和限制，所以从动部分的运动是不确定的。因此为了得到确定的运动，必须对太阳轮、齿圈和行星架三者中的某个元件的运动进行约束和限制。通过对不同的元件进行约束和限制，可以得到不同的动力传动方式，如表2-1所示。

单排行星齿轮机构组合关系　　　　表2-1

	主动件	从动件	固定件	
减速	行星架	齿圈	太阳轮	
等速	太阳轮齿圈	行星架		

续上表

	主动件	从动件	固定件	
反转	齿圈	太阳轮	行星架	

二、变速器的结构

1 手动档变速器

靠驾驶员直接操纵变速杆换挡。

1. 手动挡变速器变速传动机构

二轴式变速器用于发动机前置前轮驱动的汽车，一般与驱动桥（前桥）合称为手动变速驱动桥。前置发动机有纵向布置和横向布置两种形式，与其配用的二轴式变速器也有两种不同的结构形式。发动机纵置时，主减速器为一对圆锥齿轮，如帕萨特1.8T、桑塔纳2000车型；发动机横置时，主减速器采用一对圆柱齿轮，如卡罗拉、凯越车型。

如图2-6和图2-7所示分别为别克凯越车型二轴式五挡手动变速器的结构图和零件分解图。

图2-8所示为手动变速器结构示意图，各挡动力传动路线见表2-2。

2. 同步器

同步器的功用是使接合套与待啮合的齿圈迅速同步，缩短换挡时间；防止在同步前啮合而产生换挡冲击。

目前所采用的同步器几乎都是摩擦式惯性同步器，按锁止装置不同，可分为锁环式惯性同步器和锁销式惯性同步器。

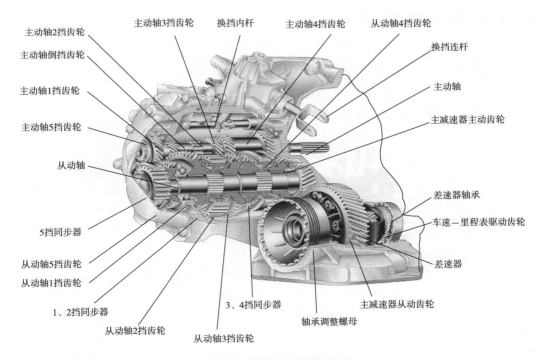

图2-6 手动变速器结构图

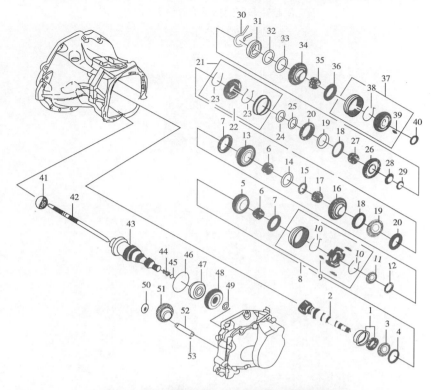

图2-7 别克凯越轿车五挡手动变速器分解图

1-滚柱轴承；2-变速驱动桥主轴；3-垫圈；4-垫圈固定弹簧卡环；5-4挡齿轮；6-滚针保持架；7-同步器闭锁环；8-换挡滑套；9-同步器键；10-3、4挡同步器弹簧；11-垫圈；12-卡夹；13-3挡齿轮；14-垫圈；15-垫圈固定弹簧卡环；16-2挡齿轮；17-滚针保持架；18-内同步器闭锁环；19-中间环；20-外同步器闭锁环；21-滑动齿轮；22-1、2同步器键；23-1、2挡同步器弹簧；24-垫圈；25-卡夹；26-1挡齿轮；27-滚针保持架；28-滚针保持架；29-主轴盘；30-固定环；31-深沟球轴承；32-垫圈；33-固定环；34-5挡齿轮；35-滚针保持架；36-同步器闭锁环；37-5挡换挡滑套；38-5挡同步器弹簧；39-5挡同步器键；40-固定环；41-滚针套；42-输入换挡轴；43-输入轴齿轮组；44-螺栓；45-固定环；46-齿轮组轴承圈；47-深沟球轴承；48-5挡齿轮组；49-固定环；50-垫圈；51-倒挡中间齿轮；52-倒挡中间齿轮轴；53-钢球

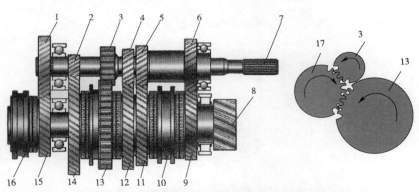

图2-8 手动变速器（倒挡主动齿轮）结构示意图

1-主动轴5挡齿轮；2-主动轴1挡齿轮；3-主动轴倒挡齿轮（倒挡主动齿轮）；4-主动输2挡齿轮；5-主动轴3挡齿轮；6-主动轴4挡齿轮；7-主动轴；8-主减速器主动齿轮；9-从动轴4挡齿轮；10-3、4挡同步器；11-从动轴3挡齿轮；12-从动轴挡齿轮；13-1、2挡同步器（接合套上有倒挡从动齿轮）；14-从动轴1挡齿轮；15-从动轴5挡齿轮；16-5挡同步器；17-倒挡惰轮

别克凯越轿车变速器动力传动路线　　　　　表2-2

挡位	动力传递示意图	动力传递路线
1挡	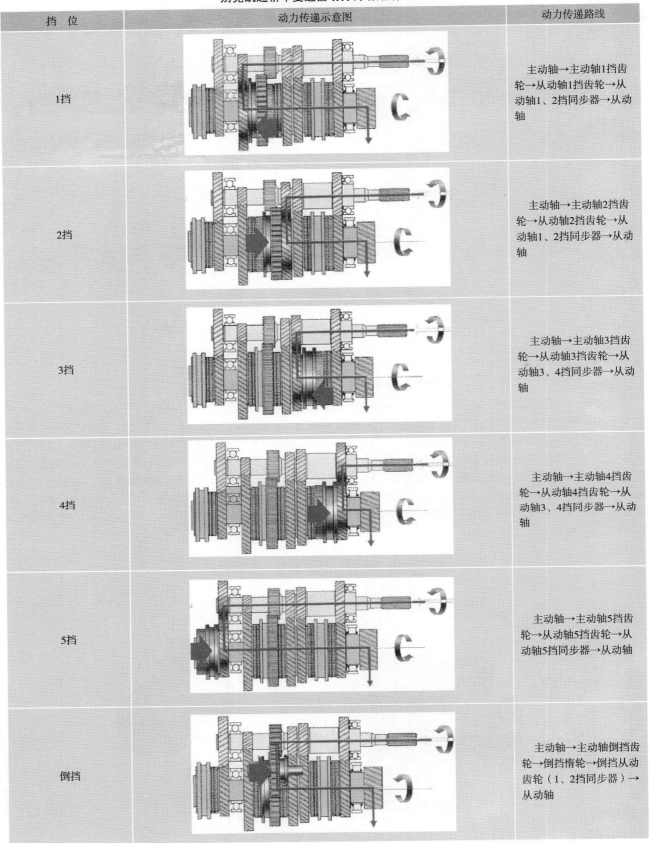	主动轴→主动轴1挡齿轮→从动轴1挡齿轮→从动轴1、2挡同步器→从动轴
2挡		主动轴→主动轴2挡齿轮→从动轴2挡齿轮→从动轴1、2挡同步器→从动轴
3挡		主动轴→主动轴3挡齿轮→从动轴3挡齿轮→从动轴3、4挡同步器→从动轴
4挡		主动轴→主动轴4挡齿轮→从动轴4挡齿轮→从动轴3、4挡同步器→从动轴
5挡		主动轴→主动轴5挡齿轮→从动轴5挡齿轮→从动轴5挡同步器→从动轴
倒挡		主动轴→主动轴倒挡齿轮→倒挡惰轮→倒挡从动齿轮（1、2挡同步器）→从动轴

锁环式同步器的结构如图2-9所示，花键毂用内花键套装在二轴外花键上，用垫圈、卡环轴向定位。3个定位滑块分别装在花键毂上3个均布的轴向槽内，沿槽可以轴向移动。花键毂两端与齿轮

之间各有一个青铜制成的锁环（即同步环）。锁环有内锥面，与接合齿圈外锥面相配合，组成锥面摩擦副。通过这对锥面摩擦副的摩擦，可使转速不等的两齿轮在接合之前迅速达到同步。

3.变速器的操纵机构

变速器操纵机构按照变速杆位置的不同，可分为直接操纵式和远距离操纵式两种类型。

直接操纵式的变速器布置在驾驶人座椅附近，变速杆由驾驶室底板伸出，驾驶人可以直接操纵，多用于发动机前置后轮驱动的车辆。

在有些汽车上，由于变速器离驾驶人座位较远，则需要在变速杆与拨叉之间加装一些辅助杠杆或一套传动机构，构成远距离操纵机构。这种操纵机构多用于发动机前置前轮驱动的轿车，如别克凯越轿车的五挡手动变速器，采用这种操纵方式。如图2-10所示。

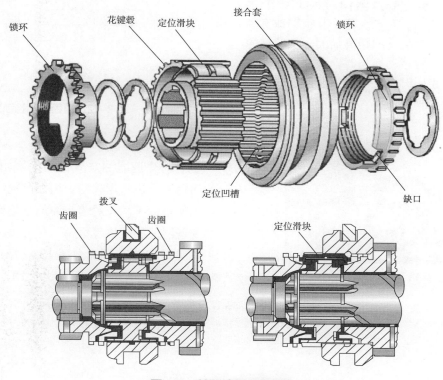

图2-9 锁环式惯性同步器

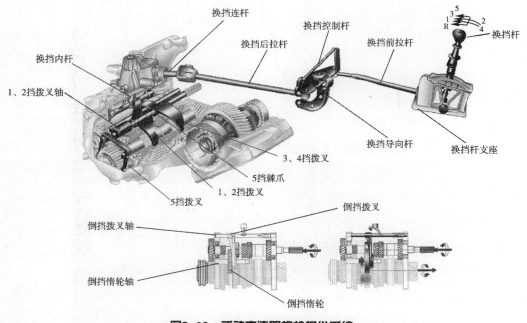

图2-10 手动变速器换挡操纵系统

为了保证变速器在任何情况下都能准确、安全、可靠地工作，变速器操纵机构一般都具有换挡锁装置，包括自锁装置、互锁装置和倒挡锁装置。

自锁装置用于防止变速器自动脱挡或挂挡，并保证轮齿以全齿宽啮合。结构原理如图2-11所示。拨叉轴上方有三个凹坑，上面有被弹簧压紧的钢珠，当拨叉轴位置处于空挡或某一挡位置时，钢珠压在凹坑中，拨叉轴轴向移动必须克服弹簧力，起到了自锁作用。

互锁装置用于防止变速器同时换上两个挡位，结构原理如图2-11所示。两个互锁钢球直径之和正好等于相邻两轴之间的距离加上一个凹槽的深度，其中一根拨叉轴移动换挡时，另外两根拨叉轴被钢球锁住，防止同时换上两个挡而使变速器卡死或损坏，起到了互锁作用。

倒挡锁装置用于防止汽车行进中或汽车起步时误挂倒挡，出现事故。结构原理如图2-12所示。当换挡杆下端向倒挡拨块槽移动时，必须克服压缩弹簧才能进入倒挡拨块槽中。

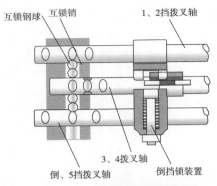

图2-12 互锁、倒挡锁装置

4.手动变速器油

手动变速器油是专门用来润滑齿轮传动装置的润滑油，也称齿轮油。根据齿轮传动装置的类型和工作条件不同，对齿轮油的性能要求也不同。手动变速器油的规格等级有两种分类方法。

美国汽车工程师协会(SAE)对汽车齿轮油按100℃温度时的运动粘度分为七级，见表2-3。

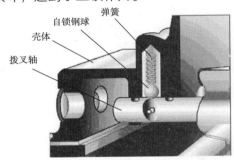

图2-11 自锁装置

SAE手动变速器油粘度分类表　　　　　　　　　　表2-3

粘度标号	150PaS时的最低使用温度	100℃时的运动粘度	
		最　小	最　大
70W	-55	4.1	—
75W	-40	4.1	—
80W	-26	7.0	—
85W	-12	11.0	—
90	—	13.5	小于24.0
140	—	24.0	小于41.0
250	—	41.0	—

美国石油学会（API）的分类标准按齿轮负荷承载能力和使用场合不同，API将手动变速器油分为GL-1、GL-2、GL-3、GL-4、GL5、GL-6等六个等级，见表2-4。

手动变速器油质量使用标号及性能　　　　　　　　表2-4

标　号	适　用　范　围
GL-1	齿面压力、低滑动速度下运行的汽车螺旋锥齿轮、蜗轮后轴和各种机械变速器
GL-2	汽车蜗轮后轴，其负荷、温度及滑动速度的状况用GL-1级手动变速器油不能满足使用要求
GL-3	中等速度及负荷运转的汽车机械变速器和后桥螺旋锥齿轮规定用GL-3
GL-4	在高速低扭矩及低速高扭矩下运转的小客车和其他车辆的各种齿轮特别是准双曲面齿轮
GL-5	在高速冲击负荷、高速低扭矩、低速高扭矩条件下运转的小客车和其他车辆的各种齿轮，特别是准双曲面齿轮
GL-6	在高速冲击负荷运转中汽车的各种齿轮，特别是高偏置准双曲面齿轮，偏置大于50mm或接近从动齿轮直径的25%

通常汽车按使用说明书的规定，选择与该车型相适应的手动变速器油。根据齿轮类型和工况选择手动变速器油（按使用性能级别选择），具体选择方法见表2-5。

汽车手动变速器油的选择　　　　表2-5

使用性能级别		粘度级别（或牌号）的选择	
性能级别	齿轮类型、工作条件和示例	粘度级别	使用气温范围℃
普通车用手动变速器油（GL-3）	工作条件缓和的螺旋锥齿轮主减速器和变速器、转向器	90	-10℃以上地区全年通用
		80W/90	-30℃以上地区全年通用
		85W/90	-20℃以上地区全年通用
中负荷车用手动变速器油（GL-4）	工作条件一般（齿间压力在3000MPa以下，齿间滑行速度在8mm/s以下）的准双曲面齿轮主减速器或要求使用GL-4手动变速器油的进口汽车	90（旧18号）	-10℃以上地区全年通用
		旧7号严寒区双曲线手动变速器油	-43℃以上严寒区冬季
		85W/90	-20℃以上地区全年通用
重负荷车用手动变速器油（GL-5）	工作条件苛刻的准双曲面齿轮主减速器或要求使用GL-5手动变速器油的进口汽车	90	10℃以上地区全年通用
		140（旧26号）	炎热夏季
		85W/90	-20℃以上地区全年通用

❷ 自动变速器

汽车驾驶中离合器的操纵和变速器的操纵都实现了自动化，简称 AT（Automatic Transmission）。目前，自动变速器的自动换挡等过程，都是由自动变速器的电子控制单元（ECU，又称电脑）控制的，因此，自动变速器又可简称为 EAT、ECAT、ECT 等。

1. 自动变速器的分类

自动变速器按结构、控制方式的不同，可以分为液力式自动变速器、无级自动变速器（简称CVT，Continuously Variable Transmission）和机械式自动变速器（简称AMT，Automated Mechanical Transmission）。

按车辆驱动方式的不同，可以分为自动变速器（AT）和自动变速驱动桥（Auto-matic Transaxle）。

按照自动变速器操纵杆置于前进挡时的挡位数，可以分为4挡、5挡、6挡等。

2. 自动变速器操纵杆的使用

轿车自动变速器的操纵杆通常有 6 或 7 个位置，如图2-13所示。其功能如下：

P 位：驻车挡。变速杆置于此位置时，驻车锁止机构将自动变速器输出轴锁止。

R 位：倒挡。变速杆置于此位置时，实现倒向行驶。

N 位：空挡。变速杆置于此位置时，所有机械变速器的齿轮机构空转，不能输出动力。

D 位：前进挡。变速杆置于此位置时，随着行驶条件的变化，在前进挡中自动升降挡，实现自动变速功能。

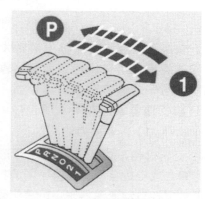

图2-13　变速杆的位置

2、1位：发动机制动挡。2位，只能接前进挡中的一、二挡；1位，只能接前进挡中的一挡。使汽车获得发动机牵引力制动效果。

发动机只有在变速杆置于 N 或 P 位时，发动机才能起动，此功能靠空挡起动开关来实现。

常见的选挡杆安装位置可布置在转向柱上、驾驶室地板上或仪表板上，如图2-14选挡杆安装位置所示。

图2-14　变速杆安装位置

3.自动变速器的基本组成及工作原理

（1）基本组成。自动变速器主要由液力变矩器、齿轮变速机构、换挡执行元件、液压控制系统、电子控制系统等组成，如图2-15液力自动变速器的结构所示。

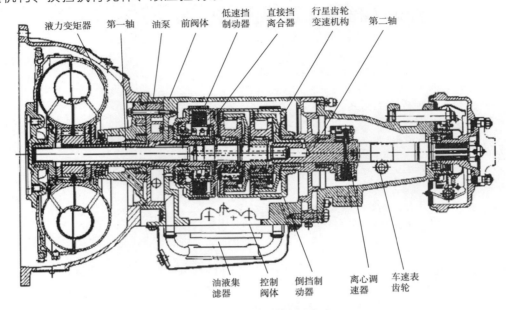

图2-15 液力自动变速器的结构

①液力变矩器。液力变矩器安装在发动机与变速器之间，将发动机转矩传给变速器输入轴。液力变矩器相当于普通汽车上的离合器，但它是一个通过自动变速器油（简称ATF，Automatic Transmission Fluid）传递动力的装置。

②齿轮变速机构。齿轮变速机构可形成不同的传动比，组合成电控自动变速器不同的挡位。目前，绝大多数电控自动变速器采用行星齿轮机构进行变速，有的车型采用普通齿轮机构进行变速（如本田车系）。

③换挡执行元件。电控自动变速器换挡执行机构主要包括离合器、制动器和单向离合器，由液压控制系统控制其工作。

④液压控制系统。液压控制系统是由油泵、各种控制阀及与之相连通的液压换挡执行元件，如离合器、制动器油缸等组成液压控制回路。汽车行驶中根据驾驶人的要求和行驶条件的需要，控制离合器和制动器的工作状况的改变来实现机械变速器的自动换挡。

⑤电子控制系统。电子控制系统主要包括电子控制单元、各类传感器及开关、执行器等。电子控制系统中的传感器及各种控制开关将发动机工况、车速等信号传递给电子控制单元（ECU），经ECU处理后发出控制指令给执行器，执行器和液压系统按一定规律控制换挡执行机构工作，实现自动变速器自动换挡。

（2）基本原理

图2-16为电控自动变速器的组成和原理图。电控自动变速器是通过各种传感器，将发动机的转速、节气门开度、车速、发动机水温、自动变速器ATF油温等参数信号输入电控单元（ECU），ECU根据这些信号，按照设定的换挡规律，向换挡电磁阀、油压电磁阀等发出动作控制信号，换挡电磁阀和油压电磁阀再将ECU的动作控制信号转变为液压控制信号，阀板中的各控制阀根据这些液压控制信号，控制换挡执行元件的动作，从而实现自动换挡过程。

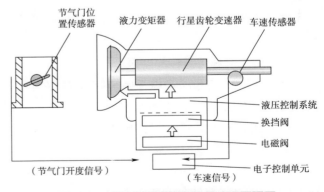

图2-16 电控自动变速器的组成和原理图

4.自动变速器油

自动变速器油是指专用于自动变速器的油

液。ATF对自动变速器的工作、使用性能以及使用寿命都有非常重要的影响。汽车自动变速器保养的重要内容就是对ATF的检查和更换。使用时还应注意保持ATF油的正常工作温度，油温过高时，自动变速箱油易稀释，油压降低，会导致自动变速箱换挡时打滑。油温过低时，自动变速箱油压变高，时滞过长，会导致自动变速箱换挡不及时。应经常检查ATF油的液面高度。贮存自动变速箱油时应注意，自动变速箱油具有毒性，应储存在有标志的容器内，并放置在儿童拿不到的地方。

在自动变速器中ATF主要有下列作用：

①通过液力变矩器将发动机动力传递给变速器。

②通过电控、液控系统传递压力和运动，完成对各换挡元件的操纵。

③冷却，将变速器中的热量带出传递给冷却介质。

④润滑，对行星齿轮机构和摩擦副强制润滑。

⑤清洁运动零件并起密封作用。

（1）自动变速箱油的分类及选择。国外自动变速器油多采用美国ASTM和API共同提出的PTF（Power Transmission Fluid）分类标准，将PTF分为PTF1、PTF2、PTF3三类。其规格及适用范围见表2-6。

国产自动变速箱油的分类按100℃运动粘度将自动变速箱油分为6号8号两种。其与国外的自动变速箱油的基本对应关系见表2-7。

自动变速箱分类及适用范围　　　　　表2-6

分 类	符合的规格	适用范围
PTF-1	通用汽车公司GM DEXRON II，福特汽车公司 FORD M2C33-F，克莱斯勒 CHRYSLER MS-4228	轿车和轻型货车液力传动油
PTF-2	通用汽车公司GM TRCK, COACH 阿里林 allisonC-2 C-3	重型货车和越野汽车液力传动油
PTF-3	约翰迪尔 John Deere J-20A 福特 FORD m2c1A 马赛-费格森Mqssey-Ferugson M-1135	农业和建筑机械液力传动油

国内外分类的对应关系　　　　　表2-7

国外分类	国内分类	适用范围
PTF-1	8	轿车和轻型货车液力传动油
PTF-2	6	重型货车，越野汽车，工程机械液力传动油
PTF-3		农业和建筑机械液力传动油

（2）未及时更换自动变速箱油的危害

①未及时更换的旧自动变速箱油的油泥积炭会形成磨料磨损，从而加大各摩擦片及各部件的磨损，降低各部件的寿命。

②旧油中的油泥积炭会使各阀体油管中的油流动不畅，影响动力传递，从而使自动变速箱提速慢或失速，严重了就会使某个挡位无油压致使摩擦片烧片。

③旧油还会使各缸之间的密封胶圈过早老化，使各缸卸油油压受影响，也会造成提速慢、失速等故障，严重时也会导致各摩擦片打滑、烧片。

（3）何时更换自动变速箱油。自动变速箱达到规定行驶里程(依车厂规定2万公里)或一年以上(未超过规定里程)必须更换全部油液，同时还应更换自动变速箱油滤清器及油底壳垫片。换油时必须使用规定型号的ATF。具体换油里程、换油方法、用油规格须依厂家维修手册规定。

第二节　　常见维修项目

任务一　检查、添加或更换手动变速器油

一、技术标准与要求

（1）加注现代雅绅特轿车规定型号手动变速器油（变速器油型号75W90）。

（2）变速器油检查或更换周期规定：30000km检查变速器油位；变速器油不需要更换或视情更换。

（3）变速器油液容量为2L。

（4）加油塞、放油塞拧紧力矩为35N·m。

（5）变速器油面应位于放油口下边沿。

二、实训时间：30min

三、实训教学目标

（1）了解检查、添加或更换手动变速器油的重要性。

（2）掌握检查、添加或更换手动变速器油的操作技能。

四、实训器材

扭力扳手

回收桶

常用工具一套

五、教学组织

（1）教学组织形式：

每辆车安排4名学生参与实训，两名学生为一组。一组操作，一组观察实习。

（2）学生站位分工和要求：

两名学生一组，按照1号、2号进行编号，1号为主，2号辅助。

（3）实训教师职责：

讲解操作步骤和注意事项；下达"操作开始"口令；工位间巡视、检查、指导和纠正错误。

（4）学生职责变换：

两名学生实行职责变换制度，即第一遍1号为主，2号辅助；第二遍2号为主，1号辅助。

六、操作步骤

第一步　事前准备

提示：事前准备的详细操作步骤和规范要求，请参阅"第一章任务一检查和调整离合器踏板位置中的步骤一"，在此不再赘述。

第二步　检查变速器油面

1　2号操纵举升机，将车辆举升至适当高度，并可靠锁止提升臂

提示：

（1）举升机操作规范，请参阅"举升机的使用方法"。在此不再赘述。

（2）特别强调，在举升机举升或降落前，要注意安全确认，配合口令"正常"、"举升车辆"。

2　2号将17mm专用套筒、棘轮扳手，传递给1号。

3　1号使用17mm专用套筒、棘轮扳手，拧松变速器油平面检视孔油塞。然后，2号接收工具并摆放到工具车上。

提示：

（1）拧松油平面检视孔油塞时，保持工具与螺方配合可靠到位。

（2）禁止使用已严重磨损的工具拆卸放油平面检视孔油塞。否则，容易造成滑方，给拆卸带来更大困难。

4 1号用手旋下油平面检视孔油塞并传递给2号。

5 2号将油平面检视孔油塞摆放到零件车上。

6 1号察看变速器内的油面位置。

提示：

（1）为便于看清油面位置，可配合灯光照明。

（2）变速器油面应位于放油口下边沿。如果油面低于放油口下边沿，应添加补充变速器油，知道油面达到规定要求位置。

（3）如果变速器油面正常，则将放油塞按照规定力矩拧紧。

第三步 变速器漏油检查

1 1号检查变速器壳体接合处，是否有漏油现象。

提示：

（1）现代雅绅特轿车变速器壳体分为二部分，壳体结合面上安装有衬垫，用于保证接合面间可靠密封。

（2）如果变速器壳体接合处存在漏油现象，应更换衬垫。

2 1号拆下离合器防护板检查变速器前油封，是否有漏油现象。

提示：

（1）变速器前油封，用于保证变速器输入轴与壳体之间可靠密封。

（2）检查变速器前油封漏油，可通过离合器防护板下端有无油滴来判断。

（3）如果变速器前油封存在漏油现象，应该更换前油封。

3 1号检查两侧半轴油封处，是否存在漏油现象。

提示：

（1）半轴油封，用于保证半轴连接凸缘与主减速器和差速器壳体之间可靠密封。

（2）如果油面漏油现象，应更换半轴油封。

第四步　添加变速器油

1　1号打开空气滤清器上盖固定卡簧。

2　1号使用十字螺丝刀拧松空气滤清器上盖与进气歧管连接处的固定卡箍。

3　1号取下空气滤清器上盖，2号将空气滤清器上盖放到零件车上。

4　1号取下空气滤清器滤芯，2号将空气滤清器滤芯放到零件车上。

5　1号松开发动机电脑线束插头，使发动机电脑与线束分离。

6　1号使用2号传递来的12mm套筒、棘轮扳手，拧松并取下空气滤清器壳体固定螺栓，2号将螺栓放到零件车上。

7　1号将空气滤清器壳体和发动机电脑一起取下。

8　1号使用2号传递来的12mm套筒、棘轮扳手，拧松离合器油管支架螺栓。

9　1号使用2号传递来的19mm套筒、棘轮扳手，拧松变速器加油塞，并取下加油塞传递给2号。

10 1号使用2号传递来的17mm套筒、棘轮扳手，拧松变速器油平面检视孔塞，并取下油平面检视孔油塞传递给2号。

11 2号将手动变速箱油油桶传递给1号。

12 1号将漏斗放入变速器加油口中并扶稳，打开手动变速箱油桶盖，然后将手动变速器油缓慢倒入变速器内。

13 2号观察变速器油平面检视孔，如油面达到规定要求位置，则告知1号停止加油。

提示：当看见油平面检视孔有油流出，则变速器油已加足。

14 1号用手将油平面检视孔油塞旋入变速器检视孔螺纹孔内。

15 1号使用扭力扳手，以35N·m的力矩拧紧油平面检视孔油塞。

16 1号用手将加油塞旋入变速器加油螺纹孔内。

提示：旋入加油塞时，确保对正螺纹。防止螺纹损伤，导致漏油。

17 2号将19mm套筒、长接杆、扭力扳手，传递给1号。

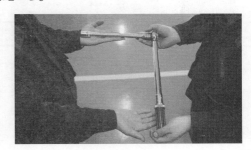

18 1号使用将19mm套筒、长接杆、扭力扳手,将加油螺栓拧紧至规定力矩。加油螺栓拧紧力矩为35N·m。

19 1号使用棉纱擦净加油塞周围的油迹。

提示:加油塞安装完毕,注意擦净其周围油迹,便于检查漏油。

20 1号使用2号传递来的12mm套筒、棘轮扳手,拧紧离合器油管支架螺栓。

21 1号将空气滤清器壳体和发动机电脑一起装到车上,使用2号传递来的12mm套筒、棘轮扳手,拧紧空气滤清器壳体固定螺栓。

22 1号插上发动机电脑线束插头。

23 1号将空气滤芯装到空气滤清器壳体内。

24 1号装上空气滤清器上盖,并使用十字螺丝刀拧紧上盖与进气歧管连接处的固定卡箍。

25 1号装上空气滤清器上盖固定卡簧。

第五步 更换变速器油

1 2号操纵举升机,将车辆举升到轮胎最低点距离地面约20cm的高度。并可靠锁止提升臂。

提示:
(1)举升机的操作要领和规范要求,请参阅举升机的使用方法。
(2)举升车辆时,强调安全确认口令"正

常"、"举升车辆",防止意外情况发生。

2 1号进入驾驶室,打开点火开关并起动发动机,保持发动机怠速运转。

3 1号操纵变速手柄,将变速器挂入1档,保持车辆带档运行状态。2~3min后,将变速器置于空挡,并关闭点火开关,停止发动机运转。

🛈 提示:
(1) 车辆带挡短时间空载运行,目的是提高变速器温度,降低油液粘稠度,有利于彻底排放变速器油,减少变速器内残余油量。
(2) 寒冷季节,预热变速器油尤为重要。

4 2号操纵举升机,将车辆举升至适当高度,可靠锁止提升臂。

🛈 提示:举升机的使用规范,请参阅前文说明。

5 2号将回收桶,推移至变速器下方,并对正放油塞。

6 1号使用2号传递来的17mm套筒、棘轮扳手,拧松变速器放油塞。

7 2号接受工具,擦拭后摆放到零件车上。

8 1号用手旋下变速器放油塞。

🛈 提示:旋下放油塞,注意感觉剩余螺纹多少。当感知剩余1~2圈螺纹时,转动并同时上推放油塞,螺纹全部旋出后,快速移开放油塞,油液急速流入回收桶。如此操作,可防止油液流到手上和身上。

9 1号用19mm套筒、棘轮扳手拧下加油塞,并传递给2号。

🛈 提示:排放变速器油时,同时取下加油塞,可以加快油液排放速度。

10 待变速器放油口处油液不再滴落时，1号用手旋上放油塞。

💡 提示：旋入放油塞时，确保对正螺纹，防止螺纹损伤，导致漏油。

11 2号将回收桶移至规定位置。

12 1号使用2号传递来的17mm专用接头、扭力扳手，将放油塞拧紧至适当力矩。放油塞拧紧力矩为35N·m。

💡 提示：放油塞拧紧力矩要符合规定要求。若力矩过大，造成放油塞滑扣；若力矩过小，导致放油塞处漏油。

13 2号接受工具擦拭后摆放到零件车上。

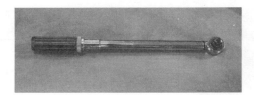

14 1号、2号配合，将变速器油加注到规定液位，并将加油塞拧紧至规定力矩。加油塞的拧紧力矩为35N·m。

💡 提示：加注变速器油的详细操作步骤和加注事项，请参阅本任务中第四步"添加变速器油"，在此不再赘述。

15 1号使用棉纱，擦净放油塞和加油塞周围的油迹。

💡 提示：擦拭放油塞和加油塞周围的油迹，便于检查漏油。

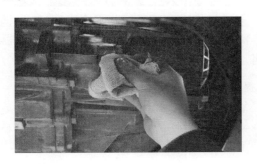

第六步　检查油液泄漏

1 2号操纵举升机，将车辆降落到轮胎最低点距离地面约20cm的高度，并可靠锁止提升臂。

💡 提示：举升机的使用规范，请参阅前文说明。

2 1号进入驾驶室，起动发动机，操纵变速手柄，变换变速器挡位，并保持车辆带挡运行状态。3～5min后，将变速器置于空挡，并关闭点火开关，停止发动机运转。

💡 提示：车辆带挡运行，一是检验变速器换挡性能；二是提高变速器油温，便于检查泄漏。

第二章 变速器

3 2号操纵举升机，将车辆举升至适当高度，并可靠锁止提升臂。

💡 提示：举升机的使用规范，请参阅前文说明。

4 1号检查变速器的放油塞和加油塞处，是否存在油液泄漏。

💡 提示：如果存在泄露现象，应修复后，车辆再投入使用。

5 2号操纵举升机，将车辆降落到地面上。

💡 提示：举升机的使用规范，请参阅前文说明。

第七步　整理工位

1号、2号共同拆除护裙、驾驶室内保护罩，清理工具和量具等，清洁地面卫生。

💡 提示：作业项目完成后，要搞好工位清扫、整理工作，培养良好的工作习惯。

七、考核标准

考 核 标 准 表

考核时间	序 号	考核项目	满 分	评分标准	得 分
30min	1	作业前整理工位	5	整理遗漏酌情扣分	
	2	安装汽车保护罩	6	操作不当酌情扣分	
	3	举升或降落车辆	8	操作不当扣8分	
	4	检查变速器油面	10	检查不当扣10分	
	5	变速器壳体接合面漏油检查	7	检查不当扣7分	
	6	变速器前油封漏油检查	7	检查不当扣7分	
	7	半轴油封漏油检查	7	检查不当扣7分	
	8	拆除加油塞附近零部件	7	操作不当扣7分	
	9	添加手动变速器油	10	操作不当扣10分	
	10	擦拭加、放油塞周围油迹	6	操作遗漏扣6分	
	11	带挡运行车辆	8	操作不当扣8分	
	12	拆装加、放油塞	8	操作不当扣8分	
	13	工具维护	6	维护不当扣6分	
	14	作业后整理工位	5	整理遗漏酌情扣分	
	15	遵守相关安全规范		因违规操作造成人身和设备事故的，总分按0分计	
分数合计			100		

任务二　检查、添加或更换自动变速器油

一、技术标准与要求

（1）加注丰田卡罗拉轿车规定型号自动变速器油。
（2）自动变速器油检查或更换周期规定：30000km检查变速器油位；自动变速器油不需要更换或视情更换。
（3）自动变速器油液容量为3.5L。
（4）加油塞、放油塞拧紧力矩为49N·m。
（5）变速器油面应位于放油口下边沿。

二、实训时间：30min

三、实训教学目标

（1）了解检查、添加或更换自动变速器油的重要性。
（2）掌握检查、添加或更换自动变速器油的操作技能。

四、实训器材

回收桶

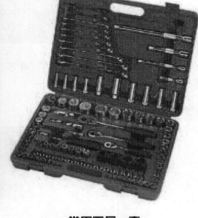

常用工具一套

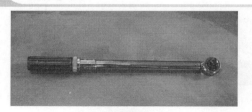

扭力扳手

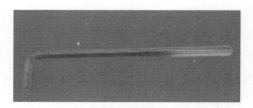

内六角扳手

五、教学组织

（1）教学组织形式：
每辆车安排4名学生参与实训，两名学生为一组。一组操作，一组观察实习。
（2）学生站位分工和要求：
两名学生一组，按照1号、2号进行编号，1号为主，2号辅助。
（3）实训教师职责：
讲解操作步骤和注意事项；下达"操作开始"口令；工位间巡视、检查、指导和纠正错误。
（4）学生职责变换：
两名学生实行职责变换制度，即第一遍1号为主，2号辅助；第二遍2号为主，1号辅助。

六、操作步骤

第一步　事前准备

> 提示：事前准备的详细操作步骤和规范要求，请参阅"第一章任务一检查和调整离合器踏板位置中的步骤一"，在此不再赘述。

第二步　检查自动变速器油面

1 1号起动发动机，变速器油温度达到正

常温度后，踩住制动踏板，将变速杆从P位到L位以2~3s为时间间隔在各挡位来回移动2~3次，最后置于N位或P位。

2 1号拔出自动变速器油标尺。

提示：操作时不要被旋转件划伤，避免被散热器烫伤。

3 1号擦干变速器油尺后，再次将它插入变速器，然后拔出。

提示：测量自动变速器油量时，应在发动机温度达到正常温度后测量，注意不要被散热器和排气装置烫伤。

4 1号确认变速器油是否在[HOT]范围之内。

提示：变速器油不足时，利用漏斗加入变速器油至[HOT]范围。

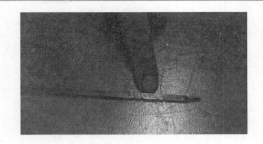

第三步 自动变速器漏油检查

1 1号检查变速器壳体接合处，是否有漏油现象。

提示：

（1）丰田卡罗拉轿车变速器壳体结合面上安装有衬垫，用于保证接合面间可靠密封。

（2）如果变速器壳体接合处存在漏油现象，应更换衬垫。

2 1号变速器壳体与变速器油底壳之间是否有漏油现象。

提示：

（1）丰田卡罗拉轿车变速器壳体与变速器油底壳结合面上安装有衬垫，用于保证接合面间可靠密封。

（2）如果变速器壳体与变速器油底壳接合处存在漏油现象，应更换衬垫。

3 1号检查两侧半轴油封处，是否存在漏油现象。

提示：

（1）半轴油封，用于保证半轴连接凸缘与主减速器和差速器壳体之间可靠密封。

（2）如果油面漏油现象，应更换半轴油封。

第四步　添加变速器油

1　1号拔出自动变速器油标尺，并交给2号。

2　2号将自动变速器油标尺放到零件车上。

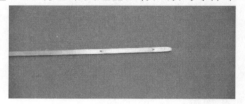

3　2号将自动变速器油油桶传递给1号。

4　2号将漏斗放入自动变速器加油口中并扶稳。

5　1号打开手动变速箱油桶盖，然后将自动变速箱油缓慢倒入变速器内。

🕐 提示：加入适量的自动变速箱油后，需及时检查自动变速箱油量是否符合规定要求。

6　1号将自动变速器油标尺插入加注口，检查油量是否符合要求。

🕐 提示：

（1）检查自动变速器油时，应先起动发动机，变速器油温度达到正常温度后，踩住制动踏板，将变速杆从P位到L位以2~3s为时间间隔在各挡位来回移动2~3回，最后置于N位或P位。

（2）加入自动变速器油应至[HOT]范围。

（3）测量自动变速器油量时，应在发动机温度达到正常温度后测量，注意不要被散热器和排气装置烫伤。

第五步　更换自动变速器油

1　2号操纵举升机，将车辆举升到轮胎最低点距离地面约20cm的高度。并可靠锁止提升臂。

🕐 提示：

（1）举升机的操作要领和规范要求，请参阅举升机的使用方法。

（2）举升车辆时，强调安全确认口令"正常"、"举升车辆"，防止意外情况发生。

2 1号进入驾驶室，打开点火开关并起动发动机，保持发动机怠速运转。

3 1号起动发动机，变速器油温度达到正常温度后，踩住制动踏板，将变速杆从P位到L位以2~3s为时间间隔在各档位来回移动2~3次，最后置于N位或P位。

提示：

（1）车辆带挡短时间空载运行，目的是提高变速器温度，降低油液粘稠度，有利于彻底排放变速器油，减少变速器内残余油量。

（2）寒冷季节，预热变速器油尤为重要。

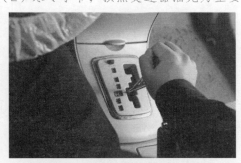

4 2号操纵举升机，将车辆举升至适当高度，可靠锁止提升臂。

提示：举升机的使用规范，请参阅前文说明。

5 2号将回收桶，推移至自动变速器下方，并对正放油塞。

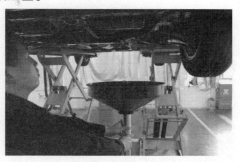

6 2号将专用内六角扳手传递给1号。

7 1号使用2号传递来专用内六角扳手，拧松自动变速器放油塞。

8 1号用手旋下自动变速器放油塞。

提示：旋下放油塞，注意感觉剩余螺纹多少。当感知剩余1~2圈螺纹时，转动并同时上推放油塞，螺纹全部旋出后，快速移开放油塞，油液急速流入回收桶。如此操作，可防止油液流到手上和身上。

9 1号拔出自动变速器油标尺。

提示：排放变速器油时，同时取下加油塞，可以加快油液排放速度。

10 待自动变速器放油口处，油液不再滴落时，1号用手旋上放油塞。

提示：旋入放油塞时，确保对正螺纹，防止螺纹损伤，导致漏油。

11 1号使用2号传递来专用内六角扳手，将放油塞拧紧至适当力矩。放油塞拧紧力矩为49N·m。

提示：放油塞拧紧力矩要符合规定要求。若力矩过大，造成放油塞滑扣；若力矩过小，导致放油塞处漏油。

12 1号插入自动变速器油标尺。

13 1号使用棉纱擦净放油塞周围的油迹。

提示：擦拭放油塞周围的油迹，便于检查漏油。

第六步 检查油液泄漏

1 2号操纵举升机，将车辆落到轮胎最低点距离地面约20cm的高度。并可靠锁止提升臂。

提示：举升机的使用规范，请参阅前文说明。

2 1号起动发动机，变速器油温度达到正常温度后，踩住制动踏板，将变速杆从P位到L位以2~3s为时间间隔在各档位来回移动2~3次，最后置于N位或P位。

提示：车辆带挡运行，一是检验变速器换挡性能；二是提高变速器油温，便于检查泄漏。

3 2号操纵举升机，将车辆举升至适当高

度，并可靠锁止提升臂。

❗提示：举升机的使用规范，请参阅前文说明。

4　1号检查变速器的放油塞处，是否存在油液泄漏。

❗提示：如果存在泄漏现象，应修复车辆后，再投入使用。

5　2号操纵举升机，将车辆降落到地面上。

❗提示：举升机的使用规范，请参阅前文说明。

第七步　整理工位

1号、2号共同拆除护裙、驾驶室内保护罩，清理工具和量具等，清洁地面卫生。

❗提示：作业项目完成后，要搞好工位清扫、整理工作，培养良好的工作习惯。

七、考核标准

考核标准表

考核时间	序号	考核项目	满分	评分标准	得分
30min	1	作业前整理工位	5	整理遗漏酌情扣分	
	2	安装汽车保护罩	6	操作不当酌情扣分	
	3	举升或降落车辆	8	操作不当扣8分	
	4	检查变速器油面	10	检查不当扣10分	
	5	变速器油底壳漏油检查	7	检查不当扣7分	
	6	变速器壳体接合面漏油检查	7	检查不当扣7分	
	7	变速器前油封漏油检查	7	检查不当扣7分	
	8	半轴油封漏油检查	7	检查不当扣7分	
	9	添加自动变速器油	10	操作不当扣10分	
	10	擦拭放油塞周围油迹	6	操作遗漏扣6分	
	11	带挡运行车辆	8	操作不当扣8分	
	12	拆装加油塞、油标尺	8	操作不当扣8分	
	13	工具维护	6	操作不当扣6分	
	14	作业后整理工位	5	整理遗漏酌情扣分	
	15	遵守相关安全规范	因违规操作造成人身和设备事故的，总分按0分计		
分数合计			100		

第三章 万向传动装置

第一节 需用知识

一、概述

1 万向传动装置的功用和组成

1. 功用

万向传动装置在汽车上有很多应用，结构也稍有不同，但其功用都是一样的，即在轴线相交且相互位置经常发生变化的两转轴之间传递动力。

如图3-1所示为万向传动装置在汽车中最常见的应用，位于变速器与驱动桥之间。

图3-1 变速器与驱动桥之间的万向传动装置

2. 组成

万向传动装置主要包括万向节和传动轴，对于传动距离较远的分段式传动轴，为了提高传动轴的刚度，还设置有中间支承，如图3-2所示。

图3-2 万向传动装置的组成

2 万向传动装置的应用

万向传动装置在汽车上的应用主要有以下几个方面：

①变速器与驱动桥之间（4×2汽车），如图3-3所示。一般汽车的变速器、离合器与发动机三者装合为一体装在车架上，驱动桥通过悬架与车架相连。在负荷变化及汽车在不平路面行驶时引起的跳动，会使驱动桥输入轴与变速器输出轴之间的夹角和距离发生变化，因此需要安装万向传动装置。

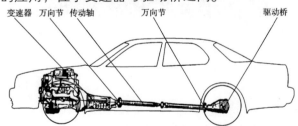

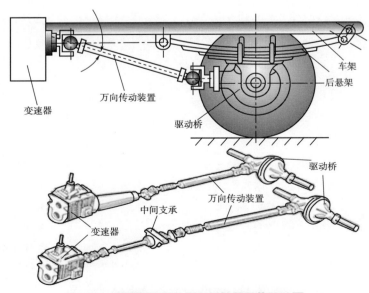

图3-3 变速器与驱动桥之间的万向传动装置

② 变速器与分动器、分动器与驱动桥之间（越野汽车），如图 3-4 所示。为消除车架变形及制造、装配误差等引起的其轴线同轴度误差对动力传递的影响，需装有万向传动装置。

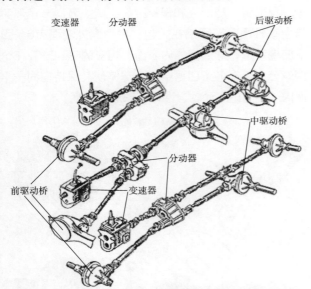

图3-4　变速器与分动器、分动器与驱动桥之间的万向传动装置

③ 转向驱动桥的内、外半轴之间，如图 3-5 所示。转向时两段半轴轴线相交且交角有变化，因此需用万向节。

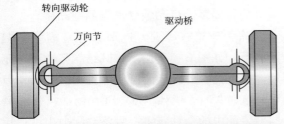

图3-5　转向驱动桥内、外半轴之间的万向传动装置

④ 断开式驱动桥的半轴之间，如图 3-6 所示。主减速器壳在车架上是固定的，桥壳上下摆动，半轴是分段的，因此需用万向节。

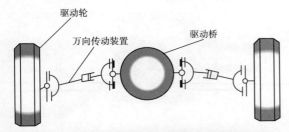

图3-6　断开式驱动桥半轴之间的万向传动装置

⑤ 转向机构的转向轴和转向器之间，如图3-7 所示。这有利于转向机构的总体布置。

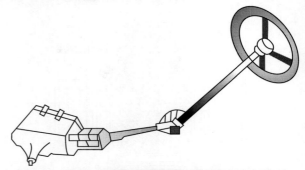

图3-7　转向机构的转向轴和转向器之间的万向传动装置

二、万向节

在汽车上使用的万向节按其刚度大小，可分为刚性万向节和柔性万向节。刚性万向节按其速度特性分为不等速万向节（常用的为十字轴式）、准等速万向节（双联式和三销轴式）和等速万向节（包括球叉式和球笼式等）。目前在汽车上应用较多的是十字轴式刚性万向节和等速万向节。十字轴式刚性万向节主要用于发动机前置后轮驱动的变速器与驱动桥之间，等角速万向节主要用于发动机前置前轮驱动的内、外半轴之间。

❶ 十字轴刚性万向节

常见的不等速万向节为十字轴式刚性万向节，如图 3-8 所示。它允许相邻两轴的最大交角为15°～20°。

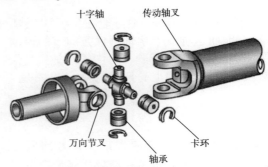

图 3-8　十字轴式刚性万向节

十字轴式刚性万向节主要由十字轴、万向节叉等组成。万向节叉上的孔分别套在十字轴的四个轴颈上。在十字轴轴颈与万向节叉孔之间装有滚针和套筒，用带有锁片的螺钉和轴承盖来使之轴向定位。为了润滑轴承，十字轴内钻有油道，且与油嘴、安全阀相通，如图 3-9 所示。为避免润滑油流出及尘垢进入轴承，十字轴轴颈的内端套装着油封。

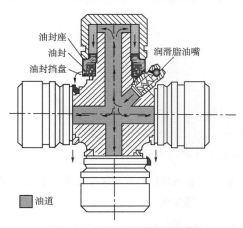

图3-9 润滑油道及密封装置

十字轴式刚性万向节的不等速特性采用如图3-10所示的双十字轴刚性万向节的传动方式，第一万向节的不等速特性可以被第二万向节的不等速特性所抵消，从而实现两轴间的等角速传动。具体条件是：

①第一万向节两轴间夹角α_1与第二万向节两轴间夹角α_2相等；

②第一万向节的从动叉与第二万向节的主动叉处于同一平面。

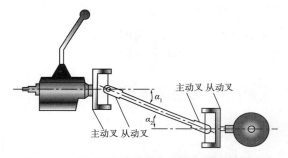

图3-10 双十字轴刚性万向节等速传动布置图

由于悬架的振动，不可能在任何时候都保证$\alpha_1 = \alpha_2$，因此这种双十字轴刚性万向节的传动只能近似地解决等速传动问题，且由于两轴夹角最大只能是20°，因此使用上受到限制。

❷ 等速万向节

等速万向节的工作原理是保证万向节在工作过程中，其传力点永远位于两轴交角的平分面上，如图3-11所示。

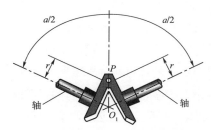

图3-11 等速万向节的工作原理

1. 球笼式万向节

常见的球笼式万向节有固定型球笼式等速万向节（RF节）和伸缩型球笼式等速万向节（VL节）。

如图3-12所示，固定型球笼式万向节由6个钢球、星形套、球形壳和保持架等组成。万向节星形套与主动轴用花键固接在一起，星形套外表面有6条弧形凹槽滚道，球形壳的内表面有相应的6条凹槽，6个钢球分别装在各条凹槽中，由球笼使其保持在同一平面内。动力由主动轴、钢球、球形壳输出。

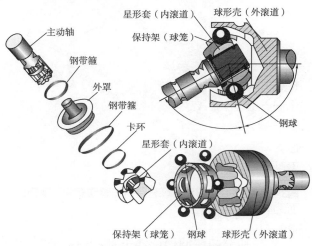

图3-12 固定型球笼式等速万向节

球笼式万向节工作时6个钢球都参与传力，故承载能力强、磨损小、寿命长。它被广泛应用于各种型号的转向驱动桥和独立悬架的驱动桥。

伸缩型球笼式等速万向节又称直槽滚道型等速万向节。如图3-13所示，其结构与上述球笼式相近，只是内、外滚道为圆筒形直槽，使万向节本身可轴向伸缩（伸缩量可达50mm），省去其他万向节传动中的滑动花键，且滚动阻力小，适用于断开式驱动桥的万向传动装置。这种万向节所连接的两轴夹角不能太大，因此常常和固定型球笼式等速万向节组合在一起使用，以保证在夹角和距离发生变化的条件下传递动力。

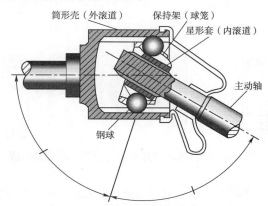

图3-13 伸缩型球笼式等速万向节

RF节和VL节广泛应用于采用独立悬架的轿车转向驱动桥，如红旗、桑塔纳、捷达、宝来、奥迪等汽车的前桥。其中RF节用于靠近车轮处，VL节用于靠近驱动桥处，如图3-14所示。

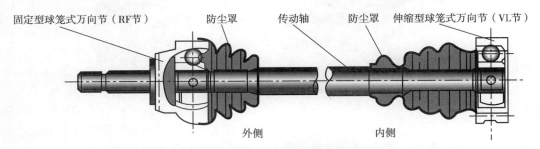

图3-14　RF节与VL节在转向驱动桥中的布置

2. 三枢轴球面滚轮式等速万向节

三枢轴球面滚轮式等速万向节又称为自由三枢轴万向节，其结构如图3-15所示。其由3个位于同一平面内互成120°的枢轴构成，它们的轴线交于输入轴上一点，并且垂直于驱动轴。3个外表面为球面，滚子轴承分别活套在各枢轴上，一个漏斗形轴，在其筒形部分加工出3个槽形轨道。3个槽形轨道在筒形圆周上是均匀分布的，轨道配合面为部分同柱面，3个滚子轴承分别装入各槽形轨道，可沿轨道滑动。

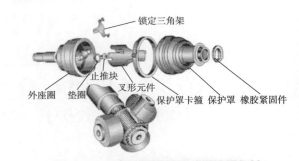

图3-15　三枢轴球面滚轮式等速万向节

如图3-16所示为别克凯越轿车等速万向节和传动轴的结构。

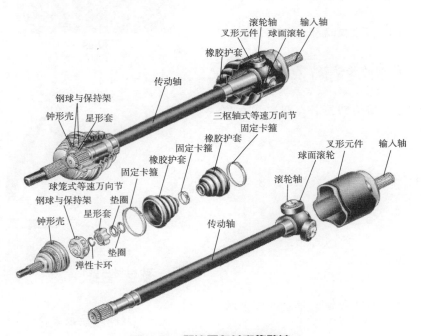

图3-16　等速万向节和传动轴

三、传动轴与中间支承

传动轴

传动轴是万向传动装置中的主要传力部件。通常用来连接变速器（或分动器）和驱动桥，在转向驱动桥和断开式驱动桥中，则用来连接差速器和驱动车轮。

汽车行驶过程中，变速器与驱动桥的相对位置会发生变化，随着传动轴角度的改变，其长度也会改变，因此采用滑动叉和花键组成的滑套连接，以实现传动轴长度的变化，如图3-17所示。

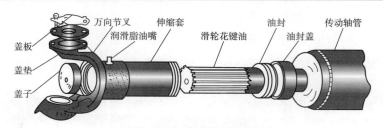

图3-17 滑动叉的构造

2 中间支承

传动轴分段时需加中间支承，中间支承通常装在车架横梁上，能补偿传动轴轴向和角度方向的安装误差，以及汽车行驶过程中因发动机窜动或车架变形等引起的位移。

第二节 常见维修项目

任务 检查和更换传动轴、等速万向节及橡胶护套

一、技术标准与要求

（1）安装丰田卡罗拉轿车配套传动轴、等速万向节及橡胶护套。
（2）安装传动轴时，应保持传动轴与轮毂花键的齿面清洁。
（3）涂抹D6防护剂的传动轴，60min后车辆方可使用。
（4）螺栓与螺母紧固力距应符合规定，自锁螺母必须更换新件。

二、实训时间：30min

三、实训教学目标

（1）了解检查和更换传动轴、等速万向节及橡胶护套的重要性。
（2）熟悉传动轴的结构特点。
（3）掌握检查和更换传动轴、等速万向节及橡胶护套的操作技能。

四、实训器材

其他工具及器材：φ30mm套筒、17mm梅花扳手、铁锤。

拉器　　　一字螺丝刀

卡簧钳

五、教学组织

（1）教学组织形式：
每辆车安排4名学生参与实训，两名学生为一组。一组操作，一组观察学习。
（2）学生站位分工和要求：
两名学生一组，按照1号、2号进行编号，1号为主，2号为辅助。
（3）实训教师职责：
讲解操作步骤和注意事项；下达"操作开始"口令；工位间巡视、检查、指导和纠正错误。

（4）学生职责变换：

两名学生实行职责变换制度，即第一遍1号为主，2号为辅助；第二遍2号为主，1号为辅助。

六、操作步骤

第一步　事前准备

!提示：请参阅第一章"任务一检查制动踏板位置中的步骤一"，在此不再赘述。

第二步　拆卸轮毂固定螺栓

1　2号将一字螺丝刀传递给1号

2　1号将一字螺丝刀，插入车轮装饰罩拆卸缺口中，撬起装饰罩盖。然后用手将装饰罩盖取下，并传递给2号。

!提示：拆卸车轮装饰罩盖时，用力要适当，不要过猛。以免造成装饰罩盖损坏。

3　2号接收工具，装饰罩，分别摆放到工具车、零件车上。

4　1号将专用凿子插入轮毂固定螺栓保险片中，用铁锤敲击专用凿子，打开保险片。

5　1号使用φ30mm套筒，接杆、扭力扳手拧松轮毂固定螺母。

!提示：轮毂固定螺母拧紧力矩较大，拧松或旋紧时选择工具要符合扭矩要求。

6　1号用手旋出螺母，并传递给2号。

第三步　拆卸前车轮

!提示：拆卸前车轮的详细操作步骤和规范要求，请参阅"第八章任务四检查或更换制动蹄（片）中步骤二"，在此不再赘述。

第四步 拆卸悬架下摆臂球头

> 提示：拆卸悬架下摆臂球头的详细操作步骤和规范要求，请参阅"第七章任务二检查或更换前后减振器中步骤六"，在此不再赘述。

第五步 拆卸稳定杆连杆上球头

1 1号使用工具拧松上球头固定螺母。

2 1号用手拧下上球头固定螺母。

第六步 拆卸转向横拉杆球头

> 提示：拆卸转向横拉杆球头的详细操作步骤和规范要求，请参阅"第八章任务一检查或更换转向横拉杆球头中步骤三"，在此不再赘述。

第七步 拆卸传动轴

1 2号将拉器传递给1号。

2 1号将拉器的螺杆，旋入轮毂螺栓孔中，然后调整丝杆长度，使丝杆锥端顶住传动轴中心孔，最后将螺杆紧固。

3 1号使用2号传递来的梅花扳手，转动拉器上的丝杆，顶出传动轴。

> 提示：
> （1）顶出传动轴时，要保证传动轴的内等速万向节与驱动桥之间有足够的空间。否则，将造成传动轴和万向节损伤。
> （2）拆卸传动轴时，严禁锤击传动轴或加热轮毂。否则，将造成外等速万向节轴损伤或轮毂变形。

4 1号与2号配合将传动轴从减速器壳体中拔出。

> 提示：注意取出传动轴时，应用撬棒将传动轴脱开半轴齿轮。1号和2号应配合好。

5 1号将取出的传动轴摆放到操作台上。

> 提示：用相同方法和要求，拆卸另一侧传动轴，此处不再重复。左右传动轴的长度不同，注意区分。左传动轴长，右传动轴短。

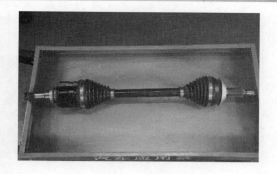

第八步 拆卸内外等速万向节

1 在内侧万向节与外侧万向节轴上做好装配记号。

2 ①号拆卸内等速万向节橡胶护罩上的2个夹箍。

（1）1号用一字螺丝刀将锁片撬起。

（2）1号用手拉起调整片。

（3）1号将夹箍从万向节上取下。

（4）1号用相同方法将内侧卡箍拆卸下来。

3 1号脱开内等速万向节橡胶护罩。

4 1号使用2号传递来的卡簧钳，取下内等速万向节的弹簧挡圈。

5 2号将传动轴拿到台虎钳上，1号将其夹紧。

6 1号在三销架与外侧万向节轴上做好装配记号。

7 2号抬起外侧万向节轴，1号一手握住铜棒，一手使用铁锤敲击三销架的架子，将三销架取下。

⚠️ 提示：禁止使用硬金属器具敲击三销架滚子，以免损伤万向节。

8 1号将外等速万向节上做装配记号。

9 1号使用相同方法将外等速万向节橡胶护罩上的2个夹箍拆卸下来。1号取下外等速万向节橡胶护罩。

10 2号将零件摆放到零件车上。

第九步 清洗零部件

1号将内、外等速万向节、传动轴、三销架放入盛有清洗油的洗件盒中，清洗干净。

⚠️ 提示：
（1）清洗传动轴花键轴上的油脂与污垢。
（2）清洗内外万向节内外部的油脂与污物。
要求零部件清洗干净彻底，显露出金属本色，目的是便于进行零部件损伤检查。

第十步 检查等速万向节损伤

1 1号检查万向节壳体是否有破裂等损伤。

⚠️ 提示：如果壳体存在裂痕，应更换万向节总成。等速万向节是配合组件，不可单独更换。

2 1号检查三销架上的滚子是否灵活,应无卡滞。

⚠提示:如果存在卡滞,应更换万向节总成。等速万向节是配合组件,不可单独更换。

3 1号检查三销架上的滚子,其表面应光洁,无斑点、凹陷、划痕及不规则磨损等。

⚠提示:如果存在上述损伤,应更换万向节总成。等速万向节是配合组件,不可单独更换。

4 1号检查三销架是否有破裂、变形等损伤。

⚠提示:如果三销架存在上述损伤,应更换万向节总成。等速万向节是配合组件,不可单独更换。

第十一步 传动轴损伤检查

1号目视检查,传动轴是否有碰撞或敲击痕迹,较明显弯曲以及花键损伤等。

⚠提示:

(1)如果存在上述损伤,应更换传动轴。必要时,进行传动轴动平衡检验。

(2)传动轴损伤后,其动平衡被破坏,传动时会导致车辆共振发生。

第十二步 橡胶护罩损伤检查

1号检查橡胶护罩,是否有橡胶老化、破裂现象。

⚠提示:如果存在上述损伤,应更换橡胶护罩。

第十三步 安装外等速万向节

1 1号将传动轴上的花键用绝缘带包裹。

提示：防止在安装橡胶护罩时，花键划伤橡胶护罩。

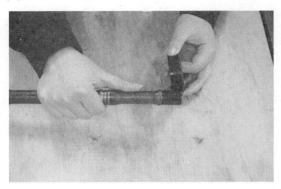

2　1号将135～145g润滑脂涂抹在外万向节和防尘套内。

3　1号依次将外侧卡箍、橡胶护罩套在传动轴上，然后将绝缘带取下。

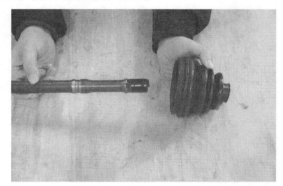

4　1号将外侧卡箍安装到位。

提示：卡箍槽内不允许有润滑脂。

5　1号将内侧卡箍安装到位。

第十四步　安装内等速万向节

1　1号将传动轴上的花键用绝缘带包裹好。

提示：防止在安装橡胶护罩时，花键划伤橡胶护罩。

2　1号依次将外侧卡箍、橡胶护罩套在传动轴上，然后将绝缘带取下。

3 1号将三销架安装到传动轴花键上。

提示：
（1）注意装配记号，将拆时所作的记号对准。
（2）不要敲击滚子。

4 1号用尖嘴钳将卡簧装上。

5 1号将175~185g润滑脂涂抹在内万向节和防尘套内。

6 1号将外侧卡箍安装到位。

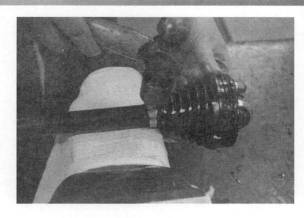

7 1号将安装好的传动轴套入内侧万向节壳体中。

8 1号将内侧卡箍安装到位。

提示：卡箍槽内不允许有润滑脂。
（1）1号将卡箍槽内的润滑脂清洁干净。

（2）1号将卡箍压紧。

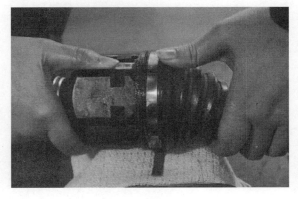

（3）1号将卡箍保险锁上。

第十五步　检查传动轴

1　2号将传动轴夹在台虎钳上。

2　1号检查外侧万向节径向有无过大间隙。

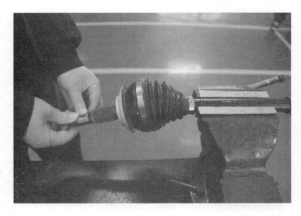

3　1号检查内侧万向节径向有无过大间隙。

4　1号检查内侧万向节止推方向滑动顺畅。

第十六步　安装传动轴

1　1号用棉纱将传动轴安装孔周围的润滑脂清理干净。

提示：防止旧油污染新油。

2　1号在外等速万向节轴的前端，涂上一周宽度约为5mm的D6防护剂。

提示：防护剂起到防松动、防锈蚀作用。

3 1号将传动轴插入减速器壳体中。

4 1号对齐外等速万向节轴与轮毂孔内的花键后,将万向节轴插入轮毂内孔中。

第十七步　安装悬架下摆臂球头

⏱提示：安装悬架下摆臂球头的详细操作步骤和规范要求,请参阅"第七章"中任务三　检查和更换前后轮轮毂轴总成中第二十五步,在此不再赘述。

第十八步　安装稳定杆连杆上球头

⏱提示：安装稳定杆连杆上球头的详细操作步骤和规范要求,请参阅"第七章"中"任务二　检查和更换前后"中第十四步,在此不再赘述。

第十九步　安装转向横拉杆球头

⏱提示：安装转向横拉杆球头的详细操作步骤和规范要求,请参阅"第七章"中"任务三　检查和更换前后轮轮毂轴承总成"中第二十四步,在此不再赘述。

第二十步　安装前车轮

1号、2号配合,将车轮安装到位,并完成紧固车轮螺栓。

⏱提示：安装、紧固车轮螺栓的详细操作步骤和规范要求,请参阅"第九章"中"任务四　检查或更换制动蹄（片）"中第十步,在此不再赘述。

第二十一步　紧固轮毂固定螺母

1 1号使用扭力扳手、套筒,将轮毂固定螺母的力矩拧紧至216N·m。

⏱提示：轮毂固定螺母要按照规定力矩拧紧,否则,将给行车安全带来严重危险。

2 1号使用凿子、铁锤将轮毂固定螺母锁紧。

3 1号将2号传递来的车轮装饰罩,对正定位

销和定位孔后，安装到车轮承座上。

第二十二步 整理工位

1号、2号共同拆除护裙、驾驶室内保护罩，清理工具和量具等，清洁地面卫生。

提示：作业项目完成后，要搞好工位的清扫、整理工作，培养良好的工作习惯。

七、考核标准

考 核 标 准 表

考核时间	序号	考核项目	满分	评分标准	得分
120min	1	作业前整理工位	3	整理遗漏酌情扣分	
	2	工位停车	3	操作不当扣3分	
	3	车辆可靠停驻	3	操作不当扣3分	
	4	安装驾驶室内保护罩	3	操作不当酌情扣分	
	5	拆装轮毂固定螺母	5	操作不当扣5分	
	6	拆装前车轮	6	操作不当扣6分	
	7	拆装悬架控制臂球头	8	操作不当扣8分	
	8	断开或连接传动轴与驱动桥	6	操作不当扣6分	
	9	取下或安装传动轴	5	操作不当扣5分	
	10	拆卸外等速万向节	8	操作不当扣8分	
	11	拆卸内等速万向节	8	操作不当扣8分	
	12	清洗零部件	4	操作不当酌情扣分	
	13	等速万向节损伤检查	5	操作不当扣5分	
	14	传动轴损伤检查	5	操作不当扣5分	
	15	橡胶护罩损伤检查	5	操作不当扣5分	
	16	安装外等速万向节	10	操作不当扣10分	
	17	安装内等速万向节	10	操作不当扣10分	
	18	作业后整理工位	3	整理遗漏酌情扣分	
	19	遵守相关安全规范	因违规操作造成人身和设备事故的，总分按0分计		
分数合计			100		

第四章 驱 动 桥

第一节 需用知识

一、概述

驱动桥的功用是将由万向传动装置传来的发动机转矩传给驱动车轮，并经降速增矩、改变动力传动方向，使汽车行驶，而且允许左右驱动车轮以不同的转速旋转。

1 驱动桥的组成

驱动桥是传动系的最后一个总成，一般由主减速器、差速器、半轴和桥壳等组成，如图4-1所示。驱动桥的主要零部件都装在驱动桥的桥壳中。

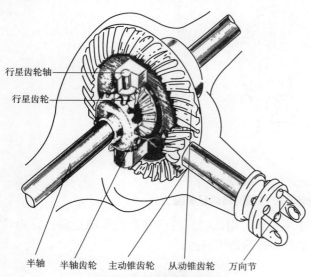

图4-1 驱动桥的组成

（标注：行星齿轮轴、行星齿轮、半轴、半轴齿轮、主动锥齿轮、从动锥齿轮、万向节）

2 驱动桥的分类

按照悬架结构的不同，驱动桥可以分为整体式驱动桥和断开式驱动桥。整体式驱动桥又称为非断开式驱动桥。

整体式驱动桥与非独立悬架配用。其驱动桥壳为一刚性的整体，驱动桥两端通过悬架与车架或车身连接，左右半轴始终在一条直线上，即左右驱动轮不能相互独立地跳动。当某一侧车轮通过地面的凸出物或凹坑升高或下降时，整个驱动桥及车身都要随之发生倾斜，车身波动大。

断开式驱动桥与独立悬架配用。其主减速器固定在车架或车身上，驱动桥壳制成分段并用铰链连接，半轴也分段并用万向节连接。驱动桥两端分别用悬架与车架或车身连接。这样，两侧驱动车轮及桥壳可以彼此独立地相对于车架或车身上下跳动。

二、主减速器

1 主减速器的功用

将发动机转矩传给差速器；在动力的传动过程中要将转矩增大并相应降低转速；对于纵置发动机，还要将转矩的旋转方向改变90°。

2 主减速器的类型

按参加传动的齿轮副数目，可分为单级式主减速器和双级式主减速器。有些重型汽车又将双级式主减速器的第二级圆柱齿轮传动设置在两侧驱动车轮附近，称为轮边减速器。

按主减速器传动比个数，可分为单速式和双速式主减速器。单速式的传动比是固定的，而双速式则有两个传动比供驾驶人选择。

按齿轮副结构形式，可分为圆柱齿轮式（又可分为定轴轮系和行星轮系）主减速器和圆锥齿轮式（又可分为螺旋锥齿轮式和准双曲面锥齿轮式）主减速器。

3 单级主减速器

单级主减速器结构简单，质量小，体积小，

传动效率高,主要用于中型以下客货车。

对于发动机纵向布置的汽车,由于需要改变动力传递方向,单级主减速器都采用一对圆锥齿轮传动,如桑塔纳2000、东风EQ1090等;对于发动机横向布置的汽车,单级主减速器采用一对圆柱齿轮即可,如夏利7130、宝来1.8T等。

图4-2所示为桑塔纳2000轿车主减速器和差速器的零件分解图。由于发动机纵向前置前轮驱动,整个传动系都集中布置在汽车前部,因此其主减速器装于变速器壳体内,没有专门的主减速器壳体。由于省去了变速器到主减速器之间的万向传动装置,所以变速器输出轴即为主减速器主动轴。

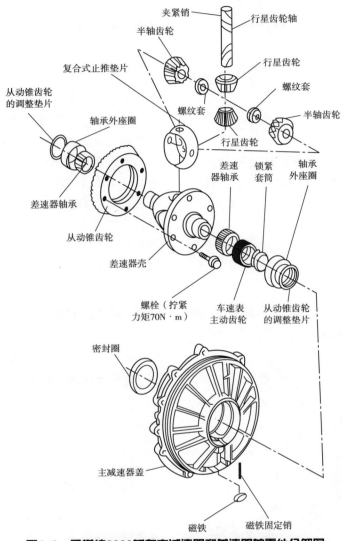

图4-2 桑塔纳2000轿车主减速器和差速器的零件分解图

三、差速器

1 差速器的功用

将主减速器传来的动力传给左、右两半轴,并在必要时允许左、右半轴以不同转速旋转,使左、右驱动车轮相对地面纯滚动而不是滑动。

当汽车转弯行驶时,内外两侧车轮中心在同一时间内移过的曲线距离显然不同,即外侧车轮移过的距离大于内侧车轮,如图4-3所示。若两侧车轮都固定在同一刚性转轴上,两轮角速度相等,则此时外轮必然是边滚动边滑移,内轮必然是边滚动边滑转。

图4-3 汽车转向时驱动车轮的运动示意图

❷ 差速器的结构和工作原理

应用最广泛的普通齿轮差速器为锥齿轮差速器。如图4-4所示为桑塔纳2000差速器。

1.结构

由差速器壳、行星齿轮轴、两个行星齿轮、两个半轴齿轮、球面垫片和垫圈等组成。行星齿轮轴装入差速器壳体后用弹簧销定位。行星齿轮和半轴齿轮的背面制成球面，与球面垫片和垫圈相配合，以减摩、耐磨。螺纹套用于紧固半轴齿轮。差速器通过一对圆锥滚子轴承支承在变速器壳体中。

2.工作原理

差速器的工作原理如图4-5所示。主减速器传来的动力带动差速器壳转动，经过行星齿轮轴、行星齿轮、半轴齿轮、半轴，最后传给两侧驱动车轮。

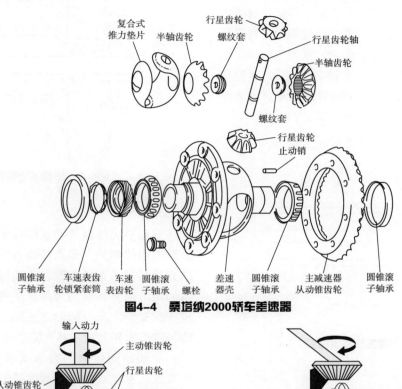

图4-4 桑塔纳2000轿车差速器

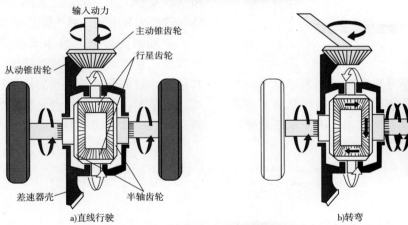

a)直线行驶　　　　　　　　b)转弯

图4-5 差速器运动原理

驱动轴在差速器内分成左右两段，并装上半轴齿轮。差速器壳固定在从动锥齿轮上，半轴齿轮和行星齿轮啮合，行星齿轮支承在差速器壳上。当从动锥齿轮旋转时，行星齿轮公转。当单侧半轴齿轮受到阻力时，行星齿轮一边公转一边自转。

直线行驶：行星齿轮公转，没有自转。

转变行驶：行星齿轮一边公转，一边绕着左侧半轴齿轮自转。

如果行星齿轮公转100周，则在直线行驶时，左右两行星齿轮加起来就共转200周。在转弯时，若左边的行星齿轮公转50周，则右边的行星齿轮就转150周，左右两行星齿轮共转200周。

四、半轴和桥壳

❶ 半轴

半轴的功用是将差速器传来的动力传给驱动轮。因其传递的转矩较大，常制成实心轴。

半轴的结构因驱动桥结构形式的不同而异。整体式驱动桥中的半轴为一刚性整轴。而转向驱动桥和断开式驱动桥中的半轴则分段并用万向节连接。

现代汽车常采用全浮式和半浮式两种半轴支承形式。

1. 全浮式半轴支承

全浮式半轴支承广泛应用于各型货车上。如图4-6所示为全浮式半轴支承的示意图。半轴外端锻造有半轴凸缘，用螺栓紧固在轮毂上，轮毂用一对圆锥滚子轴承支承在半轴套管上，半轴套管与空心梁压配成一体，组成驱动桥壳。这种半轴支承形式，半轴与桥壳没有直接联系，半轴只在两端承受转矩，不承受其他任何反力和弯矩，所以称为全浮式半轴支承。

的半轴外端。因此，地面作用于车轮的各种反力都须经半轴外端的悬伸部分传给桥壳，使半轴外端不仅要承受转矩，而且还要承受各种反力及其形成的弯矩。半轴内端通过花键与半轴齿轮连接，不承受弯矩，故称这种支承形式为半浮式半轴支承。

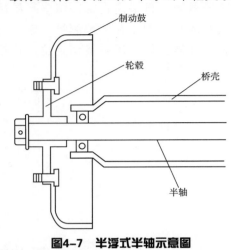

图4-7 半浮式半轴示意图

❷ 桥壳

驱动桥壳既是传动系的组成部分，同时也是行驶系的组成部分。作为传动系的组成部分，其功用是安装并保护主减速器、差速器和半轴。作为行驶系的组成部分，其功用是安装悬架或轮毂，和从动桥一起支承汽车悬架以上各部分质量，承受驱动轮传来的反力和力矩，并在驱动轮与悬架之间传力。

驱动桥壳可分为整体式桥壳和分段式桥壳两种类型。整体式桥壳一般是铸造，具有较大的强度和刚度，且便于主减速器的拆装和调整，适用于中型以上货车。分段式桥壳一般分为两段，由螺栓将两段连成一体，现已很少应用。

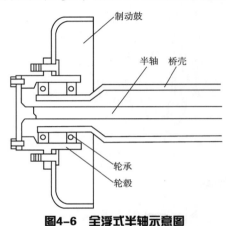

图4-6 全浮式半轴示意图

2. 半浮式半轴支承

如图4-7所示为半浮式半轴支承的示意图。半轴用一个圆锥滚子轴承直接支承在桥壳凸缘的座孔内。车轮与桥壳之间无直接联系，而支承于悬伸出

第二节　常见维修项目

任　务　检查、添加或更换减速器油

一、技术标准与要求

（1）加注丰田皇冠3.0轿车规定型号减速器油（LT 75W-85丰田纯正减速器齿轮油）
（2）减速器器油液容量为1.10～1.20L。
（4）加油塞、放油塞拧紧力矩为49N·m。
（5）减速器油面应位于加油口下边沿往下5mm范围内。

二、实训时间：30min

三、实训教学目标

（1）了解检查、添加或更换减速器油的重要性。
（2）掌握检查、添加或更换减速器油的操作技能。

四、实训器材

回收桶

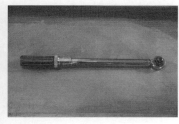
扭力扳手

加油专用工具

常用工具一套

五、教学组织

（1）教学组织形式：

每辆车安排4名学生参与实训，两名学生为一组。一组操作，一组观察实习。

（2）学生站位分工和要求：

两名学生一组，按照1号、2号进行编号，1号为主，2号辅助。

（3）实训教师职责：

讲解操作步骤和注意事项；下达"操作开始"口令；工位间巡视、检查、指导和纠正错误。

（4）学生职责变换：

两名学生实行职责变换制度，即第一遍1号为主，2号辅助；第二遍2号为主，1号辅助。

六、操作步骤

第一步　事前准备

提示：事前准备的详细操作步骤和规范要求，请参阅"第一章任务一检查和调整离合器踏板位置中的步骤一"，在此不再赘述。

第二步　检查减速器油面

1 2号操纵举升机，将车辆举升至适当高度，并可靠锁止提升臂

提示：

（1）举升机操作规范，请参阅"举升机的使用方法"，在此不再赘述。

（2）特别强调，在举升机举升或降落前，要注意安全确认，配合口令"正常"、"举升车辆"。

2 2号将10mm专用内六角扳手、扭力扳手传递给1号。

3 2号将回收桶推移至减速器下方。

4 1号使用10mm专用内六角扳手、扭力扳手,拧松减速器加油口塞。然后,2号接收工具并摆放到工具车上。

提示:

(1)拧松加油口塞时,保持工具与螺帽内螺方配合可靠到位。

(2)禁止使用已严重磨损的工具拆卸加油口塞。否则,容易造成滑方,给拆卸带来更大困难。

5 1号用手旋下加油口塞,取下垫圈,并传递给2号。

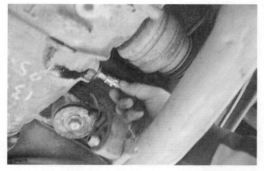

6 2号将减速器加油口塞和垫片摆放到零件车上。

7 1号察看减速器内的油面位置。

提示:

(1)为便于看清油面位置,可配合灯光照明。

(2)减速器油面应位于放油口下边沿5mm范围内。如果油面过低,应添加补充减速器油,直到油面达到规定要求位置。

(3)如果减速器油面正常,则将加油口塞按照规定力矩49N·m拧紧。

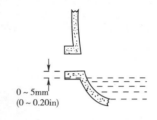

第三步 减速器漏油检查

1 1号检查减速器两侧半轴油封处,是否存在漏油现象。

提示:

(1)半轴油封,用于保证半轴连接凸缘与主减速器和减速器壳体之间可靠密封。

(2)如果油面漏油现象,应更换半轴油封。

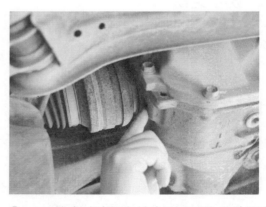

2 1号检查减速器各结合面是否有漏油现象。

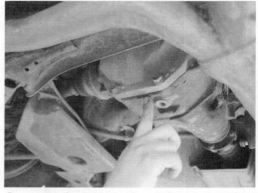

3 1号检查减速器加油口塞是否存在漏油现象。

第四章 驱动桥

4 1号检查减速器放油口塞是否存在漏油现象。

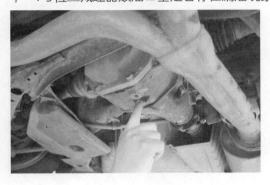

第四步 添加减速器油

1 2号操纵举升机，将车辆举升至适当高度，并可靠锁止提升臂

提示：

（1）举升机操作规范，请参阅"举升机的使用方法"，在此不再赘述。

（2）特别强调，在举升机举升或降落前，要注意安全确认，配合口令"正常"、"举升车辆"。

2 2号将10mm专用内六角扳手，扭力扳手传递给1号。

3 2号将回收桶推移至减速器下方。

4 1号使用10mm专用内六角扳手，拧松减速器加油口塞。然后，2号接收工具并摆放到工具车上。

提示：

（1）拧松加油口塞时，保持工具与螺帽内螺方配合可靠到位。

（2）禁止使用已严重磨损的工具拆卸加油口塞。否则，容易造成滑方，给拆卸带来更大困难。

5 1号用手旋下加油口塞，取下垫圈，并传递给2号。

6 2号将减速器加油口塞和垫片摆放到零件车上。

7 1号固定加注桶，2号将新的减速器油加入加注桶内。

8 1号将加注桶放入后备箱内。

9 1号将加注管接头放入减速器加注口内。

10 1号将打开加注阀，采用悬挂加注法加注减速器油。

11 1号观察加注口，有油溢出，关闭加注阀，取下加注管接头。

提示：减速器油面应位于放油口下边沿5mm范围内。

12 2号观察减速器油平面检视孔，油面达到规定要求位置。

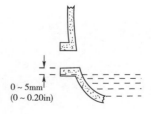

0～5mm
(0～0.20in)

13 1号用手将减速器加油口塞旋入减速器加油孔内。

第四章 驱动桥

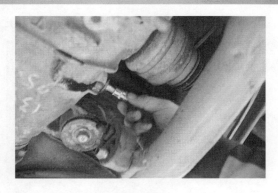

14 1号使用扭力扳手,以49N·m的力矩拧紧加油口塞。

15 1号使用棉纱,擦净放油塞和加油塞周围的油迹。

> **提示:** 擦拭放油塞和加油塞周围的油迹,便于检查漏油。

第五步 更换减速器油

1 2号操纵举升机,将车辆举升至适当高度,可靠锁止提升臂。

> **提示:** 举升机的使用规范,请参阅前文说明。

2 2号将回收桶推移至减速器下方,并对正放油塞。

3 2号将专用内六角扳手、扭力扳手传递给1号。

4 1号使用2号传递来的10mm内六角扳手、扭力扳手,拧松减速器放油塞。

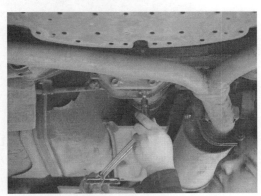

5 1号用手旋下减速器放油塞。

> **提示:** 旋下放油塞,注意感觉剩余螺纹多少。当感知剩余1~2圈螺纹时,转动并同时上推放油塞,螺纹全部旋出后,快速移开放油塞,油液急速流入回收桶。如此操作,可防止油液流到手上和身上。

6 待减速器放油口处,油液不再滴落时,1号用手旋上放油塞。

> 提示:旋入放油塞时,确保对正螺纹。防止螺纹损伤,导致漏油。

7 1号使用2号传递来的10mm专用内六角扳手、扭力扳手,将放油塞拧紧至适当力矩。放油塞拧紧力矩为49N·m。

> 提示:放油塞拧紧力矩要符合规定要求。若力矩过大,造成放油塞滑扣;若力矩过小,导致放油塞处漏油。

8 1号和2号配合,将减速器油加注到规定液位,并将加油塞拧紧至规定力矩。加油塞的拧紧力矩为49N·m。

> 提示:加注减速器油的详细操作步骤和加注事项,请参阅第四步"添加减速器油"不再赘述。

第六步 检查油液泄漏

1 2号操纵举升机,将车辆降落到轮胎最低点距离地面约20cm的高度。并可靠锁止提升臂。

> 提示:举升机的使用规范,请参阅前文说明。

2 1号进入驾驶室,启动发动机,操纵变速手柄,变换变速器挡位,并保持车辆带挡运行状态。3~5min后,将变速器置于空挡,并关闭点火开关,停止发动机运转。

> 提示:车辆带挡运行,提高减速器油温,便于检查泄露。

3 2号操纵举升机,将车辆举升至适当高度,并可靠锁止提升臂。

> 提示:举升机的使用规范,请参阅前文说明。

4 1号检查减速器的放油塞和加油塞处,是否存在油液泄露。

> 提示:如果存在泄露现象,应修复后,车辆再投入使用。

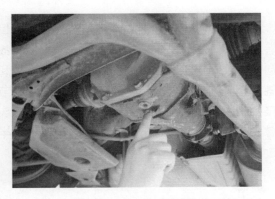

5 2号操纵举升机,将车辆降落到地面上。

提示:举升机的使用规范,请参阅前文说明。

第七步 整理工位

1号、2号共同拆除护裙、驾驶室内保护罩;清理工具和量具等;清洁地面卫生。

提示:作业项目完成后,要搞好工位清扫、整理工作,培养良好的工作习惯。

七、考核标准

考核标准表

考核时间	序号	考核项目	满分	评分标准	得分
30min	1	作业前整理工位	5	整理遗漏酌情扣分	
	2	安装汽车保护罩	6	操作不当酌情扣分	
	3	举升或降落车辆	8	操作不当扣8分	
	4	检查减速器油面	10	检查不当扣10分	
	5	减速器壳体接合面漏油检查	7	检查不当扣7分	
	6	减速器加油口漏油检查	7	检查不当扣7分	
	7	减速器放油口漏油检查	7	检查不当扣7分	
	8	半轴油封漏油检查	7	操作不当扣7分	
	9	添加减速器油	10	操作不当扣10分	
	10	擦拭加、放油塞周围油迹	6	操作遗漏扣6分	
	11	带档运行车辆	8	操作不当扣8分	
	12	拆装加油塞、放油塞	8	操作不当扣8分	
	13	工具维护	6	维护不当扣6分	
	14	作业后整理工位	5	整理遗漏酌情扣分	
	15	遵守相关安全规范	因违规操作造成人身和设备事故的,总分按0分计		
分数合计			100		

第五章　车桥及车轮定位

第一节　需用知识

一、车桥

车桥位于悬架与车轮之间，其两端安装车轮，通过悬架与车架（或车身）相连，其功用是传递车架（或车身）与车轮之间各种载荷。

按悬架结构不同，车桥分为整体式和断开式两种。整体式车桥与非独立悬架配用；断开式车桥与独立悬架配用。

按车桥上车轮的作用不同，车桥分为转向桥、驱动桥、转向驱动桥和支持桥四种类型。其中转向桥和支持桥都属于从动桥。

在后轮驱动的汽车中，前桥不仅用于承载，而且兼起转向作用，称为转向桥；后桥不仅用于承载，而且兼起驱动的作用，称为驱动桥。

越野汽车和前轮驱动汽车的前桥，除了承载和转向的作用外，还兼起驱动作用，所以称为转向驱动桥。

只起支承作用的车桥称为支持桥。挂车的车桥就是支持桥。支持桥除不能转向外，其他功能和结构与转向桥相同。

1 转向桥

转向桥通常位于汽车前部，故也称为前桥。转向桥的作用是支承部分重量，安装前轮及制动器（前），连接车架，承受车架与车轮之间的作用力及其产生的弯矩和转矩，同时还要使前轮偏转以实现转向。转向桥基本结构由前轴、转向节、主销、轮毂等部分组成，如图5-1所示。前轴是转向桥的主体，根据断面形状分有"工"字梁式和管式两种。

2 转向驱动桥

转向驱动桥如图5-2所示，它同一般驱动桥一样，由主减速器、差速器、半轴和桥壳组成。但由于转向时转向车轮需要绕主销偏转一个角度，故与转向轮相连的半轴必须分成内外两段（内半轴和外半轴），其间用万向节（一般多用等角速万向节）连接，同时主销也因此而分制成两段（或用球头销代替）。转向节轴颈部分做成中空的，以便外半轴穿过其中。

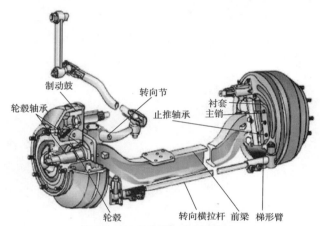

图5-1　汽车整体式转向桥结构

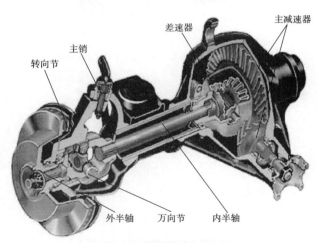

图5-2　转向驱动桥示意图

如图5-3所示为桑塔纳2000轿车的前桥总成，采用的是断开式、独立悬架转向驱动桥。车桥上端通过左、右悬架与承载式车身相连接，下端通过左、右下摆臂与固定在车身上的副车架相连接。悬架车轮轴承壳与下摆臂之间通过可移动球形接头连接，从而使前轮固定，并通过下摆臂上的长孔可调整车轮外倾角，为了减小车辆转向时的车身倾斜，在副车架与下摆臂之间还装有横向稳定器。

二、车轮定位

1 转向轮定位

为了保证汽车直线行驶的稳定性和操纵的轻便性，减少轮胎和其他机件的磨损，转向轮、转向节和前轴三者与车架的安装应保持一定的相对位置关系，这种安装位置关系称为转向车轮定位，也称前轮定位。

对于两端装有主销的转向桥，汽车转向时，转向车轮会围绕主销轴线偏转，如图5-5a)所示。但在大多数断开式转向桥中没有主销，采用上、下球头销代替主销，上、下球头销球头中心的连心线相当于主销轴线，如图5-5b)所示。

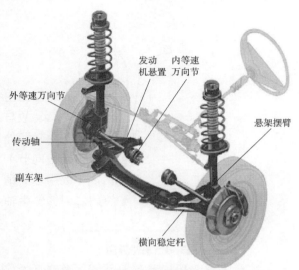

图5-3 桑塔纳2000轿车的转向驱动桥

3 支持桥

桑塔纳轿车后桥是纵向摆臂式非驱动桥，其结构如图5-4所示。

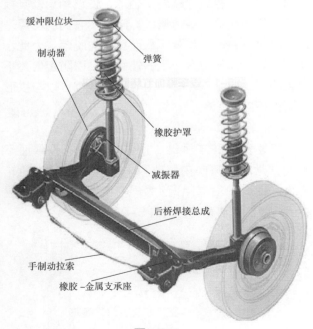

图 5-4

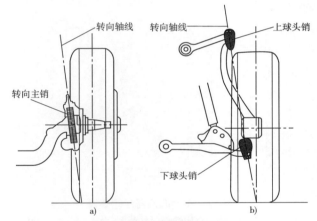

图5-5 主销的不同形式

转向轮定位包括前轮外倾、主销后倾、主销内倾及前束四个参数。现以有主销的转向桥为例说明转向车轮定位。

1.主销后倾

主销安装在前轴上，其上端略向后倾斜，这种现象称为主销后倾。在垂直于汽车支承平面的纵向平面内，主销轴线与汽车支承平面垂线之间的夹角γ称为主销后倾角，如图5-6所示。

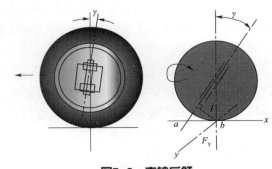

图5-6 主销后倾

该车桥轮毂、制动鼓以及车轮与车桥的连接方式与转向桥一样，通过轴承支承，轴向定位。车桥只向其传递横、纵向推力或拉力，不传递转矩。

主销后倾的功用是形成回正力矩，保证汽车直线行驶的稳定性，并使汽车转向后回正操纵轻便。主销后倾角越大、车速越高，回正力矩越大，转向轮偏转后自动回正的能力也越强。

此外，有些汽车由于采用超低压轮胎，弹性增加，转向时因轮胎弹性变形而使轮胎与路面的接触点后移，使回正力矩增加，故主销后倾角可以减小，甚至为负值（即主销前倾）。

主销后倾角一般是将前轴连同悬架安装在车架上时，使前轴向后倾斜而形成的。

2. 主销内倾

主销安装在前轴上，其上端略向内侧倾斜，这种现象称为主销内倾。在垂直于汽车支承平面的横向平面内，主销轴线与汽车支承平面垂线之间的夹角β称为主销内倾角，如图5-7所示。

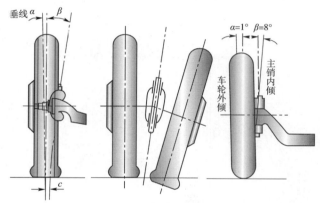

图5-7　主销内倾及车轮外倾

主销内倾的功用是使转向轮自动回正，并使转向操纵轻便。

由于主销内倾，转向时，路面作用在转向轮上的阻力对主销轴线产生的力矩减小，从而可减少转向时驾驶人施加在转向盘上的力，使转向操纵轻便。同时还可以减小因路面不平而从转向轮传到转向盘上的冲击力。

当转向轮在外力作用下绕主销旋转而偏离中间位置时，由于主销内倾，车轮连同整个汽车前部被向上抬起。一旦外力消失，转向轮就会在汽车前部重力作用下力图自动回正到旋转前的中间位置。主销内倾角越大、转向轮偏转角越大，汽车前部就抬起得越高，转向轮自动回正的作用就越大。

主销后倾和主销内倾都具有使车轮自动回正及保证汽车直线行驶稳定性的作用，但其区别在于主销后倾角的回正作用随着车速的增高而增大，而主销内倾的回正作用几乎与车速无关。

3. 车轮外倾

转向轮安装在转向节上时，其旋转平面上端向外倾斜，这种现象称为转向车轮外倾。车轮旋转平面与垂直于车辆支承面的纵向平面之间的夹角α称为车轮外倾角，如图5-8所示。

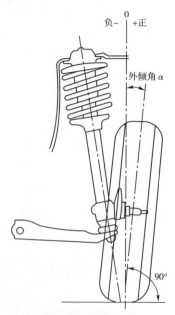

图5-8　车轮外倾

车轮外倾角的功用是提高车轮工作的安全性和转向操纵的轻便性。由于主销与衬套之间、轮毂与轴承等处都存在着装配间隙，若空车时车轮的安装正好垂直于路面，则满载时上述间隙将发生变化，车桥也因承载而变形，从而引起车轮向内倾斜。车轮内倾将使路面对车轮的垂直反作用力的轴向分力压向轮毂外端的小轴承，使该轴承及其锁紧螺母等件承受的载荷增大，降低了它们的使用寿命，严重时会损坏锁紧螺母而使车轮脱落。为此，安装车轮时预先留有一定的外倾角，以防止上述不良影响。此外，车轮有一定的外倾角也可以与拱形路面相适应。

4. 前轮前束

车轮安装在车桥上，两前车轮的中心平面不平行，其前端略向内侧收束，这种现象称为前轮前束。两前轮后端距离A大于前端距离B，其差值A-B称为前轮前束值。如图5-9所示。

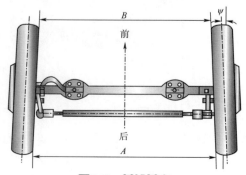

图5-9　前轮前束

前轮前束的功用是消除因车轮外倾所造成的不良后果，保证车轮不向外滚动，防止车轮侧滑和减轻轮胎的磨损。

❷ 非转向轮定位

后轮与后轴之间的相对安装位置关系，称为后轮定位。随着车速的不断提高，为了提高汽车高速行驶的稳定性，在结构设计上应确保汽车具有不足转向特性。为此，转向轮定位的内容已扩展到非转向轮（后轮）。汽车后轮具有一定程度的外倾角和前束。

后轮定位内容主要包括后轮外倾角和后轮前束。

（1）后轮外倾角。为了对载荷进行补偿，采用独立后悬架的大多数车辆常带有一个较小的正后轮外倾角。

（2）后轮前束。后轮前束的作用与前轮前束基本相同。一般前驱汽车，前驱动轮宜采用正前束，后从动轮宜采用负前束；对于后驱汽车，前从动轮宜采用负前束，后驱动轮宜采用正前束。

第二节　常见维修项目

任　务　汽车车轮定位测量

一、技术标准与要求

（1）汽车在空载条件下，方可进行车轮定位的检查或调整。
（2）轮胎气压符合规定要求。
（3）汽车悬架性能正常。
（4）汽车转向系统无间隙与损伤。
（5）车轮动平衡正常。
（6）同一车桥的两侧轮胎花纹深度差不超过2mm。
（7）正确操作车轮定位仪。
（8）汽车车轮定位角度应符合规定要求。丰田凯美瑞轿车的车轮定位参数：

后桥定位参数

总前束	车轮外倾角
+25′±15′	1度40′±20′
最大允许偏差25′	左右最大允许偏差30′

二、实训时间：120min

三、实训教学目标

（1）了解汽车车轮定位检查与调整的重要性。
（2）熟悉汽车车轮定位的作用。
（3）掌握汽车定位检查与调整的操作技能。

四、实训器材

百斯巴特E8四轮定位仪

四轮定位仪夹具

轮胎气压表

轮胎花纹测量标尺

五、教学组织

（1）教学组织形式：
每辆车安排4名学生参与实训，两名学生为一组。一组操作，一组观察实习。
（2）学生站位分工和要求：
两名学生一组，按照1号、2号进行编号，1号为主，2号辅助。
（3）实训教师职责：
讲解操作步骤和注意事项；下达"操作开始"口令；工位间巡视、检查、指导和纠正错误。
（4）学生职责变换：
两名学生实行职责变换制度，即第一遍1号为主，2号辅助；第二遍2号为主，1号辅助。

六、操作步骤

第一步 检查车辆停放位置

1 1号站在车头，2号站在车尾，目视检查车身前后、左右有无倾斜（是否水平）。

提示： 如果车辆存在歪斜或高度不一致，应修复或更换相关部件后再进行车轮定位。

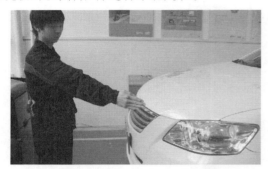

2 1号站在车头，检查车辆在举升机上前部停放是否周正；2号站在车尾，检查车辆在举升机上后部停放是否周正。

提示： 如果车辆在举升机上没有停放周正，应由具有丰富驾驶经验的老师及时将车辆调整到位。

3 1号站在左侧前轮，检查左前轮中心是否基本正对转角盘中心；2号站在右侧前轮，检查右前轮中心是否基本正对转角盘中心。

提示： 如果车辆前轮中心没有停放在转角盘中心，应由具有丰富驾驶经验的老师及时将车辆调整到位。

4 1号站在左侧后轮，检查左后轮是否基本停在后滑板中间部位；2号站在右侧后轮，检查右后轮是否基本停在后滑板中间部位。

提示： 如果车辆后轮没有停放在后滑板中间部位，应由具有丰富驾驶经验的老师及时将车辆调整到位。

5 1号站在左侧前轮，检查左前转角盘的销子是否在锁止状态；2号站在右侧前轮，检查右前转角盘的销子是否在锁止状态。

提示： 如果销子不在锁止状态，应及时锁止，如转角盘上的锁销孔不正，应举升车辆后，轮胎离开转角盘，转动转角盘对准锁销孔，将锁销锁上。

6 1号站在左侧后轮,检查左后滑板的销子是否在锁止状态;2号站在右侧后轮,检查右后滑板的销子是否在锁止状态。

提示: 如果销子不在锁止状态,应及时锁止,如后滑板上的锁销孔不正,应举升车辆后,轮胎离开后滑板,移动后滑板对准锁销孔,将锁销锁上。

第二步 车辆识别

1 1号打开车门,降下驾驶人侧车窗玻璃。

2 1号在车辆的右侧立柱上,找到车辆VIN码、型号、生产日期;2号记录在作业表上。

3 1号在车辆的左侧立柱上,找到原厂要求的前后车轮的标准胎压、轮胎型号,2号记录在作业表上。

第三步 准备工作

1 1号安装座椅套。

2 1号安装地板垫。

3 1号安装转向盘套。

第四步 转向盘位置检查

转向盘解锁，检查转向盘是否在正中位置。

提示： 转动转向盘之前，应将点火开关旋至解锁挡位，否则，转向盘将被锁止。

第五步 在定位仪程序中建立用户和车辆档案

1 1号打开定位仪的电源。

2 定位仪进入待机页面。1号选择"客户选择"菜单。

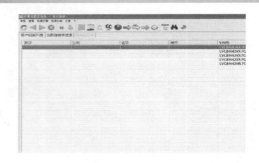

3 定位仪进入"客户选择"页面后，1号在"当期维修单信息"输入用户和车辆信息。

第六步 检查轮胎和轮辋

1 1号检查实车安装轮胎型号是否同车辆铭牌要求一致。

提示： 同一车辆的各车轮轮胎的型号应相同，否则，更换相应轮胎。

2 1号检查同轴两侧车轮轮胎花纹是否一致。

提示： 同一车桥的两侧轮胎花纹深度差不超过2mm，否则，更换严重磨损的轮胎。

3 1号站在左侧前轮处，目视检查左前轮胎是否有裂纹、损坏或异常磨损，是否嵌入金属颗粒或异物；2号站在右侧前轮处，目视检查右前轮胎是否有裂纹、损坏或异常磨损，是否嵌入金属颗粒或异物。

提示： 如果轮胎有裂纹或损坏，应更换轮胎后再进行车轮定位；如有异物应及时取出；如有异常磨损应记录在工单上。

4 1号站在左侧后轮处，目视检查左后轮胎是否有裂纹、损坏或异常磨损，是否嵌入金属颗粒或异物；2号站在右侧后轮处，目视检查右后轮胎是否有裂纹、损坏或异常磨损，是否嵌入金属颗粒或异物。

提示： 如果轮胎有裂纹或损坏，应更换轮胎后再进行车轮定位；如有异物应及时取出；如有异常磨损应记录在工单上。

5 1号使用胎纹深度尺，测量4只轮胎面沟槽深度，2号记录在作业表上。

提示： 测量每个轮胎同一位置中间沟槽的深度，如有偶数沟槽任选中间一个，但四轮选择相同。沟槽之间深度差满足定位要求。

6 1号使用胎压表检查和调整4只轮胎气压到达标准值，2号记录在作业表上。

提示： 凯美瑞轿车的轮胎气压值，前后轮均为200kPa。

7 1号站在左侧前轮处，目视检查左前轮辋是否过度变形损坏或腐蚀；2号站在右侧前轮处，目视检查右前轮辋是否过度变形损坏或腐蚀。

提示： 如果轮辋过度变形损坏或腐蚀，应更换轮辋后再进行车轮定位。

8 1号站在左侧后轮处，目视检查左后轮辋是否过度变形损坏或腐蚀；2号站在右侧后轮处，目视检查右后轮辋是否过度变形损坏或腐蚀。

提示： 如果轮辋过度变形损坏或腐蚀，应更换轮辋后再进行车轮定位。

第七步　正确选择车型数据

1 定位仪在待机页面。1号选择"车辆选择"菜单。

2 定位仪进入"车辆型号选择"页面后，1号在数据库中找到相应车型，完成车型数据选择。

第八步 检查车辆承载

1 2号进入驾驶室，打开行李舱开关。

2 1号在行李舱中检查备胎是否安放到位。

3 2号检查驾驶室，室内是否空载。

第九步 目视检查车身外观

1号站在车头，检查车身前部是否有严重撞击变形；2号站在车尾，检查车身后部是否有严重撞击变形。

提示： 如果车身严重撞击变形，应修复后再进行车轮定位。

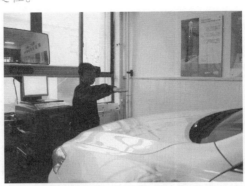

第十步 车辆状况输入

1 定位仪在待机页面。1号选择"车辆状况"菜单。

2 定位仪进入"车辆状况"页面后，1号在车辆状况表中必须输入调整后的胎压值和胎纹深度，在车辆状况表中输入轮胎型号。

提示：

（1）将胎纹测量深度填写进车辆状况表里相对应的一栏。

（2）如发现车辆存在其他问题，在相应的栏内填写。

第五章 车桥及车轮定位

第十一步 举升机升起大剪操作

2号操纵举升机,在举升机操作平台上选择大剪挡位,将大剪举升平台举升至较高合适位置,并可靠锁止举升机。

提示:

(1) 举升机的安全操作规范,请参阅"举升机的使用方法",在此不再赘述。

(2) 举升车辆前,注意安全确认,配合口令"正常""举升"。

第十二步 检查转向连接机构

1 1号用手握住左前横拉杆,沿球头销轴线方向上下拉动横拉杆,目视检查左前横拉杆球头是否松动;2号以相同的方法,检查右前横拉杆球头是否松动。

提示: 如果横拉杆球头松动,应更换球头后再进行车轮定位。

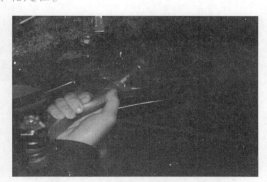

2 1号手握手电筒,照射左前横拉杆,目视检查左前横拉杆有无弯曲和损坏;2号以相同的方法,目视检查右前横拉杆有无弯曲和损坏。

提示: 如果横拉杆弯曲和损坏,应更换横拉杆后再进行车轮定位。

3 1号手握手电筒,照射左前横拉杆防尘套,目视检查左前横拉杆防尘套是否开裂和撕破;2号以相同的方法,目视检查右前横拉杆防尘套是否开裂和撕破。

提示:

(1) 检查时应将轮胎推至轴向极限位置,使防尘套撑开,便于全面检查。

(2) 如果横拉杆防尘套开裂和撕破,应更换横拉杆防尘套后再进行车轮定位。

4 1号手握手电筒,照射左转向横拉杆球头,目视检查左转向横拉杆球头是否损坏;2号手握手电筒,照射右转向横拉杆球头,目视检查右转向横拉杆球头是否损坏。

提示: 如果转向横拉杆球头损坏,应更换转向横拉杆球头后再进行车轮定位。

第十三步　检查前轴悬架

1　1号手握手电筒，照射左前稳定杆连杆，目视检查左前稳定杆连杆有无弯曲或损坏；2号以相同的方法，目视检查右前稳定杆连杆有无弯曲或损坏。

提示：如果稳定杆连杆弯曲或损坏，应更换稳定杆连杆后再进行车轮定位。

2　1号手握手电筒，照射前稳定杆，目视检查前稳定杆有无弯曲或损坏。

提示：如果稳定杆弯曲或损坏，应更换稳定杆后再进行车轮定位。

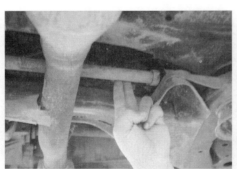

3　1号目视检查左下悬架臂是否损坏。2号以相同的方法，检查右下悬架臂是否损坏。

提示：如果下悬架臂损坏，应更换下悬架臂后再进行车轮定位。

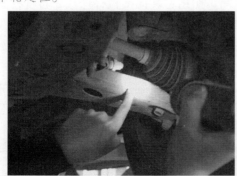

4　1号使用撬棒，撬动下悬架臂，检查左前下球节是否损坏；2号以相同的方法，检查右前下球节是否损坏。

提示：如果下球节损坏，应更换下球节后再进行车轮定位。

第十四步　检查后轴悬架

1　1号手握手电筒，照射左后稳定杆连杆，目视检查左后稳定杆连杆是否变形损坏；2号以相同的方法，目视检查右后稳定杆连杆是否变形损坏。

提示：如果稳定杆连杆弯曲或损坏，应更换稳定杆连杆后再进行车轮定位。

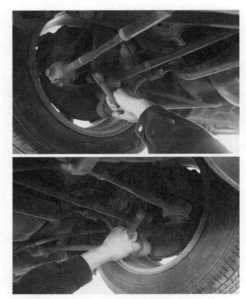

2　1号手握手电筒，照射左后支撑杆，目视检查左后支撑杆是否变形损坏；2号以相同的方法，目视检查右后支撑杆是否变形损坏。

提示：如果支撑杆变形或损坏，应更换支撑杆后再进行车轮定位。

3 1号手握手电筒，照射后稳定杆，目视检查后稳定杆是否变形损坏

提示： 如果稳定杆弯曲或损坏，应更换稳定杆后再进行车轮定位。

4 1号手握手电筒，照射左后2号后悬架臂，目视检查左后2号后悬架臂是否变形损坏；2号以相同的方法，目视检查右后2号后悬架臂是否变形损坏。

提示： 如果2号后悬架臂变形损坏，应更换2号后悬架臂后再进行车轮定位。

5 1号手握手电筒，照射左后1号后悬架臂，目视检查左后1号后悬架臂是否损坏；2号以相同的方法，目视检查右后1号后悬架臂是否损坏。

提示： 如果1号后悬架臂变形损坏，应更换1号后悬架臂后再进行车轮定位。

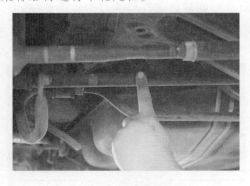

第十五步 举升机操作

2号操纵举升机，在举升机操作平台上选择大剪挡位，降低大剪举升平台到最低落锁位置，并可靠锁止举升机。

提示：

（1）举升机的安全操作规范，请参阅"举升机的使用方法"，在此不再赘述。

（2）举升车辆前，注意安全确认，配合口令"正常"，"举升"。

第十六步 定位仪定位准备

1 1号将工作台上的传感器卡具安装在左前轮轮辋的边缘上；2号以相同的方法，安装右前轮传感器卡具。

提示： 测定头是精密测量仪器，在移动、安装及拆卸过程中，要小心谨慎，轻搬轻放，严禁掉落摔伤。

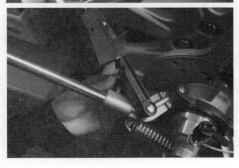

2 1号将工作台上的传感器卡具安装在左后轮轮辋的边缘上；2号以相同的方法，安装右后轮传感器卡具。

提示：
（1）传感器卡具是精密测量仪器，在移动、安装及拆卸过程中，要小心谨慎，轻搬轻放，严禁掉落摔伤。
（2）卡具卡爪与轮辋的边缘必须完全贴合，安装到位。

3 1号将定位仪上的传感器安装在左前传感器卡具上；2号以相同的方法，安装右前部传感器。

提示：传感器是精密测量仪器，在移动、安装及拆卸过程中，要小心谨慎，轻搬轻放，严禁掉落摔伤。

4 1号将定位仪上的传感器安装在左后传感器卡具上；2号以相同的方法，安装右后部传感器。

提示：传感器是精密测量仪器，在移动、安装及拆卸过程中，要小心谨慎，轻搬轻放，严禁掉落摔伤。

5 1号、2号配合观察传感器水平，不在水平位置应及时调整。调整后及时锁止传感器。

提示：调整水平时，转动传感器的位置幅度不能太大。

6 1号、2号分别将4个传感器电源打开。

提示：按传感器的电源开关时，注意传感器水平。

第五章　车桥及车轮定位

第十七步　车辆变速箱档位调整

1　1号在左后车轮上放置左后车轮挡块。2号在右后车轮上放置右后车轮挡块。

2　1号进入驾驶室，将变速杆置于空挡位置并释放驻车制动杆。

第十八步　补偿准备及举升机操作

1　1号在左侧放置二次举升左侧支撑垫块；2号在右侧放置二次举升右侧支撑垫块。

2　1号操纵举升机，在举升机操作平台上选择小剪档位，升起举升机小剪平台，使车轮离开举升机10cm左右，充分悬空，以便进行轮毂补偿。

提示：
（1）举升机的安全操作规范，请参阅"举升机的使用方法"，在此不再赘述。
（2）举升车辆前，注意安全确认，配合口令"正常"，"举升"。

第十九步　进行轮毂偏位补偿（四轮）

1　1号、2号配合观察传感器水平，不在水平位置应及时调整。

提示：调整水平时，转动传感器的位置幅度不能太大。

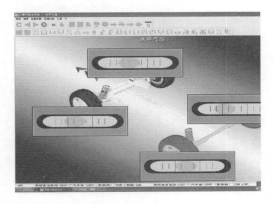

2　1号、2号配合完成左前轮轮毂偏位补偿。
（1）2号将右侧的轮胎固定。

提示：右侧的轮胎不能转动。

（2）1号将传感器偏位补偿键打开。

提示：按开关时，注意传感器水平。

（3）1号观察定位仪偏位补偿界面提示。

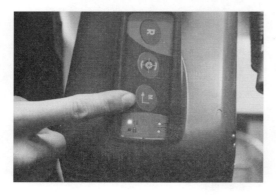

（4）1号将传感器锁销松开。

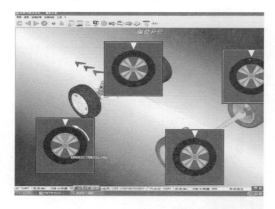

（5）1号转动传感器夹具90°。

（6）1号调整传感器水平位置。

提示：调整水平时，转动传感器的位置幅度不能太大。

（7）1号锁止传感器。

（8）1号按下传感器偏位补偿键。

提示：按开关时，注意传感器水平。

（9）1号观察定位仪偏位补偿界面提示。

（10）重复4~9步骤。

（11）1号观察定位仪偏位补偿界面，出现数值后左前轮轮毂偏位补偿结束。

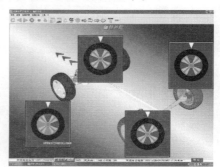

第五章　车桥及车轮定位

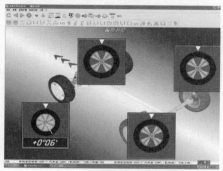

3 1号、2号配合完成右前轮轮毂补偿。

⏱ 提示：操作方法与上文一样，1号、2号工位互换，1号固定左侧轮胎，2号进行右前轮轮毂补偿。

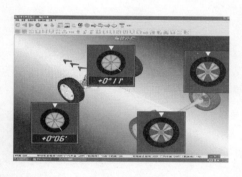

4 1号完成右后轮轮毂补偿；2号完成后部车轮的补偿值计算。

⏱ 提示：操作方法与上文一样，1号、2号工位同时完成后轮轮毂补偿。

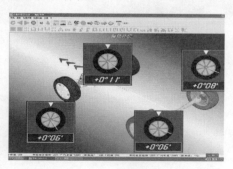

第二十步　举升机操作：小剪回位

1 1号、2号同时拔出左、右前轮转盘固定销并放好。

2 1号、2号同时拔出左、右后轮后滑板固定销并放好。

3 2号操纵举升机，在举升机操作平台上选择小剪挡位，下降举升机小剪平台，举升机小剪平台缓慢回落到位。

⏱ 提示：

（1）举升机的安全操作规范，请参阅"举升机的使用方法"，在此不再赘述。

（2）举升车辆前，注意安全确认，配合口令"正常"、"举升"。

4 1号、2号同时移开左、右后轮挡块。

5 1号、2号分别检查左、右前轮是否落在转盘中心。

> 提示：如果车辆后轮没有停放在转盘中心，应由具有丰富驾驶经验的老师及时将车辆调整到位。

6 1号检查左后轮是否落在后滑板上正确位置。

> 提示：如果车辆后轮没有停放在后滑板中间部位，应由具有丰富驾驶经验的老师及时将车辆调整到位。

第二十一步　调整前的检测准备工作

1 2号进入驾驶室，将驻车制动杆拉紧。

2 1号、2号分别从两侧，按动车辆前部数次，使减振器复位。

3 1号、2号分别从两侧，按动车辆后部数次，使减振器复位。

4 1号安装制动锁，一只脚将制动踏板踩到底，制动锁一端顶在制动踏板上，另一端卡在座椅上。

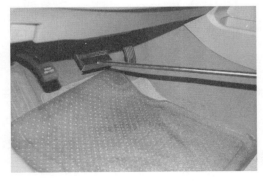

第五章 车桥及车轮定位

第二十二步 按照程序检测车辆

1 2号转动转向盘，车轮方向对中。

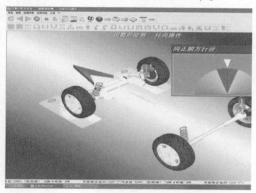

2 2号分别向左、右转向20°操作。

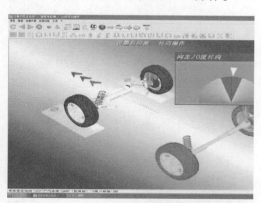

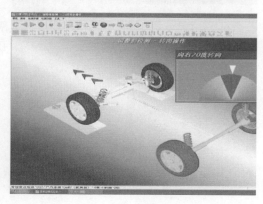

3 当屏幕显示前轮前束值时，1号按"前进图标"。

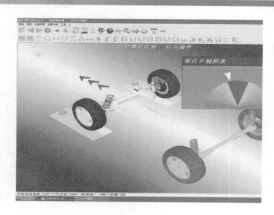

4 屏幕显示检测报告。

第二十三步 打印检测报告

1号按打印键，打印车辆状况和检测的报表（表格形式）。

第二十四步 举升机操作

2号操纵举升机，在举升机操作平台上选择小剪挡位，升起举升机小剪，使车轮悬空。

提示：

（1）举升机的安全操作规范，请参阅"举升机的使用方法"，在此不再赘述。

（2）举升车辆前，注意安全确认，配合口令"正常"，"举升"。

121

"正常"，"举升"。

第二十五步 插入转角盘和后滑板的固定销

1 1号、2号同时将左、右前轮转角盘固定销插入。

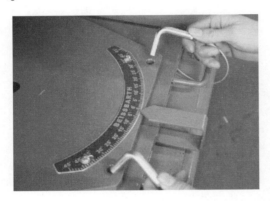

2 1号、2号同时将左、右后轮滑板固定销插入。

第二十六步 举升机操作

2号操纵举升机，在举升机操作平台上选择小剪挡位，举升机小剪缓慢回落,完全回位。

提示：

（1）举升机的安全操作规范，请参阅"举升机的使用方法"，在此不再赘述。

（2）举升车辆前，注意安全确认，配合口令

第二十七步 将传感器放回机柜，进行充电

1号、2号同时取下左、右前后部传感器并放回充电位置。

提示：传感器是精密测量仪器，在移动、安装及拆卸过程中，要小心谨慎，轻搬轻放，严禁掉落摔伤。

第二十八步 定位仪复位

1 1号拆除制动锁，并放至规定位置。

2 1号、2号同时拆下车轮上的4个卡具，并归位。

提示：卡具是精密测量仪器，在移动、安装及拆卸过程中，要小心谨慎，轻搬轻放，严禁掉落摔伤。

第五章 车桥及车轮定位

3 2号操作定位仪程序复位。

4 1号、2号同时回收二次举升左、右侧支撑垫块及左、右后车轮挡块。

第二十九步 举升机操作

2号操纵举升机，在举升机操作平台上选择大剪挡位，操作举升机大剪回到最低位置。

💡提示：

（1）举升机的安全操作规范，请参阅"举升机的使用方法"，在此不再赘述。

（2）举升车辆前，注意安全确认，配合口令"正常"，"举升"。

第三十步 工位整理

1 2号进入驾驶室，将驾驶人侧车窗玻璃升起。

2 2号取下车内三件套。

3 2号关闭车门。

4 1号、2号清洁车辆、场地、工具设备。

七、考核标准

考 核 标 准 表

考核时间	序 号	考核项目	满 分	评分标准	得 分
50min	1	作业前整理工作	1	整理遗漏酌情扣分	
	2	安装驾驶室内的保护罩	1	操作不当酌情扣分	
	3	检查轮胎气压	3	操作不当扣3分	
	4	检查轮胎花纹磨损	3	操作不当扣3分	
	5	检查轮胎结构和规格	3	操作不当扣3分	
	6	检查转向系的旷量	3	操作不当扣3分	
	7	举升机的正确使用	4	操作不当扣4分	
	8	检查转向横拉杆的衬套及球头磨损	3	操作不当扣3分	
	9	检查悬架下摆臂的衬套及球头	3	操作不当扣3分	
	10	检查车轮制动器的拖滞情况	3	操作不当扣3分	
	11	检查车轮轴承的旷量	3	操作不当扣3分	
	12	安装或拆卸测定	5	操作不当扣5分	
	13	连接或断开测定头的传输线	4	操作错误扣4分	
	14	车轮定位仪的正确使用	10	操作不当扣10分	
	15	调整测定头水平	5	操作不当扣5分	
	16	车轮偏位补偿	8	操作不当扣8分	
	17	测量车轮定位角	10	操作不当扣10分	
	18	调整前轮外倾角	10	操作不当扣10分	
	19	调整前轮前束	10	操作不当扣10分	
	20	作业后整理工位	2	整理遗漏酌情扣分	
	21	遵守相关安全规范		因违规操作造成人身和设备事故的，总分按0分计	
	分数合计		100		

第六章 车轮与车胎

第一节 需用知识

一、概述

汽车车轮通过与路面的接触来支撑车辆。汽车车轮如图6-1所示。汽车总成如图6-2所示，由车轮和轮胎两大部件组成的，是汽车行驶系中极其重要的部件之一，它处于车轴和地面之间，具有如下基本功用：

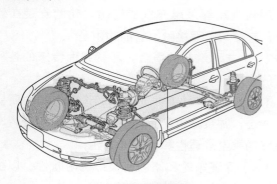

图6-1 汽车车轮

（1）支撑整车质量，包括在汽车质量上下运动时产生的惯性动载荷。

（2）缓和由路面传递来的冲击载荷。

（3）通过轮胎和路面之间的附着作用，产生驱动和阻止汽车运动的外力，即为汽车提供驱动力和制动力。

（4）产生平衡汽车转向离心力的侧向力，以便顺利转向，并通过轮胎产生的自动回正力矩，使车轮具有保持直线行驶的能力。

（5）承担跨越障碍的作用，保证汽车的通过性。

针对车轮和轮胎的使用特点，要求它们具有足够的强度和刚度；质量轻；散热能力强；轮胎具有良好的弹性特性和摩擦特性；足够的使用寿命。

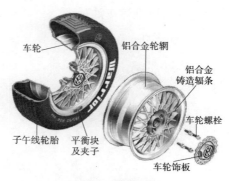

图6-2 车轮总成

二、车轮

车轮是介于轮胎和车桥之间承受负荷的旋转组件，其功用是安装轮胎，承受轮胎与车桥之间的各种载荷的作用。

车轮一般是由轮毂、轮辋和轮辐组成，如图6-3所示。轮毂通过圆锥滚子轴承装在车桥或转向节轴径上，用于连接车轮与车桥。轮辋用于安装和固定轮胎。轮辐用于将轮毂和轮辋连接起来，并通过螺栓与轮毂连接起来。

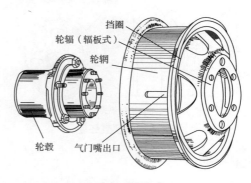

图6-3 车轮组成

① 轮辐

按轮辐结构的不同，车轮可以分为两种形

式：辐板式车轮和辐条式车轮。

普通轿车和轻、中型货车普遍采用辐板式车轮，如图6-3所示，由挡圈、轮辋、辐板和气门嘴伸出口组成。车轮中用以连接轮毂和轮辋的钢质圆盘称为辐板，大多是冲压制成的，少数是和轮毂铸成一体，后者主要用于重型汽车。

轿车的辐板所用板料较薄，常冲压成起伏多变的形状，以提高其刚度，目前广泛采用的轿车车轮为铝合金车轮，如图6-4所示，且多为整体式的，即轮辋和轮辐铸成一体。它质量轻，尺寸精度高，生产工艺好，美观大方，可以明显改善车轮的空气动力学特性，降低汽车油耗。

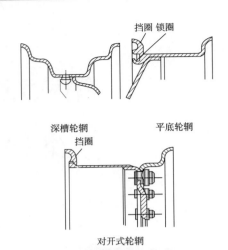

图6-6 轮辋常见结构形式

图6-4 轿车铝合金车轮

辐条式车轮按辐条结构的不同分为钢丝辐条式车轮和铸造辐条式车轮，如图6-5所示。

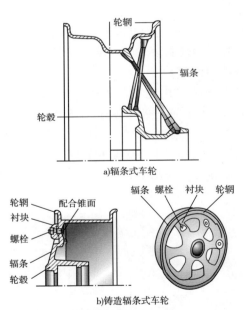

a)辐条式车轮

b)铸造辐条式车轮

图6-5 辐条式车轮

2 轮辋

轮辋用于安装和固定轮胎。按其结构不同，轮辋的常见结构形式有：深槽轮辋、平底轮辋和对开式轮辋，如图6-6所示。此外，还有半深槽轮辋、深槽宽轮辋、平底宽轮辋、全斜底轮辋等。

三、轮胎

1 轮胎的功用和类型

1.轮胎的功用

现代汽车都采用充气式轮胎，轮胎安装在轮辋上，直接与路面接触，它的功用是：

（1）支承汽车的质量，承受路面传来的各种载荷的作用。

（2）和汽车悬架共同来缓和汽车行驶中所受到的冲击，并衰减由此而产生的振动，以保证汽车有良好的乘坐舒适性和行驶平顺性。

（3）保证车轮和路面有良好的附着性，以提高汽车的动力性、制动性和通过性。

2.轮胎的类型

（1）按轮胎内空气压力的大小，轮胎分为高压胎（0.5～0.7MPa）、低压胎（0.2～0.5MPa）和超低压胎（0.2MPa以下）三种。低压胎弹性好、减振性能强、壁薄散热性好、与地面接触面积大附着性好，因而广泛用于轿车。超低压胎在松软路面上具有良好的通过能力，多用于越野汽车及部分高级轿车。

（2）按轮胎有无内胎，轮胎分为有内胎轮胎和无内胎轮胎（俗称真空胎）两种。目前轿车上普遍采用无内胎轮胎。

（3）按胎体帘布层结构的不同，轮胎分为斜交轮胎和子午线轮胎。目前，子午线胎在汽车上广泛应用。

（4）根据花纹不同分为：普通花纹轮胎、组合花纹轮胎、越野花纹轮胎。

（5）根据帘线材料不同分为：人造丝（R）轮胎、棉帘线（M）轮胎、尼龙（N）轮胎、钢丝（G）轮胎。

目前轿车上应用的轮胎主要是低压（超低压）、无内胎的子午线轮胎。

❷ 轮胎的结构

充气轮胎按结构不同，可分为有内胎轮胎和无内胎轮胎两种，如图6-7所示。

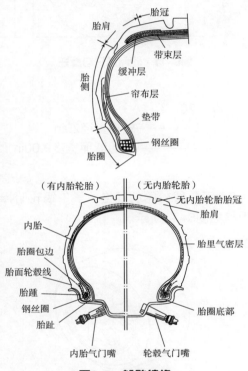

图6-7 轮胎结构

有内胎轮胎由外胎、内胎和垫带等组成，使用时安装在汽车车轮的轮辋上。无内胎轮胎俗称真空胎，在外观上与普通轮胎相似，但是没有内胎及垫带。它的气门嘴用橡胶垫圈和螺母直接固定在轮辋上，空气直接充入外胎中，其密封性由外胎和轮辋来保证。

外胎是轮胎的主要组成部分，它是用耐磨橡胶以及帘线制成的强度较高而又有弹性的外壳，直接与地面接触来保护内胎，使其不受损伤，主要由胎面、胎圈和胎体等组成。

1.胎面

胎面是轮胎的外表面，可分为胎冠、胎肩和胎侧三部分。

（1）胎冠也称行驶面，它与路面直接接触，直接承受冲击与摩擦，并保护胎体免受机械损伤。

为使轮胎与地面有良好的附着性能，防止纵、横向滑移，在胎面上制有各种形状的花纹。如图6-8所示，主要有普通花纹、组合花纹、越野花纹等。

图6-8 胎面花纹

（2）胎肩是较厚的胎冠和较薄的胎侧间的过渡部分，一般也制有各种花纹，以提高该部位的散热性能。胎侧又称胎壁，它由数层橡胶构成，覆盖轮胎两侧，保护内胎免受外部损坏。

（3）胎侧可承受较大的挠曲变形，在行驶过程中，不断地在载荷作用下挠曲变形。胎侧上标有厂家名称、轮胎尺寸及其他资料，如图6-12所示。

胎冠部分磨损到磨损标记以下后将非常危险。如图6-9所示，胎面磨损标志位于胎面花纹沟底部，当胎面磨损到此处时，花纹沟断开，表明轮胎必须停止使用并送去翻新或报废。为便于用户找到磨损标志，通常在磨损标志对应的胎肩处标出"△"符号。这种磨损标志按国家标准的规定，每只轮胎应沿圆周等距离设置，不少于4个。轮胎磨损标记指示器不仅是轮胎安全行驶的保证，而且还可作为检察轮胎是否正常磨损的依据。当轮胎出现不正常磨损时，从轮胎磨损指示器上便可以清晰地显示出来。我国规定，轿车用的子午线轮胎花纹磨损极限为1.6mm。

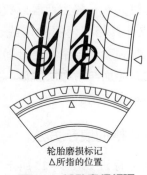

图6-9 轮胎磨损标记

2.胎圈

胎圈是帘布层的根基,由钢丝圈、帘布层包边和胎圈包布组成,如图6-7所示,具有很大的刚度和强度,可以使外胎牢固地安装在轮辋上。

3.胎体

胎体由帘布层和缓冲层组成。

(1)帘布层。帘布层是外胎的骨架,主要用于承受载荷,保持外胎的形状和尺寸,并使其具有足够的强度。为使载荷均匀分布,帘布层通常由成偶数的多层帘布用橡胶贴合而成,相邻层的帘线交叉排列。帘布层数越多,轮胎的强度越大,但弹性下降。在外胎表面上标有帘布层数。按照帘布层帘线排列方式的不同,外胎可以分为斜交轮胎和子午线轮胎,如图6-10所示。

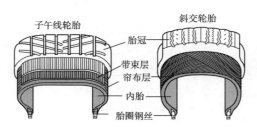

表6-10 轮胎结构形式

斜交轮胎帘布层的帘线按一定角度交叉排列,帘线与轮胎横断面的交角通常为50°。子午线轮胎帘布层帘线排列的方向与轮胎横断面一致,即垂直于轮胎胎面中心线,类似于地球仪上的子午线。子午线轮胎胎侧比斜交轮胎软,在径向上容易变形,可以增加轮胎的接地面积,即使在充足气后,两侧壁上也有一个特殊的凸起部。

子午线胎与斜交轮胎相比较具有行驶里程长、滚动阻力小、节约燃料、承载能力大、减振性能好、附着性能好、不易爆胎等优势,目前在汽车上应用广泛。

(2)缓冲层。缓冲层夹在胎面和帘布层之间,质软而弹性大,一般由两层或数层较稀疏的帘布和橡胶制成,其相邻两层的帘线也是交叉排列的。其作用是加强胎面与帘布层之间的结合,防止汽车紧急制动时胎面与帘布层脱离,并缓和汽车行驶时所受到的路面冲击。

3 轮胎规格的表示方法

轮胎的尺寸标注如图6-11所示。D—轮胎外径;d—轮胎内径;H—轮胎断面高度;B—轮胎断面宽度。

(1)斜交轮胎的规格。普通斜交轮胎的规格用B-d表示,载货汽车斜交轮胎和轿车斜交轮胎的尺寸B和d均使用英寸(in)为单位。示例如下:

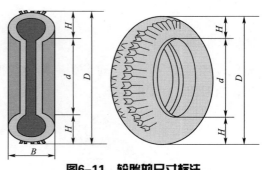

图6-11 轮胎的尺寸标注

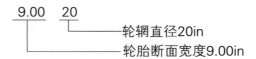

(2)子午线轮胎的规格。子午线轮胎标识位置及规格如图6-12所示。

图6-12 轮胎的尺寸标注

①195——轮胎名义断面宽度代号,表示轮胎宽度为195mm。

②60——轮胎名义扁平比代号,表示扁平比为60%。扁平比为轮胎高度H与宽度B之比,有60、65、70、75、80五个级别。

③R——子午线轮胎结构代号,即"Radial"的第一个字母。

④15——轮胎名义直径代号,表示轮胎内径14英寸(in)。

⑤86——荷重等级,即最大载荷质量。荷重等级为86的轮胎的最大载荷质量为530kg。常见的荷重等级及对应的最大载荷质量见表6-1。

荷重等级对应最大载荷质量　　　　　　　　表6-1

荷重等级	最大载荷质量kg	荷重等级	最大载荷质量kg	荷重等级	最大载荷质量kg
70	335	80	450	90	600
71	345	81	462	91	615
72	355	82	475	92	630
73	365	83	487	93	650
74	375	84	500	94	670
75	387	85	515	95	690
76	400	86	530	96	710
77	412	87	545	97	730
78	425	88	560	98	750
79	437	89	580	99	775

⑥H——速度等级代号，表明轮胎能行驶的最高车速为210km/h。常见的速度等级及对应的最高车速见表6-2。

速度等级对应的最高车速　　　　　　　　表6-2

速度等级	最高车速（km/h）	速度等级	最高车速（km/h）
L	120	T	190
M	130	U	200
N	140	H	210
P	150	V	240
Q	160	Z	240以上
R	170	W	270以上
S	180	Y	300以上

（3）轮胎侧面标记。轮胎侧面标记如图6-13所示。在轮胎规格前加"P"表示轿车轮胎；在胎侧标有"REINFORCED"表示经强化处理，"RADIAL"表示子午线胎，"TUBELESS"（或TL）表示无内胎（真空胎），"M+S"（Mud and Snow）表示适用于泥地和雪地，"→"表示轮胎旋向，不可装反。

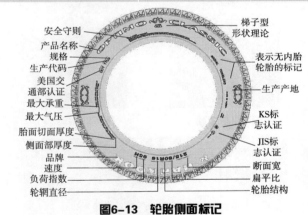

图6-13　轮胎侧面标记

第二节　常见维修项目

任务　检查和更换轮胎与车轮动平衡检测

一、技术标准与要求

（1）安装丰田卡罗拉轿车配套规格轮胎。丰田卡罗拉轿车轮胎规格见表6-3。

冷胎充气压力　　　　　表6-3

轮胎尺寸	前kPa(kgf/cm², psi)	后kPa(kgf/cm², psi)
195/65R15 91H 205/55R16 91V	220(2.2,32)	220(2.2,32)

（2）拆装轮胎时，必须使用轮胎拆装机，不允许对轮辋进行敲击。

（3）轮胎充气压力见表6-3。

（4）前轮轮胎比后轮轮胎花纹磨损严重时，应进行车轮换位。

（5）车轮动不平衡量应符合规定要求。

（6）当胎面花纹接近磨损极限时，应更换轮胎。丰田卡罗拉轿车轮胎花纹深度应大于1.6mm。

（7）正确使用轮胎拆装机和车轮动平衡机。

二、实训时间：60min

三、实训教学目标

（1）了解检查和更换轮胎与车轮动平衡检测以及车轮换位的重要性。

（2）熟悉车轮与轮胎的结构和类型。

（3）掌握检查和更换轮胎与车轮动平衡检验以及车轮换位的操作技能。

四、实训器材

轮胎拆装机

车轮动平衡机

轮胎花纹测量标尺

轮辋宽度测量标尺

轮胎气压表及充气枪

气动扳手

五、教学组织

（1）教学组织形式：

每辆车安排4名学生参与实训，两名学生为一组。一组操作，一组观察学习。

（2）学生站位分工和要求：

两名学生一组，按照1号、2号进行编号，1号为主，2号为辅助。

（3）实训教师职责：

讲解操作步骤和注意事项；下达"操作开始"口令；工位间巡视、检查、指导和纠正错误。

（4）学生职责变换：

两名学生实行职责变换制度，即第一遍1号为主，2号为辅助；第二遍2号为主，1号为辅助。

六、操作步骤

项目一　轮胎换位

第一步　准备工作

1 参训学生将工位清理干净、排除障碍物，准备好相关的工具，物品等。

提示：培养良好的工作习惯，做好事前准备，有利于安全操作和提高工作效率。

2 将车辆停驻在举升机平台的中央位置，安装好车轮挡块。

3 1号解锁打开车门，安装转向盘套、座椅

套、铺设地板垫。

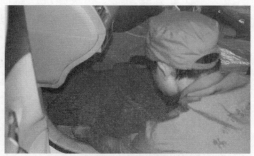

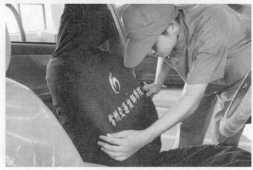

4 1号将驾驶人侧车窗玻璃降下，放松驻车制动杆，并将变速杆置于空挡位置。

⚠️**提示**：因检查轮胎时需转动车轮，所以应松开驻车制动杆，并将变速杆置于空挡位置。

第二步 检查轮胎

1 2号安装好举升垫块，操纵举升机，将车辆举升至轮胎最低点距离地面约20cm的高度，检查车辆稳定性后继续举升车辆至中间位置（身体直立，双手平举，与车轴高度一致），并可靠锁止举升机平台。

⚠️**提示**：

（1）举升机的操作要领和规范要求，请参阅"举升机的使用方法"。

（2）举升车辆时，强调安全确认口令"正常"、"举升车辆"，防止意外情况发生。

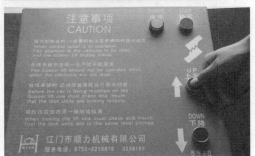

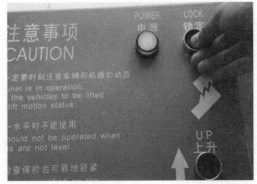

2 2号收起车轮挡块。

3 1号缓慢转动轮胎，检查轮胎是否有胎体变形、鼓包、橡胶开裂、异常磨损及穿刺异物等现象。

注意

（1）轮胎存在变形、鼓包、橡胶开裂等损伤时，应更换轮胎。

（2）轮胎存在异常磨损，见表6-4，应具体分析损伤原因〔比如驾驶习惯、行驶路况、载荷、轮胎质量及车轮定位等〕，采取对应措施予以解决。

轮胎异常磨损　　　　　　　　　　　　　　　表6-4

磨损类型	边缘两侧磨损	中间磨损	羽状磨损	单侧磨损
胎面状况				
原因	轮胎气压太低	轮胎气压太高	车轮定位（前束或后束）	车轮定位（车轮外倾角）

（3）轮胎有刺穿异物后修补轮胎。

4 1号检查并清除轮胎花纹中堆积的杂物等。

提示：轮胎花纹中堆积的杂物（如泥土沙石等），将减少轮胎与路面的附着力，从而减少汽车驱动力和制动力。另外，轮胎滚动噪声将变大。

5 1号使用轮胎花纹测量标尺，测量轮胎花纹深度。

提示：

（1）轮胎花纹的检测方法

①擦净轮胎花纹顶面及稳槽。

②将深度尺垂直插入纹槽中，保持深度尺的测量平面与两侧花纹顶面可靠接触。

③观察并读取深度尺外壳顶端与标尺对齐的刻度指示的数值，该数值即为轮胎花纹深度值。

（2）丰田卡罗拉轿车轮胎花纹标准深度应大于1.6mm。如果轮胎花纹接近磨损极限，应更换轮胎。

（3）如果经过测量，前轮轮胎比后轮轮胎花纹磨损严重，应进行车轮换位，这样可保持汽车各个车轮轮胎磨损基本均匀，达到延长轮胎使用寿命的目的。

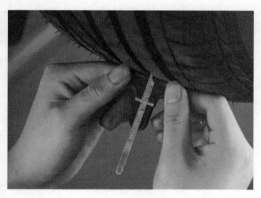

第三步　轮胎换位

说明：轮胎换位方法常用的有交叉换位法和循环换位法。通过轮胎换位，可使汽车各个轮胎均匀磨损，可延长轮胎约20%使用寿命。根据车轮数目不同轮胎换位可分为六轮二桥和四轮二桥两种型式；其中四轮二桥型式中因轮胎种类不同，轮胎换位方法不同。普通斜交轮胎采用交叉换位法，子午线轮胎采用单边换位法。丰田卡罗拉轿车使用子午线轮胎，因此采用单边换位法进行轮胎换位。本文介绍四轮单边换位法。

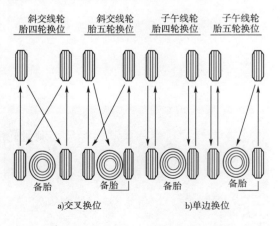

a)交叉换位　　b)单边换位

1　1号准备好气动扳手，2号拉好气管交给1号。

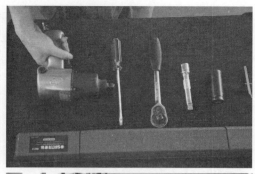

2　1号连接好气管，调整好气动扳手力度和旋向。

3　2号扶住车轮，1号使用气动扳手，快速旋出左前车轮固定螺栓。

4　2号将左前车轮固定螺栓摆放到零件车上。

5　1号取下左前车轮，并将其放置到车轮支架上。

6　6、1号用同样方法取下左后车轮，并将其放置到车轮支架上。

💡提示：

（1）按照相同的操作步骤和规范要求，拆卸右后车轮，不再赘述。

（2）因卡罗拉轿车采用子午线轮胎，所以采用单边换位法进行轮胎换位。

7　2号拆下气动扳手气管，将气动扳手放到工具车上。

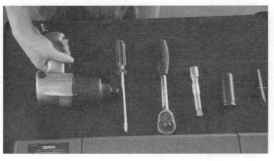

8　1号将左后车轮安放到左前制动盘的凸缘上，并对齐螺栓孔，然后将固定螺栓用手旋入螺栓孔内。

9　1号用车轮扳手将左前车轮固定螺栓拧紧到适当力矩。

💡提示：拧紧车轮固定螺栓，根据螺栓数量不同，应按照图示顺序的要求，分几次均匀进行，防止车轮变形。

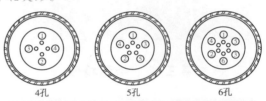

4孔　　　5孔　　　6孔

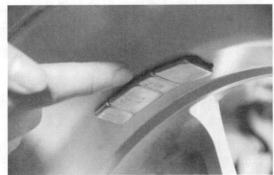

10　1号用同样方法安装左后车轮。

💡提示：

（1）安装车轮的要求相同，请参阅前文说明，不再赘述。

（2）按照相同操作步骤和要求，将右侧前后、车轮换位。

11　将前后车轮换位完毕后，2号操作举升机，将车辆降落到地面上。

💡提示：

（1）举升机的操作要领和规范要求，请参阅"举升机的使用方法"。

（2）举升车辆时，强调安全确认口令"正常"、"举升车辆"，防止意外情况发生。

2　1号将车窗关闭，取下转向盘套、座套、铺设地板垫，锁好车门。

12　2号安装好车轮挡块。

3　2号收好车轮挡块和举升垫块。

13　1号使用扭力扳手，根据螺栓数量不同，按照顺序逐次均匀进行，将车轮固定螺栓拧紧至103N·m的力矩。

4　1号、2号共同清理工具和量具，清洁地面卫生。

项目二　拆装轮胎

第一步　准备工作

按照本任务中项目一的操作步骤和规范要求进行，不再赘述。

第四步　整理工位

1　1号拉紧驻车制动杆，并将变速杆置于驻车档位置。

第二步　检查轮胎

按照本任务中项目一的操作步骤和规范要求进行，不再赘述。

第三步　拆卸轮胎

1　从车上拆下车轮。

2　1号用手旋下轮胎气门嘴的防尘帽。

⚠提示：防尘帽用于阻止尘土、泥沙等杂物进入气门嘴。

3　1号使用气门钥匙旋出气门芯，释放轮胎内的空气。

⚠提示：
（1）轮胎放气时，气门芯不要旋出过快，应待轮胎气压下降后逐渐旋出。
（2）注意气门芯旋出后妥善放置，不要丢失。

4　待轮胎内的空气排放殆尽后，1号使用卡钳取下安装于轮辋边沿上的平衡块；使用一字螺丝刀，撬下粘贴在轮辋上的平衡块。

5　2号将卡钳、平衡块分别摆放到工具车、零件车上。

6　1号将车轮的一侧贴于拆装机的靠胎胶皮上。

⚠提示：靠胎胶皮用于防止挤压轮胎时损伤车

轮，它粘贴于拆装机的凸台上。

7　1号调整车轮位置，使风压铲置于轮胎胎圈和轮辋边缘之间。

8　1号一手扶住手柄，使风压铲的位置保持不变；一手扶住车轮，防制车轮滚动。

9　1号踩下压胎踏板，风压铲开始挤压轮胎，直到轮胎胎圈离开轮辋边缘为止。然后调整风压铲挤压部位，再次挤压并使轮胎胎圈离开轮辋边缘。如此重复操作，使轮胎胎圈彻底脱离轮辋边缘。

10　1号翻转车轮，将已挤压侧贴于靠胎胶皮上。按照相同的操作要求，将轮胎另一侧胎圈挤压脱离轮辋边缘。

11　1号将车轮平放到轮胎拆装机转盘上的夹钳上。

提示： 此时保持夹钳处于完全收缩状态，便于车轮安装到夹钳上。

12　1号双手扶住轮胎，踩下夹钳踏板，夹钳张开，卡钳卡牢车轮，将车轮固定在夹钳上。

13 1号在车轮气门嘴处的轮胎上做好装配标记。

提示： 一般轮胎在装配时，将轮胎最轻处对准轮辋气门嘴处，以达到车轮平衡的目的。所以在拆装轮胎时要做好装配标记，以便不破坏车轮的平衡。

14 1号旋转调整手柄，使拆装机头对正轮辋边缘。

提示： 调整手柄位于轮胎拆装机的横臂一侧，转动手柄可旋入或旋出螺杆，从而改变横臂的角度，最终调整拆装机头的位置。

15 1号用手压下拆装机头，并将拆装机头套入轮辋边缘上。

提示： 将拆装机头套装到轮辋边缘上时，应保证轮辋边缘的外沿与拆装机头之间预留约2mm的间隙，防止车轮转动时损伤轮辋。

16 1号一手下压拆装机头，一手扳动锁紧杆，锁止拆装机头。然后旋入调整手柄，固定横臂。

17 1号使用毛刷，在轮胎胎圈上均匀涂抹一层浓肥皂液润滑胎圈。

提示： 在轮胎胎圈上涂抹润滑液，可减轻拆装机头与轮胎胎圈之间的摩擦，避免损伤轮胎。

18 1号将扁铲插入轮胎胎圈和轮辋之间，下压扁铲撬起胎圈，并使胎圈搭接于机头上。

提示： 在插入扁铲和撬起胎圈时，应均匀用力。否则，容易损伤轮胎。

19 1号取出扁铲后，双手扶住轮胎，踩下盘踏板，转盘顺时针旋转，拆下机头脱出轮胎一侧胎圈。

提示： 如果转盘旋转时，拆装机头和轮胎之间出现卡滞，应立即抬起转盘踏板停止转盘转动，

第六章 车轮与车胎

然后踩下反转踏板，逆时针转动转盘，解除卡滞障碍。

20 1号当轮胎的一侧胎圈完全脱出后，上抬轮胎，使轮胎下胎圈上移。

21 1号将扁铲插入轮胎下胎圈和轮辋之间，下压扁铲撬起胎圈，并使胎圈搭接于机头上。

⏱ 提示：在插入扁铲和撬起轮胎胎圈时，应均匀用力，否则，容易损伤轮胎。

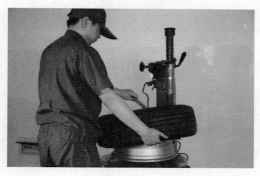

22 1号使用毛刷，在轮胎下胎圈上均匀涂抹一层浓肥皂液润滑胎圈。

⏱ 提示：在轮胎胎圈上涂抹润滑液，可减轻拆装机头与轮胎胎圈之间的摩擦，避免损伤轮胎。

23 1号取出扁铲后，双手扶住轮胎，踩下转盘踏板，转盘顺时针旋转，拆下机头脱出轮胎下侧胎圈。这样轮胎便从轮辋上拆卸下来。

⏱ 提示：如果转盘旋转时，拆装机头和轮胎之间出现卡滞，应立即抬起转盘踏板停止转盘转动，然后踩下反转踏板，逆时针转动转盘，解除卡滞障碍。

24 1号扳动锁紧杆，放松拆装机头，然后将横臂推离车轮上方。

25 1号取下轮胎。至此，轮胎拆卸完毕。

第四步　安装轮胎

1 1号将轮胎安放到车轮上之后，下压轮胎一端，使轮胎胎圈套装于轮辋边沿上。

2　1号压下拆装机头，并扳动锁止杆锁止拆装机头。

3　1号双手扶住并下压轮胎，然后踩下转盘踏板，转盘顺时针旋转，轮胎下胎圈被压入轮辋内。

⏱提示：如果转盘旋转时，拆装机头和轮胎之间出现卡滞，应立即抬起转盘踏板停止转盘转动，然后踩下反转踏板，逆时针转动转盘，解除卡滞障碍。

4　1号倾斜轮胎，并将轮胎上侧部分胎圈压入轮辋边缘内，同时将轮胎上的装配标记对准轮毂气门嘴。

5　1号双手扶住并下压轮胎，然后踩下转盘踏板，转盘顺时针旋转，轮胎上胎圈被压入轮辋内。

⏱提示：如果转盘旋转时，拆装机头和轮胎之间出现卡滞，应立即抬起转盘踏板停止转盘转动，然后踩下反转踏板，逆时针转动转盘，解除卡滞障碍。

6　1号扳动锁止杆、放松拆装机头，推开横臂。

7　1号使用钥匙旋入气门芯。

⏱提示：此时气门芯不必旋紧，便于进行轮胎充气。

8　1号使用轮胎气压表，向轮胎内充入压缩空气。

⏱提示：

（1）轮胎充气时，应分两次将轮胎气压达到规定值。当轮胎气压接近规定值一半时停止充气，使用橡皮锤周向敲击轮胎的外侧，使轮胎复位。其目的是防止意外情况发生，造成人身伤害。

（2）轮胎充气时，注意观察气压表指示数值的变化，轮胎气压值应达到规定要求。丰田卡罗拉轿车的轮胎气压值，前后轮均为220kPa。

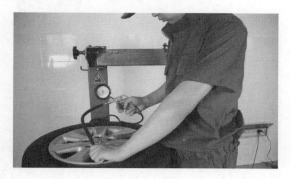

9 1号轮胎充气完毕后。使用钥匙拧紧气门芯，然后在气门嘴上滴上水滴，观察是否有气泡出现。如果有气泡出现，证明气门嘴漏气，修复后车轮与轮胎方可投入使用。最后旋上气门嘴防尘帽。

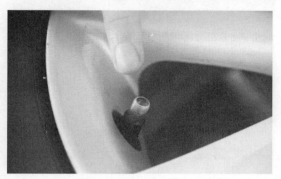

10 1号踩下夹钳踏板，收缩夹钳，放松车轮。

11 1号从转盘上取下车轮与轮胎，放到车轮支架上。

提示： 轮胎安装完毕，必须经过车轮动平衡检验合格后，车轮与轮胎方可安装到汽车上投入使用。

第五步 整理工位

清理工具和量具，清洁地面卫生。

项目三 车轮动平衡

第一步 准备工作

按照本任务中项目一的操作步骤和规范要求进行，不再赘述。

第二步 检查轮胎

按照本任务中项目一的操作步骤和规范要求进行，不再赘述。

第三步 车轮动平衡

1 从车上拆下一只车轮。

2 1号使用拆装钳,取下安装在轮辋内边缘上的平衡块;使用一字螺丝刀,撬下粘贴在轮辋上的平衡块。

3 1号使用一字螺丝刀取下车轮装饰罩。

4 2号将平衡块、拆装钳、车轮装饰罩摆放到操作台上。

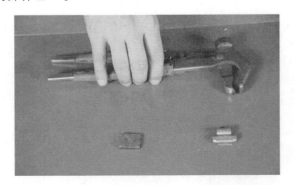

5 1号使用轮胎气压表,检查轮胎气压是否符合规定要求。

6 1号选择与车轮中心孔匹配的轴心定位锥体,安装到平衡旋转轴上。

提示: 轮辋规格不同与之相匹配的轴心定位锥体亦不同,通常有3种型号的轴心定位锥体可供选择。

7 1号将车轮中心孔对正平衡机旋转轴后,将车轮和轮胎安装到平衡旋转轴上。

提示: 做车轮动平衡值前,应清洗车轮与轮胎,去掉泥土、砂石等。否则,将影响动平衡车辆精度。

8 1号旋紧快换螺母,将车轮锁紧。

提示: 快换螺母用手旋紧即可。

第六章 车轮与车胎

9 1号打开位于主机箱左侧的电源开关。

提示： 车轮平衡机的电源电压为220V或240V。因此，打开电源开关时，应保持手部干净且干燥，防止触电事故发生。

10 电源开关打开后，控制面板上的指示灯全部点亮。

11 1号从主机箱右侧拉出"A"距离测量尺，测量主机箱到轮辋边缘的距离。

提示： 测量"A"距离时，拉出测量尺使测量柱抵在轮辋边缘的平面上，然后从外露刻度尺上读出"A"距离值。

12 1号将测量值输入控制面板上的"A"距离设置显示器。

提示： 按动"A"距离设置显示器下方的"↑"或"↓"按钮，可改变显示器上的距离设定值。

13 1号使用宽度测量尺，测量轮辋两边缘间的宽度值。

提示： 轮辋宽度值可从箭头指示的刻度线上读取。

14 1号将测量的轮辋宽度值输入控制面板上的宽度设置显示器。

提示： 按动"L"距离设置显示器下方的"↑"或"↓"按钮，可改变显示器上的距离设定值。

15 1号查找位于轮胎胎侧上的轮胎规格，确定轮辋直径。

提示： 轮胎规格中标注有轮辋直径，例如：丰田卡罗拉轿车轮胎规格为195/65 R15 91H，其中15代表轮辋直径为15英寸（in）。

16 1号将轮辋直径输入控制面板上的直径设置显示器。

17 1号按下"F"选择平衡方式ALLOY4（平衡合金轮辋内圈夹平衡块，外侧粘附平衡块）丰田卡罗拉轿车采用此种方式。

18 1号按下启动按钮（START），平衡旋转轴开始旋转，数秒后停止。

19 1号待平衡旋转轴停转后，控制面板上的数值显示屏显示的数字即为轮胎的不平衡。

提示：用手转动轮胎时，不平衡点定位灯不停闪烁。

20 1号用手缓慢转动轮胎，当其中一组不平衡点定位指示灯全部点亮时，停止转动轮胎。

提示：

（1）Inner显示器显示数字为轮辋内测不平衡量；Outer显示器显示数字为轮辋外侧不平衡量。

（2）当某一显示器的不平衡指示灯全部点亮时，表示此时轮辋相对应侧最高点位置为不平衡点。

21 1号根据显示器显示的数值，选择相应质量的平衡块。

提示：

（1）显示器显示的数字为轮胎的不平衡量。

（2）平衡块的外面上标注有质量数据，便于选择。

22 1号使用暗藏外部粘附平衡块的方法来平衡车轮，将相应质量的平衡块粘贴到轮辋外侧内部25mm范围。

提示：

（1）平衡块要粘贴可靠，否则车轮滚动时容易脱落。

（2）平衡块不能重复使用。

（3）粘贴表面应干净、平整。

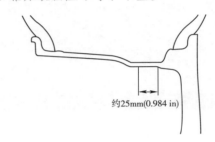

23 1号再次用手缓慢转动轮胎，确定轮辋另一侧的不平衡点位置。

提示：查找轮辋不平衡点的方法，请参阅前文说明。

24 1号根据显示器显示的数值，选择相应质量的平衡块。然后使用拆装钳，将平衡块安装到轮辋内侧最高点的边缘上。

!提示：详细步骤和要求，请参阅前文说明。

25　1号按下启动按钮（START），平衡旋转轴开始旋转，数秒后自动停止。

26　待平衡旋转轴停转后，1号观察控制面板上的数值显示屏，是否显示轮辋两侧的数据均为"00"。如果显示数据为"00"，则车轮动平衡检测完毕；如果显示数据大于8g，则重复上述操作步骤，直到显示数据小于8g为止。

27　1号关闭车轮动平衡机的电源开关。

!提示：车轮平衡机的电源电压为220V或240V。因此，打开电源开关时，应保持手部干净且干燥，防止触电事故发生。

28　1号旋下快换螺母，并摆放到工作台上。

29　1号从平衡旋转轴上取下车轮，并摆放到车轮支架上；取下轴心定位锥体，并摆放到工作台。

30　1号装上车轮装饰罩，并将车轮安装到汽车上。

第四步　整理工位

清理工具和量具，清洁地面卫生。

!提示：作业项目完成后，要搞好工位的清扫、整理工作，培养良好的工作习惯。

七、考核标准

考 核 标 准 表

考核时间	序 号	考核项目	满 分	评分标准	得 分
60min	1	作业前整理工位	3	整理遗漏酌情扣分	
	2	工位停车	3	操作不当扣3分	
	3	车辆可靠停驻	2	操作不当扣2分	
	4	清理轮胎花纹中的杂物	5	清理不彻底扣5分	
	5	测量轮胎花纹深度	6	操作不当扣6分	
	6	检查轮胎损伤	6	检查不当扣6分	
	7	轮胎换位	10	操作不当扣10分	
	8	拆卸轮胎	12	操作不当扣12分	
	9	安装轮胎	12	操作不当扣12分	
	10	轮胎拆装机的正确使用	9	操作不当扣9分	
	11	车轮动平衡机的正确使用	8	操作不当扣8分	
	12	车轮动平衡检测	15	操作不当扣15分	
	13	举升或降落车辆	6	操作不当扣6分	
	14	作业后整理工位	3	整理遗漏酌情扣分	
	15	遵守相关安全规范		因违规操作造成人身和设备事故的，总分按0分计	
分数合计			100		

第七章 车架与悬架

第一节 需用知识

一、车架

1 概述

车架俗称"大梁",它是跨接在前后车轮上的桥梁式结构,是构成整个汽车的骨架,是整个汽车的装配基体,汽车绝大多数的零部件、总成(如发动机、变速器、传动机构、操纵机构、车桥、车身等)都要安装在车架上。

汽车上采用的车架有4种类型:边梁式车架、中梁式车架、综合式车架和无梁式车架。目前汽车上多采用边梁式车架和无梁式车架。

2 车架结构

1.边梁式车架

边梁式车架由两根位于两边的纵梁和若干横梁组成,用铆接法或焊接法将纵梁与横梁连接成坚固的刚性构架(图7-1)。

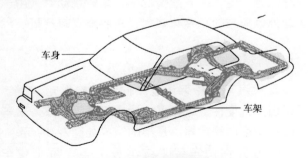

图7-1 边梁式车架

边梁式车架结构简单,便于整车的布置,在各种类型的汽车上都得到广泛应用。

2.中梁式车架

中梁式车架又称脊梁式车架,由一根贯穿汽车纵向的中央纵梁和若干根横向悬伸托架所组成(图7-2)。中梁的断面一般是管形或箱形,其前端做出伸出支架,用以固定发动机。传动轴在中梁内穿过。主减速器壳通常固定在中梁的尾端,形成断开式后驱动桥,中梁上的悬伸托架用以支承汽车车身和安装其他机件。

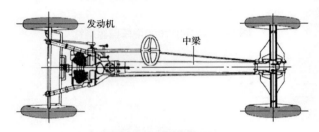

图7-2 中梁式车架

3.综合式车架

综合式车架是由边梁式和中梁式车架结合而成的,如图7-3所示。车架前段或后段近似边梁式结构,便于分别安装发动机或驱动桥。传动轴从中梁中间穿过。这种结构制造工艺复杂,目前应用的不多。

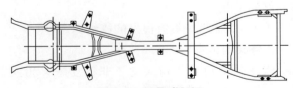

图7-3 综合式车架

4.无梁式车架

部分轿车和客车为减轻自身质量,以车身代替车架,这种车身又称为承载式车身或无梁式车架,图7-4所示为桑塔纳2000型轿车的车身组成件。采用承载式车身的特点是没有车架(大梁),车身就作为发动机和底盘各总成的安装基础,各种载荷全部由车身承受。

轿车车身总成结构主要包括:车身壳体、车门、车窗、车前后钣金件、车身内外装饰件、车身附件、座椅以及通风装置等。车身壳体是一切车身部件和零件的安装基础，由纵、横梁支柱等主要承力元件，以及与它们相连接的钣金件经焊接而共同组成的刚性空间结构。车前后钣金件，包括散热器框架前后围板、发动机罩、前后翼子板、挡泥板等。这些钣金件形成了容纳发动机、车轮等部件的空间。

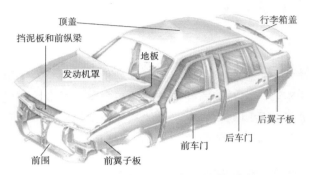

图7-4 桑塔纳2000型车身组成件

二、悬架

1 概述

1.悬架的功用

悬架是车架（或车身）与车桥（或车轮）之间一切传力连接装置的总称。悬架具有如下的功用：

（1）连接车架（或车身）和车轮，把路面作用到车轮的各种力传给车架（或车身）。

（2）缓和冲击、衰减振动，使乘坐舒适，具有良好的平顺性。

（3）保证汽车具有良好的操纵稳定性。

2.悬架的种类

汽车悬架可分为两大类：非独立悬架和独立悬架（图7-5）。

非独立悬架的特点是左右车轮安装在一根整体式车桥两端，车桥则通过悬架与车架相连。当一侧车轮发生位置变化后会导致另一侧车轮的位置也发生变化。

独立悬架的结构特点是车桥做成断开的，每一侧车轮单独通过悬架与车架（或车身）连接。与非独立悬架相比较，汽车采用独立悬架有以下优点：

（1）两侧车轮可以单独运动而互不影响，这样在不平道路上可减少车架和车身的振动，而且有助于消除转向轮不断偏摆的不良现象。

（2）减少了汽车的非簧载质量（即不由弹簧支承的质量）。在道路条件和车速相同时，非簧载质量越小，悬架受到的冲击载荷也就越小，因而采用独立悬架可以提高汽车的平均行驶速度。

（3）由于采用断开式车桥，发动机总成的位置可以降低和前移，使汽车重心下降，因而可提高汽车的行驶稳定性；同时由于赋予了车轮较大的上下运动的空间，故可以将悬架刚度设计得较小，以降低车身振动频率，改善行驶平顺性。

（4）越野汽车全部车轮采用独立悬架还可保证汽车在不平道路上行驶时，所有车轮和路面有良好的接触，从而可增大牵引力；此外，可增大汽车的离地间隙，使汽车的通过性能大大提高。

非独立悬架

独立悬架

图7-5 非独立悬架与独立悬架的示意图

由于具有以上优点，独立悬架被现代汽车广泛采用。但是，独立悬架结构复杂，制造成本高，保养维修不便，在一般情况下，车轮跳动时，由于车轮外倾角与轮距变化较大，轮胎磨损较严重。

2 悬架的结构

现代汽车的悬架虽有不同的结构形式，但一般都由弹性元件、减振器、导向机构等组成，轿车一般还有横向稳定器。悬架的组成如图7-6所示。

弹性元件使车架（或车身）与车桥（或车轮）之间做弹性连接，可以缓和由于不平路面带来的冲击，并承受和传递垂直载荷。减振器可以衰减由于路面冲击产生的振动，使振动的振幅迅速减小。

导向机构包括纵向推力杆和横向推力杆，用于传递纵向载荷和横向载荷，并保证车轮相对于车架（或车身）的运动关系协调。

横向稳定器可以防止车身在转向等情况下发生过大的横向倾斜。

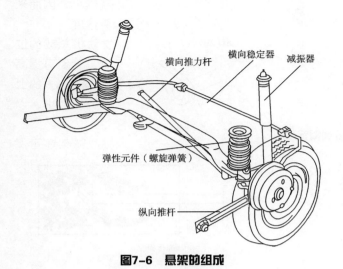

图7-6 悬架的组成

1.弹性元件

汽车上常用的弹性元件包括钢板弹簧、螺旋弹簧、扭杆弹簧和气体弹簧等。

（1）钢板弹簧。钢板弹簧也称叶片弹簧，其结构如图7-7所示，在车桥靠近车架或车身时靠钢板弹簧的弹性形变来起缓冲作用，并在车桥靠近和离开车架或车身的整个过程中，通过各片相互之间的滑动摩擦，部分衰减路面的冲击作用。

一副钢板弹簧通常由很多曲率半径不同、长度不等、宽度一样、厚度相等的弹簧钢板片叠成，在整体上近似等强度的弹性梁。第一片最长的钢板弹簧，称为主片，其两端或一端弯成卷耳状。在钢板弹簧全长内装有2～4个钢板夹。钢板弹簧的中部通过"U"形螺栓和压板与车桥刚性固定，两端用销子铰接在车架的支架和吊耳上。

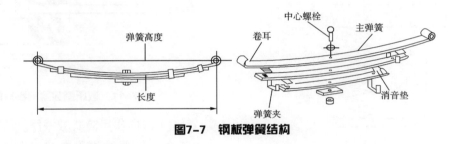

图7-7 钢板弹簧结构

（2）螺旋弹簧。螺旋弹簧广泛应用于独立悬架，有些轿车的后轮非独立悬架也采用螺旋弹簧做弹性元件。螺旋弹簧如图7-8所示，由特殊的弹簧钢棒卷制而成，可以制成圆柱形或圆锥形，也可以制成等螺距或不等螺距式。圆柱形等螺距螺旋弹簧的刚度是不变的，圆锥形或不等螺距螺旋弹簧的刚度是可变的。

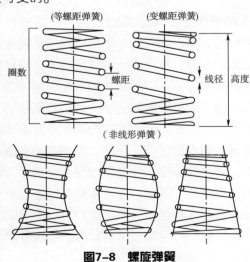

图7-8 螺旋弹簧

螺旋弹簧与钢板弹簧相比，无需润滑，防污能力强，质量小，单位质量的能量吸收率较高。但是，螺旋弹簧本身减振作用很差，因此在螺旋弹簧悬架中，必须另装减振器；螺旋弹簧只能承受垂直载荷，故必须加装导向装置，以传递垂直力以外的各种力和力矩。

（3）扭杆弹簧。扭杆弹簧是一根由铬钒弹簧钢制成的扭杆，如图7-9所示。扭杆一端固定在车架上，另一端固定在悬架的摆臂上，摆臂则与车轮相连。当车轮跳动时，摆臂便绕着扭杆轴线而摆动，使扭杆产生扭转导致弹性变形，以保证车轮与车架的弹性联系。

扭杆弹簧在制造时，经热处理后预先施加一定的扭转力矩，使之产生一个永久的扭转变形，从而使其具有一定的预应力。左、右扭杆的预加扭转的方向都与扭杆安装在车上后承受工作载荷时扭转的方向相同，目的是减少工作时的实际应力，以延长使用寿命。如果左、右扭杆换位安装，则将导致扭杆弹簧的实际工作应力加大，使用寿命缩短。因此，左右扭杆弹簧刻有不同的标记，不可互换。

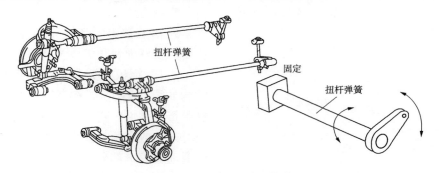

图7-9 扭杆弹簧示意图

2.减振器

（1）减振器的功用及原理。减振器在汽车中的作用是迅速衰减由车轮通过悬架弹簧传给车身的冲击和振动，提高汽车行驶的平顺性能。减振器在汽车悬架中是与弹性元件并联安装的（图7-10）。

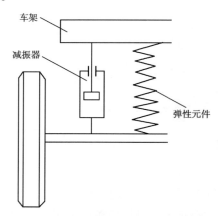

图7-10 减震器和弹性原件的安装示意图

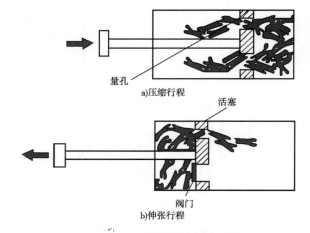

图7-11 液压减振器的基本原理

目前，汽车悬架系统中广泛采用液压减振器，其基本原理如图7-11所示。当车架与车桥作往复的相对运动而使活塞在缸筒内往复移动时，减振器壳体内的油液便反复地从内腔通过一些窄小的孔隙流入另一内腔，此时孔壁与油液间的摩擦及液体分子内的摩擦便形成对振动的阻尼力，使车身和车架的振动能量转化为热能被油液和减振器壳体所吸收，然后扩散到大气中。减振器阻尼力的大小随车架与车桥（或车轮）间相对速度的变化而增减，并且与油液的黏度有关。

阀门越大，阻尼力越小，反之亦然。相对运动速度越大，阻尼力越大，反之亦然。

阻尼力越大，振动的衰减越快，但悬架弹性元件的缓冲效果不能发挥，乘坐也不舒适，因此弹性元件的刚度与减振器的阻尼力要合理搭配，才能保证乘坐舒适性和操纵稳定性的要求。

（2）双向作用筒式减振器。

液力减振器按作用方式可分为双向作用式减振器和单向作用式减振器。双向作用式减振器在伸张行程和压缩行程都具有阻尼减振作用，目前在汽车上应用最广泛。

双向作用筒式减振器如图7-12所示。双向作用筒式减振器在内筒和外筒之间设计了补偿孔，它可以调整油液量以适应活塞杆的移动体积。

如图7-12a）所示：在节流孔①上设置阀门，节流孔②没有阀门。压缩时，阀门①打开，下腔的油液通过节流孔①和②流到上腔，使活塞容易下行。伸张时，阀门①关闭，上腔的油液只能通过节流孔②流回下腔，使活塞上行阻尼增大。这样就实现了减振效果，它可以很快地吸收路面的冲击，但汽车在坏路面上行驶时的行驶平顺性较差。

如图7-12b）所示：在节流孔②上设计阀门②，伸张时油液通过节流孔②，压缩时油液通过节流孔①，因此在压缩和伸张时都受到阻尼力。对于激烈的车身振动，下腔的油液在伸张时通过补偿阀上的节流孔流入补偿腔，产生阻尼力；压缩时补偿阀打开，油液无阻尼地通过补偿阀。补偿腔的上部有氮气，可以被油液压缩。

第七章 车架与悬架

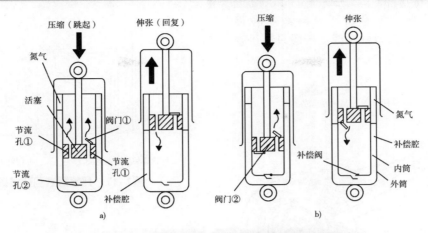

图7-12 双向作用筒式减振器的结构及工作原理

3.横向稳定器

横向稳定器如图 7-13 和图 7-14 所示。横向稳定器利用扭杆弹簧原理,将左右车轮通过横向稳定杆连接起来。在车身倾斜时,稳定杆两边的纵向部分向不同方向偏转,于是横向稳定杆便被扭转。弹性的稳定杆产生的扭转内力矩就阻碍了悬架弹簧的变形,从而减少车身的横向倾斜。

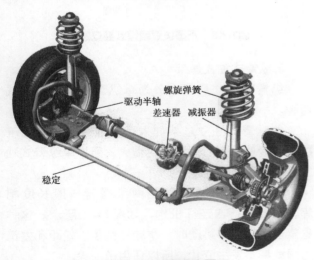

图7-13 横向稳定器

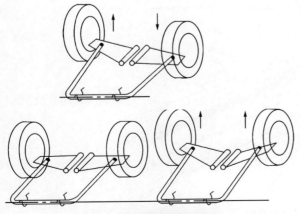

图7-14 横向稳定器的作用

3 非独立悬架

非独立悬架结构简单,工作可靠,一些轿车的后悬架中采用这一结构类型。

按照采用弹性元件的不同,非独立悬架可以分为钢板弹簧式非独立悬架和螺旋弹簧式非独立悬架。

1.钢板弹簧式非独立悬架

如图7-15所示为钢板弹簧式非独立悬架。钢板弹簧中部通过 U 形螺栓(骑马螺栓)固定在前桥上。钢板弹簧的前端卷耳用弹簧销与前支架相连,形成固定式铰链支点,起传力和导向作用;而后端卷耳则用吊耳销与可在车架上摆动的吊耳相连,形成摆动式铰链支点,从而保证了弹簧变形时两卷耳中心线间的距离有改变的可能。

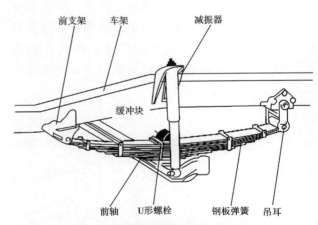

图7-15 钢板弹簧式非独立悬架

减振器的上、下两个吊环通过橡胶衬套和连接销分别与车架上的上支架和车桥上的下支架相连接。盖板上装有橡胶缓冲块,以限制弹簧的最大变形,并防止弹簧直接碰撞车架。

2.螺旋弹簧式非独立悬架

螺旋弹簧式非独立悬架由螺旋弹簧、减振器、纵向推力杆和横向推力杆组成。一般只用于轿车的后悬架，如图7-16所示。

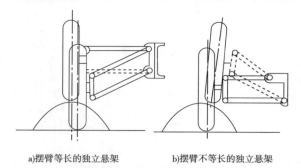

a)摆臂等长的独立悬架　　b)摆臂不等长的独立悬架

图7-17　双横臂式独立悬架示意图

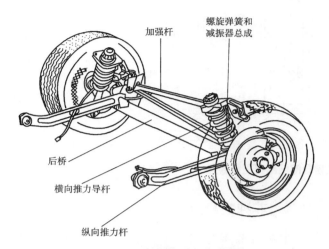

图7-16　螺旋弹簧式非独立悬架

4 独立悬架

1.横臂式独立悬架

横臂式独立悬架分为单横臂式和双横臂式两种，目前单横臂式独立悬架应用较少。

双横臂式独立悬架的两个横摆臂有等长的和不等长的，如图7-17所示。摆臂等长的独立悬架当车轮上下跳动时，虽然车轮平面不倾斜、主销轴线的方向也不发生变化，但轮距发生较大的变化，这将引起车轮的侧滑和轮胎的磨损。而摆臂不等长的独立悬架当车轮上下跳动时，虽然车轮平面、主销轴线、轮距都发生变化，但如果选择长度比例合适，可使车轮和主销的角度及轮距变化不大，这种独立悬架被广泛用在轿车前轮上。图7-18所示为奥迪轿车不等长双横臂式螺旋弹簧独立悬架。

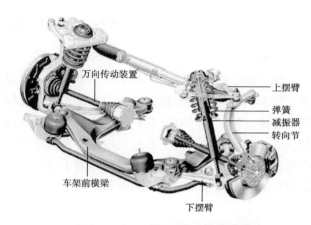

图7-18　不等长双横臂式独立悬架

2.纵臂式独立悬架

纵臂式独立悬架也分为单纵臂式和双纵臂式两种。

单纵臂式独立悬架如果用于前轮，车轮上下跳动时会使主销后倾角变化很大，所以单纵臂式独立悬架都用于后轮。

双纵臂式独立悬架的两纵摆臂一般长度相等，形成平行四连杆机构，如图7-19所示。这种悬架当车轮上下跳动时，车轮外倾角、轮距和主销后倾角都不发生变化，所以适用于前轮。

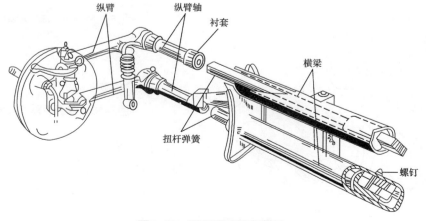

图7-19　双纵臂式独立悬架

3.烛式独立悬架

如图7-20所示为烛式独立悬架,主销的上下两端刚性地固定在车架上。套在主销上的套管固定在转向节上。套管的中部固定装着螺旋弹簧的下支座。筒式减振器的下端与转向节相连,上端与车架相连。悬架的摩擦部分套着防尘罩。通气管与防尘罩内腔相通,以免罩中空气被密封而影响悬架的弹性。

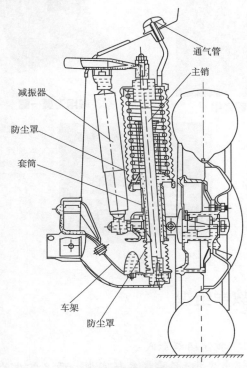

图7-20 烛式独立悬架

其优点是当悬架变形时,主销的定位角不会发生变化,仅轮距、轴距稍有改变;有利于汽车的转向操纵性和行驶稳定性。

缺点是侧向力全部由套筒和主销承受,二者间的摩擦阻力大,磨损严重。因此,这种结构形式目前很少采用。

4.麦弗逊式独立悬架

麦弗逊式悬架是目前前置前驱动轿车和某些轻型客车应用比较普遍的悬架结构形式。如图7-21所示,筒式减振器为滑动立柱,横摆臂的内端通过铰链与车身相连,外端通过球铰链与转向节相连。减振器的上端与车身相连,减振器的下端与转向节相连,车轮所受的侧向力大部分由横摆臂承受,其余部分由减振器活塞和活塞杆承受。筒式减振器上铰链的中心与横摆臂外端球铰链中心的连线为主销轴线,此结构也为无主销结构。当车轮上下跳动时,减振器下支点随前悬架摇臂摆动,故主销轴线角度是变化的,这说明车轮是沿着摆动的主销轴线而运动。

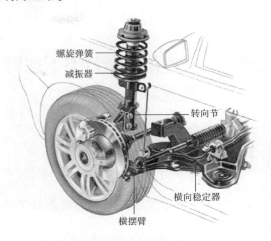

图7-21 麦弗逊式独立悬架

烛式独立悬架和麦弗逊式独立悬架都属于车轮沿主销移动的独立悬架,烛式独立悬架的车轮沿固定不动的主销移动,麦弗逊式独立悬架的车轮沿摆动的主销轴线移动。

5.多连杆式独立悬架

独立悬架中多采用螺旋弹簧,因而对于侧向力、垂直力以及纵向力需增设导向装置,即采用杆件来承受和传递这些力,因而一些轿车上为减轻车重和简化结构采用多连杆式悬架,如图7-22所示。上连杆用上连杆支架与车身(或车架)相连,上连杆外端与第三连杆相连。上连杆的两端都装有橡胶隔振套。第三连杆的下端通过重型止推轴承与转向节连接。下连杆与普通的下摆臂相同,其内端通过橡胶隔振套与前横梁相连接,球铰将下连杆的外端与转向节相连。多杆前悬架系统的主销轴线从下球铰延伸到上面的轴承,它与上连杆和第三连杆无关。

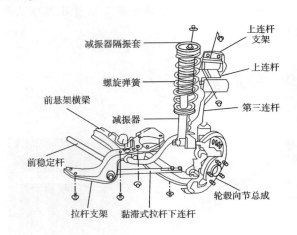

图7-22 多连杆前悬架系统

第二节　常见维修项目

任务一　检查和更换悬架下摆臂及其球头

一、技术标准与要求

（1）安装丰田卡罗拉轿车配套的悬架下摆臂及球头。

（2）更换悬架下摆臂及球头后，必须进行车轮定位测量与调整。

（3）自锁螺母仅作一次性使用，拆卸后更换新品。

（4）相关螺栓（螺母）紧固力矩为：

车轮螺栓力矩103N·m；下摆臂螺栓力矩233N·m；下摆臂球头螺母力矩133N·m；球头定位螺母力矩89N·m

二、实训时间：60min

三、实训教学目标

（1）了解检查和更换悬架下摆臂及其球头的重要性。

（2）熟悉丰田卡罗拉轿车悬架的结构特点。

（3）掌握检查和更换悬架下摆臂及其球头的操作技能。

四、实训器材

扭力扳手

拉器

鲤鱼钳

常用工具一套

撬棒

五、教学组织

（1）教学组织形式：

每辆车安排4名学生参与实训，两名学生为一组。一组操作，一组观察实习。

（2）学生站位分工和要求：

两名学生一组，按照1号、2号进行编号，1号为主，2号辅助。

（3）实训教师职责：

讲解操作步骤和注意事项；下达"操作开始"口令；工位间巡视、检查、指导和纠正错误。

（4）学生职责变换：

两名学生实行职责变换制度，即第一遍1号为主，2号辅助；第二遍2号为主，1号辅助。

六、操作步骤

第一步　事前准备

提示：事前准备的详细操作步骤和规范要求请参阅"第九章任务一检查制动踏板位置中步骤一"，在此不再赘述。

第二步 拆卸前车轮

提示： 拆卸前车轮的详细操作步骤和规范要求，请参阅"第九章任务四检查或更换制动蹄（片）步骤二中拆卸前车轮"，在此不再赘述。

第三步 拆卸下摆臂

1 1号用记号笔在下摆臂与下摆臂球头连接处作装配记号。

提示： 球头的安装位置，决定了车轮定位角度，因此，球头从下摆臂上拆卸之前，应做好相对安装标记，便于球头安装后保持车轮定位角度基本不变。

2 1号使用专用套筒、扭力扳手将下摆臂与下摆臂球头连接的3只螺母拧松。

3 1号使用专用套筒，棘轮扳手将拧松的螺母取下，传递给2号。

4 1号使用专用套筒、扭力扳手将下摆臂与横梁连接的2只螺母拧松。

5 1号使用专用套筒，棘轮扳手将拧松的螺母取下，传递给2号。

6 1号、2号相互配合，2号用双手下压下摆臂外侧，使下摆臂球头螺栓与下摆臂脱开。

7 1号用撬棒将下摆臂撬离横梁。

8 2号将下摆臂放置到操作台上。

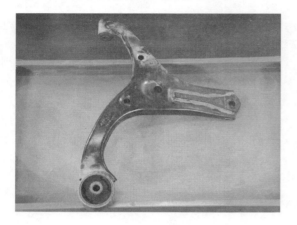

第四步 拆卸下摆臂球头

1 1号使用鲤鱼钳将下摆臂球头紧固螺母的开口销取出。

2 1号使用专用套筒、扭力扳手将下摆臂球头紧固螺母拧松。

3 1号使用专用套筒，棘轮扳手将拧松的螺母取下，传递给2号。

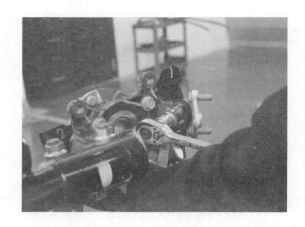

4 1号使用拉器将下摆臂球头脱离转向节。

提示：如果取出比较困难，可用铜锤等软金属器具敲击球头座，使其松动后，便容易取出螺栓。严禁使用铁锤等直接敲击尾部，否则将造成螺栓损伤。

5 2号将拆卸的零件放置到零件车上。

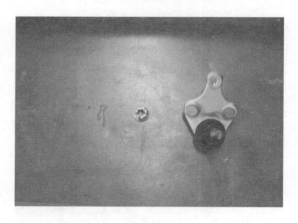

第五步 检查下摆臂及球头

1 1号检查下摆臂是否有碰撞，敲击痕迹及变形现象。

提示：如果有上述损伤，应更换下摆臂。

第七章　车架与悬架

2 1号检查橡胶衬套，是否有偏磨，断裂及橡胶老化现象。

⏱ 提示：如果存在上述损伤，应更换橡胶衬套或下摆臂。

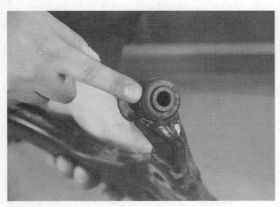

3 1号用手前后左右方向摆动球头销，检查是否有卡滞及阻力过大现象。

⏱ 提示：

（1）如果存在上述现象，应更换球头。
（2）丰田卡罗拉轿车采用免维护球头，无法注油维护。

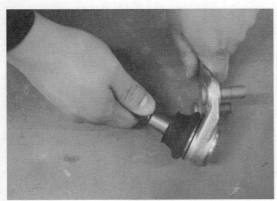

4 1号一手握紧球头壳，一手上下方向推拉球头销，检查球头与球壳之间是否存在明显旷量。

⏱ 提示：如果球头与球壳之间存在明显旷量，应更换球头。

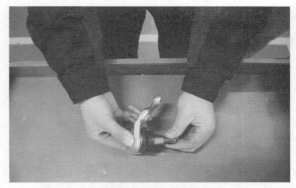

5 1号检查球头的橡胶防护罩，是否有老化，破裂现象。

⏱ 提示：如果球头的橡胶防护罩存在老化，裂纹，应及时更换球头。

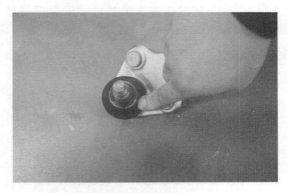

6 1号检查球头螺纹是否损坏。

第六步　安装下摆臂与球头

1 球头底板上加工有2只螺栓和1个螺孔。

2 1号调整底板位置，将球头底板螺栓对准下摆臂螺栓孔，插入下摆臂螺孔中后用手旋入螺母。

提示： 为防止螺栓锈蚀和便于旋入螺母，应在螺栓螺纹上涂抹适量润滑脂。

提示：

（1）为防止螺栓锈蚀和便于旋入螺母，应在螺栓螺纹上涂抹适量润滑脂。

（2）1号、2号应相互配合好对孔位置。

3 1号调整球头底板位置，使安装记号与下摆臂对齐。

提示： 保持球头底板与原安装位置不变，则车轮角度保持基本不变。

2 2号调整悬架位置，1号将球头销套入转向节球头座内。1号将螺母拧上。

提示： 为防止螺栓锈蚀和便于旋入螺母，应在螺纹上涂抹适量润滑脂。

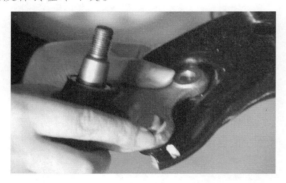

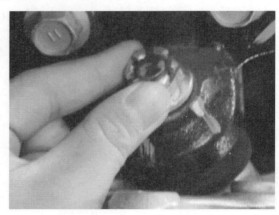

4 1号使用套筒，扭力扳手，将3只固定螺栓拧紧到适当力矩。螺母规定力矩为89N·m。

3 1号使用套筒，扭力扳手，将2只下摆臂与车身支架连接的固定螺栓拧紧到适当力矩。螺母规定力矩为233N·m。

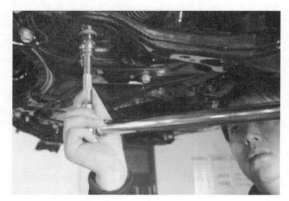

第七步 安装下摆臂、球头总成

1 1号将下摆臂内端两叉插入车身支架内，对齐螺栓孔后，将螺栓穿过支架和叉孔，最后用手旋上螺母。

4 1号使用套筒，扭力扳手，将1只下摆臂球头固定螺栓拧紧到适当力矩。螺母规定力矩为133N·m。

固车轮螺栓。

5 将开口销安装到螺母槽内,并可靠保险。

第八步 安装前车轮

1号、2号配合,将车轮安装到位,并完成紧

!提示:安装、紧固车轮螺栓的详细操作步骤和规范要求,请参阅"第九章任务四检查或更换制动蹄(片)"中步骤六,在此不再赘述。

第九步 整理工位

1号、2号共同拆除护裙、驾驶室内保护罩,清理工具和量具等,清洁地面卫生。

!提示:作业项目完成后,要搞好工位的清扫、整理工作,培养良好的工作习惯。

七、考核标准

考 核 标 准 表

考核时间	序号	考核项目	满分	评分标准	得分
60min	1	作业前整理工位	3	整理遗漏酌情扣分	
	2	工位停车	3	操作不当扣3分	
	3	车辆可靠停驻	3	操作不当扣3分	
	4	拆装前车轮	8	操作不当扣8分	
	5	从转向节上拆卸球头	10	操作不当扣10分	
	6	拆卸下摆臂	10	操作不当扣10分	
	7	工具使用与维护	5	操作不当扣5分	
	8	零部件摆放	5	操作不当扣5分	
	9	下摆臂损伤检查	10	操作不当扣9分	
	10	球头损伤检查	10	操作不当扣9分	
	11	将球头安装到下摆臂上	5	操作不当扣6分	
	12	将球头安装到转向节上	10	操作不当扣10分	
	13	安装下摆臂	15	操作不当扣11分	
	14	作业后整理工位	3	整理遗漏酌情扣分	
	15	遵守相关安全规范		因违规操作造成人身和设备事故的,总分按0分计	
分数合计			100		

任务二　检查和更换前后减振器

一、技术要求与标准

（1）安装丰田卡罗拉轿车配套减振器。
（2）用手推拉减振器活塞杆时，应有较大阻力且阻力均匀无空行程，伸张阻力大于压缩阻力。
（3）减振器轻微渗油时，可以继续使用。若严重漏油，应更换新件。
（4）自锁螺母仅作一次性使用，拆卸后更换新品。
（5）更换前后减振器后必须进行车轮定位测量与调整。

二、实训时间：60min

三、实训教学目标

（1）了解检查和更换减振器的重要性。
（2）熟悉减振器的工作原理。
（3）掌握检查和更换减振器的操作技能。

四、实训器材

减振器弹簧压缩器

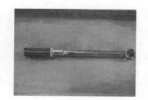
扭力扳手

常用工具一套

五、教学组织

（1）教学组织形式：
每辆车安排4名学生参与实训，两名学生为一组。一组操作，一组观察实习。
（2）学生站位分工和要求：
两名学生一组，按照1号、2号进行编号，1号为主，2号辅助。
（3）实训教师职责：
讲解操作步骤和注意事项；下达"操作开始"口令；工位间巡视、检查、指导和纠正错误。
（4）学生职责变换：
两名学生实行职责变换制度，即第一遍1号为主，2号辅助；第二遍2号为主，1号辅助。

六、操作步骤

第一步　事前准备

提示： 事前准备的详细操作步骤和规范要求请参阅"第九章任务一检查制动踏板位置中的步骤一"，在此不再赘述。

第二步　拆卸前后车轮

提示： 拆卸前后车轮的详细操作步骤和规范要求，请参阅"第九章任务四检查或更换制动蹄（片）中步骤二"，在此不再赘述。

第三步　拆卸稳定杆连杆上球头

1 1号使用工具拧松上球头固定螺母。

第六步　拆卸刮水器总成

2　1号用手拧下上球头固定螺母。

第四步　拆卸轮速传感器线束卡夹

1号使用专用套筒、棘轮扳手将1个轮速传感器线束卡夹从减振器上取下。

提示：不要扭曲轮速传感器线束。

第五步　拆卸制动软管卡夹

1号使用专用套筒、棘轮扳手将1个制动软管卡夹从减振器上取下。

提示：不要扭曲制动软管。

第六步　拆卸刮水器总成

1　1号取下前刮水臂端盖。

提示：注意拆卸时不要破坏油漆。

2　2号将棘爪扳手、接杆、14#套筒传递给1号。

3　1号拆卸前刮水臂螺栓。

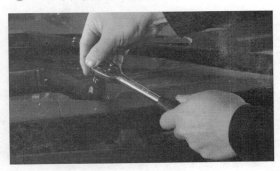

4　取下前刮水臂与刮水片总成。

提示：拆卸时先将刮水臂和刮水片总成拉到垂直位置，然后取下。

5　1号拆卸发动机盖至前围板上的密封条。

6　1号将发动机盖至前围板上的密封条传递给2号。

7　1号拆卸右前围板上通风栅板。

8　1号拆卸左前围板上通风栅板。

9　1号拔下刮水器电机插头

10　2号将棘爪扳手、接杆、10#套筒传递给1号。

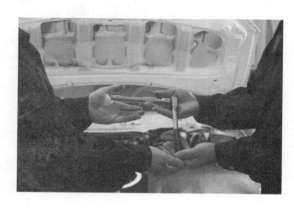

11　1号拆卸风窗玻璃刮水器电动机及连杆总成。

12　1号取下风窗玻璃刮水器电动机及连杆总成。

13　1号将风窗玻璃刮水器电动机及连杆总

成传递给2号。

14 2号将风窗玻璃刮水器电动机及连杆总成放到零件车上。

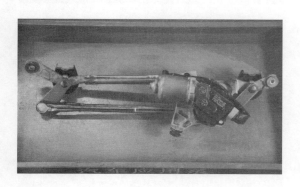

第七步 拆卸前围上外板

1 2号将棘爪扳手、接杆、10#套筒传递给1号。

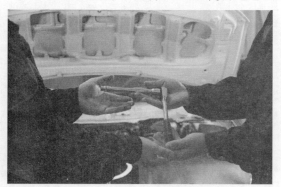

2 1号拆卸前围上外板。

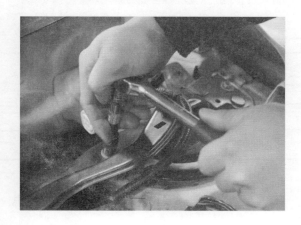

3 1号取下前围上外板。

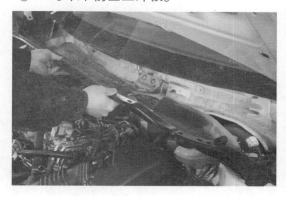

第八步 前轮减振器总成

1 1号使用扭力扳手，拧松前轮减振器与车身的固定螺母。2号接收工具擦拭后摆放到工具车上。

2 1号用手将前轮减振器与车身的固定螺母取下。

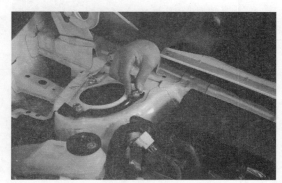

3 1号在下摆臂下安装千斤顶。

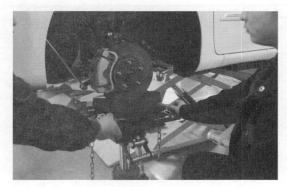

4 2号用千斤顶支撑前桥，1号观察支撑情况。

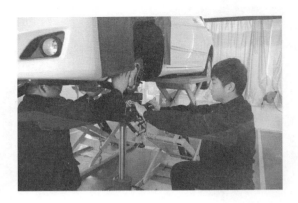

5 1号使用套筒、扭力扳手拧松减振器与转向节上的2只固定螺母。

提示：分2次拧松，零件不易变形。

6 1号使用套筒、棘轮扳手拧下减振器与转向节上的2只固定螺母。

7 2号抽出固定螺栓，1号从转向节上取下减振器总成。

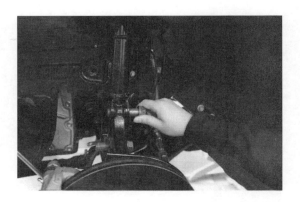

第九步 拆卸后轮减振器总成

1 1号取下行李舱的装饰板固定螺钉。

2 1号拉开行李舱的装饰板。

3 1号右手握住梅花扳手手柄，左手使用专用套筒、棘轮扳手，将减振器活塞杆的固定螺母拧松并旋下。

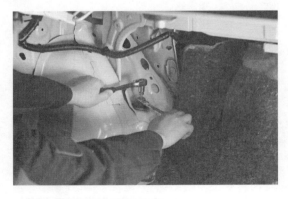

4 1号取下后悬架支座。

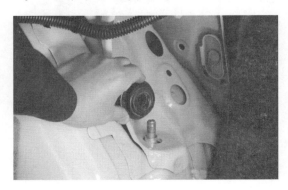

5 2号操纵举升机将车辆举升至适当高度,并可靠锁止举升机。

提示: 举升机的安全操作规范,请参阅"举升机的使用方法",在此不再赘述。

6 1号左手使用梅花扳手固定固定螺栓;1号右手使用专用套筒,扭力扳手,拧松减振器下端固定螺栓的螺母。

7 1号取下螺母后传递给2号。

8 1号取下减振器总成。

提示: 如果减振器总成取下困难时,可用铁锤适当用力敲击减振器下座。

9 2号将减振器总成放到零件车上。

10 1号确认减震器弹簧装配记号。

11 1号用减振器弹簧压缩器夹紧后减振器弹簧,然后取下后减振器弹簧。

提示:

(1)弹簧压缩器由4个拉爪和2根两端螺纹旋向相反的螺杆组成。每根螺杆的两端各旋入1个拉爪,2个拉爪抓于不同螺旋的螺旋杆上。对称安装4个拉爪,旋转螺杆便可以压缩螺旋弹簧。

(2)保证弹簧压缩器安装可靠。

第十步 分解前轮减振器总成

1 1号、2号配合,将前减振器总成固定在台虎钳上。

提示: 2号将减振器上总成拿到台虎钳上,1号将总成夹紧在台虎钳上。

2 1号、2号共同配合将弹簧压缩器对称安装到减振器上的螺栓弹簧上。

> 提示：
> （1）弹簧压缩器由4个拉爪和2根两端螺纹旋向相反的螺杆组成。每根螺杆的两端各旋入1个拉爪，2个拉爪抓于不同螺旋的螺旋杆上。对称安装4个拉爪，旋转螺杆便可以压缩螺旋弹簧。
> （2）保证弹簧压缩器安装可靠。

3 1号、2号各自使用专用套筒及棘轮扳手，同时旋转弹簧压缩器的2跟螺杆，将螺旋弹簧压缩，直到螺旋弹簧与其上下座之间产生一定距离为止。

> 提示：保持螺旋弹簧整体被均匀压缩。否则，螺旋弹簧倾斜，弹簧压缩器脱出，容易造成人身伤害事故发生。

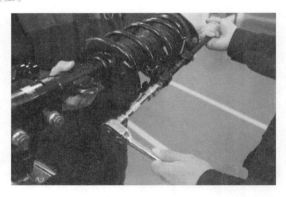

4 1号使用套筒、扭力扳手拧松并旋下前减振器活塞杆固定螺母。

5 1号用手取出前减振器活塞杆固定螺母，并摆放到零件车上。

6 1号依次取下前减震器总成上的各零件并传递给2号，2号将零件摆放到零件车上。

（1）1号取下前悬架支座总成。

（2）1号取下前悬架支座防尘密封圈。

（3）1号取下前螺旋弹簧上座。

（4）1号取下前螺旋弹簧上隔振垫。

（5）1号取下前螺旋弹簧。

（6）1号取下前螺旋弹簧缓冲块。

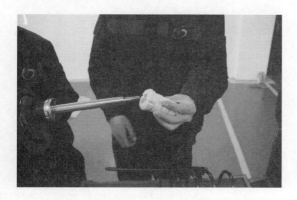

（7）1号取下前螺旋弹簧下隔振垫。

（8）2号将零件摆放到零件车上。

提示：部件及其固定螺母，要整齐摆放在一起，可提高安装效率。

第十一步　检查减振器及相关部件

1　1号检查减振器是否存在漏油现象。

提示：减振器轻微渗油可以继续使用，若严重漏油，必须更换减振器。

2　1号将固定螺母旋到减振器活塞杆上之后，1号、2号相互配合用力拉出活塞杆，然后再推入活塞杆，检查减振器性能。

提示：

（1）性能正常的减振器，当拉出活塞杆时，全行程较大且均匀，无空行程及卡滞现象，伸张行程的阻力应大于压缩行程的阻力。否则，应更换减振器。

（2）减振器不允许添加或更换油液后继续使用。

（3）推拉减振器活塞杆时，应避免伤手。

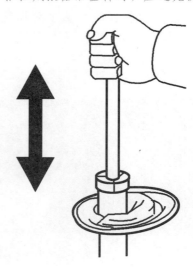

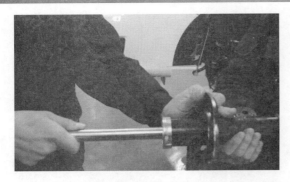

3 检查活塞杆圆面是否有拉伤或划痕等损伤。

提示：如果活塞杆圆面存在上述损伤，应更换减振器。

4 1号检查缓冲块是否有老化、破裂、折断等现象。

提示：如果缓冲块有上述损伤，应该更换新品。

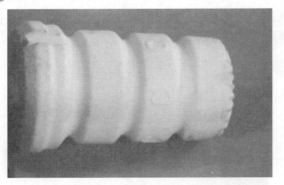

5 1号检查前螺旋弹簧上隔振垫是否有老化、破裂等损伤。

提示：如果前螺旋弹簧上隔振垫有上述损伤，应该更换新品。

6 1号检查前悬架支座总成上的支撑轴承是否有转动卡滞、异响、旷动现象。

提示：如果支撑轴承有上述损伤，应该及时更换新品。

7 1号将螺旋弹簧放置到平台上，检查是否存在塑料变形及表面损伤。

提示：

（1）如果有上述损伤，应该更换新品。

（2）采用新旧弹簧相对照或使用直角尺测量相结合的方法，检查螺旋弹簧的塑性形变。

（3）如果条件允许，进行螺旋弹簧的弹力试验。

第十二步　组装前减振器总成

1 1号、2号共同配合，将螺旋弹簧压缩到适当高度。

提示：

（1）弹簧压缩器的使用方法，请参阅前文使用说明。

（2）保持螺旋弹簧整体被均匀压缩，防止意外伤害事故发生。

2 2号将减振器放置台虎钳上,1号将台虎钳拧紧。

3 1号、2号相互配合,将减振器活塞杆拉至最长位置。

4 1号将前螺旋弹簧下隔振垫安装到位。

提示：：下隔振垫的定位橡胶与减振器螺旋弹簧下座的孔对准安装。

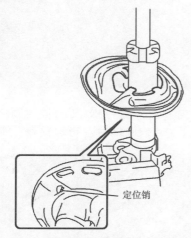

5 1号将缓冲块安装到减振器活塞杆上。

提示： 注意方向,直径大的朝活塞一侧。

6 1号将压缩后的螺旋弹簧安装到弹簧座上。

提示：确保螺旋弹簧可靠落座。螺旋弹簧的初始端要顶在弹簧座的档壁上,这样可防止减振器工作时螺旋弹簧转动。

7 1号将上隔振垫与前螺旋弹簧上座组装好。

提示：上隔振垫的定位橡胶与减振器螺旋弹簧上座上的孔对准安装。

8 1号将组合好的上隔振垫与前螺旋弹簧安装到减振器活塞杆上,然后调整前螺旋弹簧上座,使螺旋弹簧与前螺旋弹簧上座上的弹簧座可靠配合。

提示：

（1）螺旋弹簧有上下座,下座与减振器套筒制成一体,上座即前螺旋弹簧上座。

（2）确保螺旋弹簧与其上下座之间可靠配合,否则,减振器工作时螺旋弹簧会转动,影响垂直方向的力及力矩传递和吸收,导致车辆振动加剧。

9 1号将前悬架支座防尘密封圈套装到活塞杆上。

10 1号将前悬架支座总成安装到减振器活塞杆上。

11 1号将减振器活塞杆上的紧固螺母用套筒、棘轮扳手旋入活塞杆螺纹上。

⚠️提示：

（1）减振器活塞杆上的紧固螺母必须与活塞杆上的螺纹全部结合，不然弹簧松开因螺纹结合不够，紧固螺母易弹出伤人。

（2）减振器活塞杆上的紧固螺母，只做一次性使用，拆卸后应更换新品。

12 1号使用2号传递来的扭力扳手，将减振器活塞杆上的紧固螺母拧紧到适当力矩。螺母规定力矩为47N·m。

13 1号取下弹簧压缩器工具，1号检查螺旋弹簧是否可靠落座，否则，转动螺旋弹簧，确保可靠落座。

⚠️提示：确保螺旋弹簧与其上下座之间可靠配合，否则减振器工作时螺旋弹簧会转动，影响垂直方向的及力矩的传递和吸收，导致车辆震动加剧。

14 1号将台虎钳拧松，2号同时将减震器从台虎钳上取下。

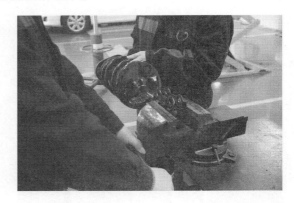

第十三步　安装前轮减振器总成

1 2号拿着减振器安装在转向节上，1号对齐螺纹孔。

2 1号将螺栓穿入螺孔中。

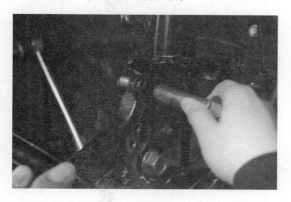

3 1号用套筒、棘轮扳手旋上2只固定螺母。

4 1号使用2号传递来的扭力扳手,将减振器与转向节的紧固螺母拧紧到适当力矩。螺母规定力矩为240N·m。

5 1号、2号调整减振器位置,将前悬架支座总成上的3条螺栓插入车身上的3个螺孔中。

💡 **提示**：安插时,1号、2号配合进行。1号在上方观察指挥,将3条固定螺母拧在螺栓上,2号调整减振器位置。

6 1号用套筒、棘轮扳手旋入固定螺母。2号松开减振器。

7 1号使用专用工具,将前悬架支座总成上的3条螺栓拧紧到适当力矩。螺母规定力矩为50N·m。

8 2号松开千斤顶支撑前桥,1号观察支撑情况。

第十四步　安装稳定杆连杆上球头

1 1号用手拧下上稳定杆连杆上球头固定螺母。

2 1号使用工具拧紧稳定杆连杆上球头固定螺母。最后使用扭力扳手将螺母力矩拧紧至74N·m。

提示： 如果球头转动，无法拧紧。使用内六角扳手将球头固定，同时用梅花扳手将固定螺母拧紧，最后再用扭力扳手将螺母力矩拧紧。

第十五步　安装轮速传感器卡夹

1号使用工具拧紧轮速传感器的卡夹固定螺栓。最后使用扭力扳手将螺母力矩拧紧至29N·m。

第十六步　安装制动软管卡夹

1号使用工具拧紧制动软管卡夹固定螺栓，最后使用扭力扳手将螺母力矩拧紧至29N·m。

第十七步　安装前围上外板

1 1号安装前围上外板。

2 2号将棘爪扳手、接杆、10#套筒传递给1号。

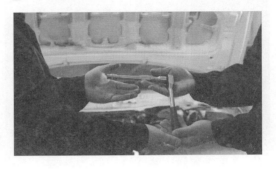

3 1号安装前围上外板。

第十八步　拆卸刮水器总成

1 1号将风窗玻璃刮水器电动机及连杆总成传递给2号。

2 1号安装风窗玻璃刮水器电动机及连杆总成。

第七章 车架与悬架

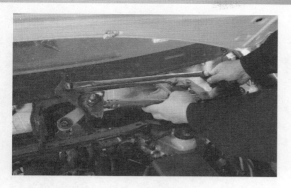

3 2号将棘爪扳手、接杆、10#套筒传递给1号。

4 1号拧紧风窗玻璃刮水器电动机及连杆总成固定螺栓。

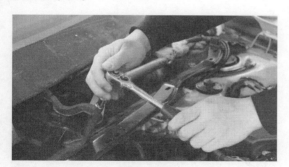

5 1号安装刮水器电机插头。

第十九步 安装后轮减振器总成

1 1号装上后减振器弹簧,并松开弹簧压缩器。

> 提示:此时直接将减振器下座安装到其支架上,非常困难,因此需要下压后桥,增大减振器弹簧上下方位空间。

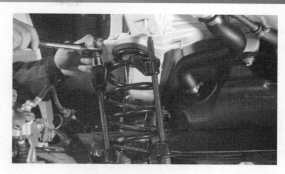

2 2号观察螺旋弹簧是否正确落座于上下弹簧座内,即按图示要求弹簧的装配记号应在弹簧座的范围内。否则,应调整螺旋弹簧位置。

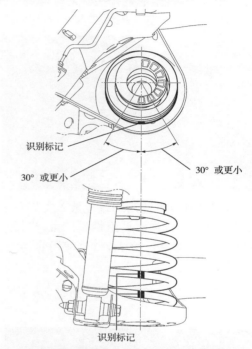

3 1号将减振器活塞杆头部拉到最高位置。

173

4　1号将减振器后缓冲弹簧套在活塞杆上。

5　1号将减振器活塞杆头部对准车身上的螺栓孔后,将减振器活塞杆头部插入螺栓孔中。

6　2号将螺纹涂油后的螺栓放入支架孔中,1号转动螺栓时,2号适时调整螺母位置,当感知螺母已经正确旋到螺栓上之后,1号使用套筒、棘轮扳手,转动螺母。

提示：安装螺栓时比较困难,需要1号和2号共同配合。

7　1号使用套筒、棘轮扳手,将螺栓拧紧到适当力矩。螺母规定力矩为90N·m。

8　适当降低车辆高度后,当活塞杆穿过位于车身上的轴承孔后,1号将后悬架支座、后减震器缓冲垫挡片套装到活塞杆上,然后旋入固定螺母。

（1）1号安装后悬架支座。

（2）1号安装后减震器缓冲垫挡片。

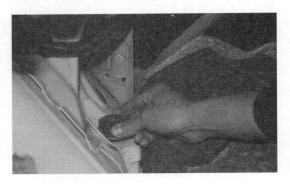

（3）1号旋入固定螺母。

9　1号左手使用专用工具将活塞杆固定；右手使用梅花扳手,将活塞杆固定螺母拧紧到适当力矩。

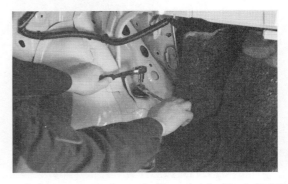

10　1号用专用套筒、扭力扳手将活塞杆固定螺母拧紧到规定扭矩。螺母规定力矩为25N·m。

第七章 车架与悬架

11 1号使用专用工具，装上后减振器装饰盖。

12 2号将工具摆放到工具车上。

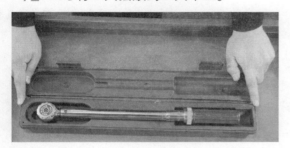

第二十步 安装车轮

提示： 安装、紧固车轮螺栓的详细操作步骤和规范要求，请参阅"第九章"中"任务四 检查或更换制动蹄（片）"中第十步，在此不再赘述。

第二十一步 整理工位

1号、2号共同拆除护裙、驾驶室内保护罩；清理工具和量具等；清洁地面卫生。

提示： 作业项目完成后，要搞好工位的清扫、整理工作，培养良好的工作习惯。

七、考核标准

考 核 标 准 表

考核时间	序号	考核项目	满分	评分标准	得分
60min	1	作业前整理工位	1	整理遗漏酌情扣分	
	2	工位停车	1	操作不当扣1分	
	3	车辆可靠停驻	1	操作不当扣1分	
	4	粘贴翼子板护裙	1	操作不当扣1分	
	5	拆装轮毂固定螺母	5	操作不当扣5分	
	6	拆卸和安装车轮	5	操作不当扣5分	
	7	拆卸和安装前轮制动分泵及制动蹄	6	操作不当扣6分	
	8	拆装轮速传感器	5	操作不当扣5分	
	9	拆卸和安装悬架下摆臂球头	8	操作不当扣8分	
	10	拆卸和安装转向横拉杆球头	6	操作不当扣6分	
	11	压出和安装传动轴	7	操作不当扣7分	
	12	拆卸或安装前减振器总成	12	操作不当扣12分	
	13	拆装和安装后轮减振器总成	12	操作不当扣12分	
	14	分解和组装前轮减振器	10	操作不当扣10分	
	15	分解和组装后轮减振器	8	操作不当扣8分	
	16	检查减振器及相关零部件	10	操作不当扣10分	
	17	作业后整理工位	2	整理遗漏酌情扣分	
	18	遵守相关安全规范		因违规操作造成人身和设备事故的，总分按0分计	
分数合计			100		

任务三　检查和更换前后轮轮毂轴承总成

一、技术标准与要求

（1）安装丰田卡罗拉轿车配套车轮轮毂轴承。
（2）前轮毂轴承轴向间隙≯0.05mm；径向圆跳动≯0.05mm。
（3）后轮毂轴承轴向间隙≯0.05mm；径向圆跳动≯0.07mm。
（4）前轮毂轴承固定螺母拧紧力矩216N·m。
（5）车轮螺栓拧紧力矩103N·m。

常用工具一套

二、实训时间：60min

三、实训教学目标

（1）了解检查和更换前后轮毂轴承总成的重要性。
（2）掌握检查和更换前后轮毂轴承总成的操作技能。

四、实训材料

扭力扳手

拉器

鲤鱼钳

压床

五、教学组织

（1）教学组织形式：
每辆车安排4名学生参与实训，两名学生为一组。一组操作，一组观察实习。
（2）学生站位分工和要求：
两名学生一组，按照1号、2号进行编号，1号为主，2号辅助。
（3）实训教师职责：
讲解操作步骤和注意事项；下达"操作开始"口令；工位间巡视、检查、指导和纠正错误。
（4）学生职责变换：
两名学生实行职责变换制度，即第一遍1号为主，2号辅助；第二遍2号为主，1号辅助。

六、操作步骤

第一步　事前准备

提示：请参阅"第九章任务一检查制动踏板位置中第一步"，在此不再赘述。

第二步　拆卸轮毂固定螺栓

提示：拆卸轮毂固定螺栓的详细操作步骤和规范要求，请参阅"第三章任务　检察或更换传动轴、等速万向节及橡胶护套中第二步"，在此不再赘述。

第三步　拆卸前后车轮

提示：拆卸前后车轮的详细操作步骤和规范要求，

第七章 车架与悬架

请参阅"第九章制动系统任务四检查或更换制动蹄（片）第二步中拆卸前车轮"，在此不再赘述。

2 1号使用高压气枪将轮速传感器周围的脏物吹净。

提示：防止脏物掉入轮速传感器孔中。

第四步 拆卸前轮制动轮缸及制动蹄

提示：拆卸前制动轮缸及制动蹄的详细操作步骤和规范要求，请参阅"第九章任务四检查或更换制动蹄（片）中步骤三"，在此不再赘述。

3 1号取下固定螺栓后，用手拔出轮速传感器。

提示：取下轮速传感器时，严禁使用螺丝刀等类似器具撬动，防止损伤传感器。

第五步 拆卸前制动轮缸的支架

提示：拆卸前制动轮缸的支架的详细操作步骤和规范要求，请参阅"第九章任务五检查或更换制动盘中第五步"，在此不再赘述。

4 1号将轮速传感器固定在悬架上。

第六步 拆卸制动盘

提示：拆卸制动盘的详细操作步骤和规范要求，请参阅"第九章任务五检查或更换制动盘中第六步"，在此不再赘述。

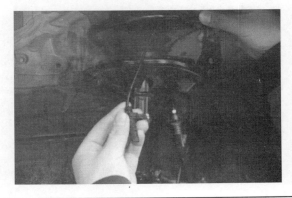

第七步 拆卸轮速传感器

1 1号使用2号传递来的扳手，拧松轮速传感器上的1只固定螺栓。2号接收工具，擦拭后摆放到工具车上。

第八步　拆卸稳定杆连杆上球头

1　1号使用工具拧松上球头固定螺母。

2　1号用手拧下上球头固定螺母。

第九步　拆卸转向横拉杆球头

提示：拆卸转向横拉杆球头的详细操作步骤和规范要求，请参阅"本章任务一检查或更换转向横拉杆球头中第三步"，在此不再赘述。

第十步　拆卸悬架下摆臂球头

1　1号使用鲤鱼钳将下摆臂球头紧固螺母的开口销取出。

2　1号使用专用套筒、扭力扳手将下摆臂球头紧固螺母拧松。

3　1号使用专用套筒、棘轮扳手将拧松的螺母取下，传递给2号。

4　1号使用拉器将下摆臂球头脱离转向节，1号用双手下拉悬架下摆臂，1号、2号配合取出悬架下摆臂球头。

提示：如果取出比较困难，可用铜锤等软金属器具敲击球头座，使其松动后，便容易取出螺栓。严禁使用铁锤等直接敲击尾部，否则将造成螺栓损伤。

第十一步　检查前轮毂轴承总成

1　2号将百分表及磁性表座传递给1号。

提示：百分表是一种精密测量仪器，在传递、使用及存放时，要小心谨慎、规范操作，合理存放，否则，将影响其测量精度。

第七章 车架与悬架

2 1号将百分表座吸附在减振器的适当位置。

⏱ **提示**：确定百分表座安装位置，便于测量轮毂轴承圆跳动量。

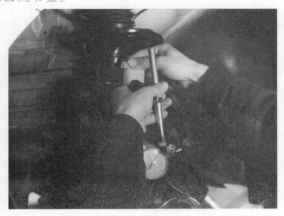

3 1号调整百分表，百分表触头抵住前轮毂测量表面。

⏱ **提示**：
（1）擦净百分表触头。
（2）调整百分表杆，使百分表预压缩1~2mm。
（3）调整测杆与测量面垂直。

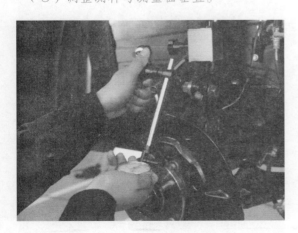

4 1号转动百分表表面，将指针指向"0"刻度线。

⏱ **提示**：为便于记忆指针偏摆量，可以调整百分表表盘，将指针指向"0"刻度线。

5 1号用手缓慢转动制动盘一周，同时观察百分表指针摆动情况。

⏱ **提示**：缓慢转动轮毂，便于观察指针摆动量。

6 1号根据百分表指针的最大偏摆量，计算轮毂轴承端面跳动量。

⏱ **提示**：轮毂轴承端面跳动量的计算方法：
（1）将百分表指针的最大偏摆量，换算成格数。
（2）轮毂轴承端面跳动量（mm）=格数×0.01m。

将测量值与丰田卡罗拉轿车的轮毂轴承端面跳动量允许值对照。如果轮毂轴承的端面跳动量已接近或超过允许值范围，应更换新品。

丰田卡罗拉轿车前轮轮毂轴承的端面跳动量≤0.05mm。

7 1号调整百分表，百分表触头抵住前轮毂测量表面。

⏱ **提示**：
（1）擦净百分表触头。

179

（2）调整百分表杆，使百分表预压缩1~2mm。
（3）调整测杆与测量面垂直。

8 1号转动百分表表面，将指针指向"0"刻度线。

> 提示：为便于记忆指针偏摆量，可以调整百分表表盘，将指针指向"0"刻度线。

9 1号用手缓慢轴向拉动轮毂，同时观察百分表指针摆动情况。

> 提示：缓慢拉动轮毂，便于观察指针摆动量。

10 1号根据百分表指针的最大偏摆量，计算轮毂轴承轴向间隙。

> 提示：轮毂轴承轴向间隙的计算方法：
> （1）将百分表指针的最大偏摆量，换算成格数。
> （2）轮毂轴承轴向间隙（mm）=格数×0.01m。

将测量值与丰田卡罗拉轿车的轮毂轴承轴向间隙允许值对照。如果轮毂轴承轴向间隙已接近或超过允许值范围，应更换新品。

丰田卡罗拉轿车前轮轮毂轴承轴向间隙≤0.05mm。

第十二步 压出传动轴

1 1号使用记号笔在轮毂与传动轴之间做装配记号。

2 2号将拉器传递给1号。

3 1号将拉器的螺杆，旋入轮毂螺栓孔中，然后调整丝杆长度，使丝杆锥端顶住传动轴中心孔，最后将螺杆紧固。

第七章 车架与悬架

4 1号使用2号传递来的梅花扳手，转动拉器上的丝杆，顶出传动轴。

> 提示：
> （1）顶出传动轴时，要保证传动轴的内等速万向节与驱动桥之间有足够的空间。否则，将造成传动轴和万向节损伤。
> （2）拆卸传动轴时，严禁锤击传动轴或加热轮毂。否则，将造成外等速万向节轴损伤或轮毂变形。

第十三步 拆卸前轮减振器总成

1 1号使用扭力扳手，拧松前轮减振器与车身的固定螺母。2号接收工具擦拭后摆放到工具车上。

2 1号用手将前轮减振器与车身的固定螺母取下。

3 1号、2号配合，将前减振器总成放置到零件车上。

> 提示：减振器总成质量较大，在拆卸、搬抬及安装过程中要注意安全，防止掉落砸伤。

第十四步 拆卸前轮毂轴承总成

1 2号将减振器总成拿到台虎钳上，1号将总成夹紧在台虎钳上。

> 提示：
> （1）减振器不要夹得过紧。
> （2）不要使轮速传感器信号盘朝下，防止损坏轮速传感器信号盘。
> （3）不要使轮速传感器信号盘受损或接触异物，防止损坏轮速传感器信号盘。

2 1号使用套筒、扭力扳手拧松轮毂轴承总成与转向节上的4只固定螺栓。

> 提示：对角线拆卸，零件不易变形。

3 1号用套筒、棘轮扳手旋下4只固定螺栓后，取下前轮毂轴承总成。

4 2号将前轮毂轴承总成及其螺母摆放到零件车上。

💡 提示：部件及其固定螺母，要整齐摆放在一起，可提高安装效率。

5 1号将台虎钳松开，同时2号将减振器总成扶住。1号、2号共同将减振器总成摆放到零件车上。

第十五步　拆卸后轮制动轮缸

1号、2号配合拆卸后轮制动轮缸。

💡 提示：拆卸后轮制动轮缸的详细操作步骤和规范要求，请参阅"第九章任务四检查或更换制动蹄（片）中第五步"，在此不再赘述。

第十六步　拆卸后轮制动蹄（片）

1号、2号配合拆卸后轮制动蹄（片）。

💡 提示：拆卸后制动蹄（片）的详细操作步骤和规范要求，请参阅"第九章任务四检查或更换制动蹄（片）中第五步"，在此不再赘述。

第十七步　拆卸后制动轮缸支架

1号、2号配合拆卸后轮制动轮缸支架。

💡 提示：拆卸后轮制动轮缸的支架的详细操作步骤和规范要求，请参阅"第九章任务五检查或更换制动盘中第八步"，在此不再赘述。

第十八步　拆卸后轮制动盘

1号、2号配合拆卸后轮制动盘。

💡 提示：拆卸后轮制动盘的详细操作步骤和规范要求，请参阅"第九章任务五检查或更换制动盘中第九步"，在此不再赘述。

第十九步　断开后轮速传感器线束

1 1号用螺丝刀从后轮轮速传感器上断开连接器护罩。

💡 提示：不要损坏轮速传感器。

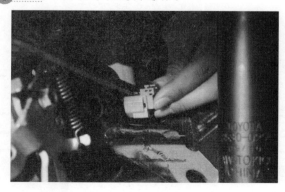

2 1号将后轮轮速传感器连接器护罩从后轮轮速传感器连接器上移开。

第七章 车架与悬架

提示: 不要损坏轮速传感器导线。

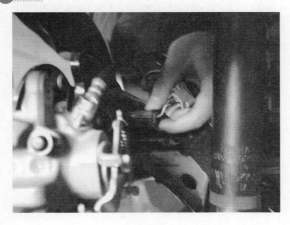

3 1号用手将后轮轮速传感器连接器断开。

提示: 不要损坏轮速传感器。

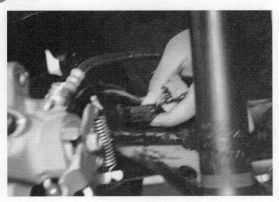

第二十步 检查后轮轮毂轴承总成

1 2号将百分表及磁性表座，传递给1号。

提示: 百分表是一种精密测量仪器，在传递、使用及存放时，要小心谨慎、规范操作，合理存放，否则，将影响其测量精度。

2 1号将百分表座，吸附在减振器的适当位置。

提示: 确定百分表座安装位置，以便于测量轮毂轴承圆跳动量为标准。

3 1号调整百分表，百分表触头抵住后轮毂测量表面。

提示:
（1）擦净百分表触头。
（2）调整百分表杆，使百分表预压缩1~2mm。
（3）调整测杆与测量面垂直。

4 1号转动百分表表面，将指针指向"0"刻度线。

提示: 为便于记忆指针偏摆量，可以调整百分表表盘，将指针指向"0"刻度线。

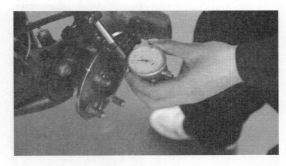

5 1号用手缓慢转动制动盘一周，同时观察百分表指针摆动情况。

提示: 缓慢转动轮毂，便于观察指针摆动量。

6 1号根据百分表指针的最大偏摆量，计算轮毂轴承端面跳动量。

提示：轮毂轴承端面跳动量的计算方法：

（1）将百分表指针的最大偏摆量，换算成格数。

（2）轮毂轴承端面跳动量（mm）=格数×0.01m。

将测量值与丰田卡罗拉轿车的轮毂轴承端面跳动量允许值对照。如果轮毂轴承的端面跳动量已接近或超过允许值范围，应更换新品。

丰田卡罗拉轿车后轮轮毂轴承的端面跳动量≤0.07mm。

7 1号调整百分表，百分表触头抵住后轮毂测量表面。

提示：

（1）擦净百分表触头。

（2）调整百分表杆，使百分表预压缩1~2mm。

（3）调整测杆与测量面垂直。

8 1号转动百分表表面，将指针指向"0"刻度线。

提示：为便于记忆指针偏摆量，可以调整百分表表盘，将指针指向"0"刻度线。

9 1号用手缓慢轴向拉动轮毂，同时观察百分表指针摆动情况。

提示：缓慢拉动轮毂，便于观察指针摆动量。

10 1号根据百分表指针的最大偏摆量，计算轮毂轴承轴向间隙。

提示：轮毂轴承轴向间隙的计算方法：

（1）将百分表指针的最大偏摆量，换算成格数。

（2）轮毂轴承轴向间隙（mm）=格数×0.01m。

将测量值与丰田卡罗拉轿车的轮毂轴承轴向间隙允许值对照。如果轮毂轴承轴向间隙已接近或超过允许值范围，应更换新品。

丰田卡罗拉轿车后轮轮毂轴承轴向间隙≤0.05mm。

第二十一步　拆卸后轮轮毂轴承总成

1 2号将套筒、扭力扳手传递给1号。

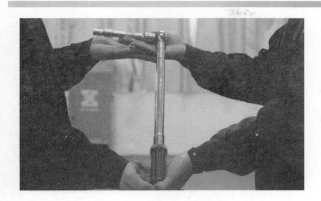

2 1号使用套筒、扭力扳手拧松后轮毂轴承总成与后车桥的4只固定螺栓。

3 1号用套筒、棘轮扳手旋下4只固定螺栓后,取下后轮毂轴承总成。

4 2号将后轮毂轴承总成及其螺母摆放到零件车上。

💡 提示:部件及其固定螺母,要整齐摆放在一起,可提高安装效率。

第二十二步　安装前轮毂轴承总成

1 1号在图示位置每处涂上0.1～0.3g润滑脂。

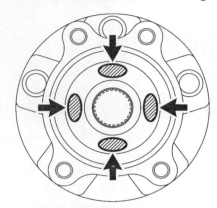

2 2号将新的轮毂轴承总成拿到台虎钳上,1号将其夹紧。

💡 提示:
（1）前轮毂轴承总成不要夹得过紧。
（2）不要使轮速传感器信号盘朝下。
（3）不要使轮速传感器信号盘受损或接触异物。

3 1号将挡泥板安放在轮毂轴承总成上。

4 2号拿着前轮毂轴承总成，1号配合对准减振器总成与前轮毂轴承总成连接的螺孔。

5 1号将4只螺栓用手拧入螺孔中。

⚠提示：对孔比较困难，1号、2号应相互配合好。

6 2号继续扶着减振器总成，1号使用扭力扳手，将4只螺栓拧紧到适当力矩。螺母规定力矩为96N·m。

7 1号松开台虎钳，2号将减振器总成从台虎钳取下，放置在工具车上。

⚠提示：

（1）不要使轮速传感器信号盘朝下，防止损坏轮速传感器信号盘。

（2）不要使轮速传感器信号盘受损或接触异物，防止损坏轮速传感器信号盘。

第二十三步　安装前轮减振器总成

1 2号托起减振器总成。

2 1号、2号调整减振器位置，将前悬架支座总成上的3条螺栓插入车身上的3只螺孔中。

⚠提示：安插时，1号2号配合进行。1号在上方观察指挥，将3只固定螺母拧在螺栓上，2号调整减振器位置。

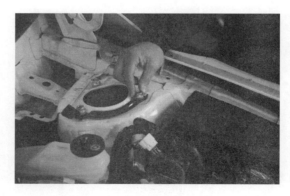

3 1号用套筒、棘轮扳手旋入固定螺母，2号松开减振器。

4 1号使用专用工具,将前悬架支座总成上的3条螺栓拧紧到适当力矩。螺母规定力矩为50N·m。

5 2号调整减振器位置,1号对齐拆卸时做的装配记号,将万向节轴插入轮毂的螺孔中。

提示:安插时,1号2号配合进行。1号观察、指挥对孔,2号调整减振器位置。

6 1号用手将螺母旋入万向节轴螺纹上。

提示:用手旋入螺母,可有效保证对正螺纹。严禁使用工具直接拧入螺母,一旦螺纹歪斜,将造成螺母和轴的损坏。

第二十四步 安装转向横拉杆球头

1 2号调整减振器位置,1号将球头销轴插入承孔内。

2 1号将球头固定螺母用手旋到球头销轴上。

提示:

(1)球头固定螺母,仅作一次性使用,拆卸后更换新品。

(2)用手旋入螺母,确保对正螺纹。严禁使用工具直接旋入螺母,容易造成螺纹损伤。

3 1号使用2号传递来的扭力扳手,将螺母拧紧到适当力矩。螺母规定力矩为49N·m。

4 将开口销安装到螺母槽内,并可靠保险。

第二十五步　安装悬架下摆臂球头

1　2号下拉悬架下摆臂，1号调整球头销轴和转向节的相对位置，使销轴对正转向节上的承孔，将销轴安装到承孔内。

提示：安装球头时，1号、2号要配合默契，用力大小应适当。

2　1号使用工具拧紧下摆臂球头紧固螺母，最后使用扭力扳手将螺母力矩拧紧至133N·m。

3　将开口销安装到螺母槽内，并可靠保险。

第二十六步　安装稳定杆连杆上球头

1　1号用手拧下上稳定杆连杆上球头固定螺母。

2　1号使用工具拧紧稳定杆连杆上球头固定螺母，最后使用扭力扳手将螺母力矩拧紧至74N·m。

提示：使用内六角扳手将球头固定，同时用梅花扳手将固定螺母拧紧，最后再用扭力扳手将螺母拧紧。

第二十七步　安装轮速传感器

1　1号使用棉纱，擦净轮速传感器触头。

提示：保持轮速传感器触头洁净，保证触发信号可靠产生。

2 1号将轮速传感器插入转向节上的安装孔中。

3 1号用工具旋入传感器固定螺栓。

4 1号将轮速传感器的导线安装到减振器的支架上。

第二十八步　安装前轮制动盘及制动轮缸支架

提示：安装前轮制动盘及制动轮缸支架的详细操作步骤和规范要求，请参阅"第九章任务五检查或更换制动盘中第十步"，在此不再赘述。

第二十九步　安装前轮制动蹄及制动轮缸

提示：安装前轮制动蹄及制动轮缸的详细操作步骤和规范要求，请参阅"第九章任务四检查或更换制动蹄（片）中第八步"，在此不再赘述。

第三十步　安装后轮毂轴承总成

1 2号将挡泥板安放在轮毂轴承总成的座孔上，1号将轮毂轴承总成安放上去。

提示：轮速传感器连接头朝上安装。

2 2号拿着后轮毂轴承总成对准与后车桥连接的螺孔。1号用专用套筒、接杆将4条螺栓分别拧入螺孔。

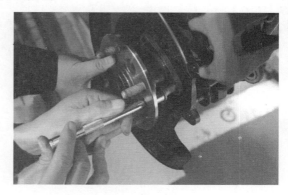

3 1号将4条螺栓用专用套筒、棘轮扳手拧入螺孔中。

提示：
（1）对孔比较困难，1号、2号应相互配合好。
（2）4条螺栓不能重复使用，应使用新螺栓。

4 1号使用扭力扳手，将4条螺栓拧紧到适当力矩。螺母规定力矩为90N·m。

第三十一步　安装后轮制动盘及制动轮缸支架

提示：安装后轮制动盘及制动轮缸支架的详细操作步骤和规范要求，请参阅"第九章任务五检查和更换制动盘中第十一步"，在此不再赘述。

第三十二步　安装后轮制动蹄及制动分泵

提示：安装后轮制动蹄及制动分泵的详细操作步骤和规范要求，请参阅"第九章任务四检查和更换制动蹄（片）中第九步"，在此不再赘述。

第三十三步　安装车轮

提示：安装、紧固车轮螺栓的详细操作步骤和规范要求，请参阅"第九章任务四检查和更换制动蹄（片）中第六步"，在此不再赘述。

第三十四步　紧固轮毂固定螺母

1　1号使用扭力扳手、套筒，将轮毂固定螺母的力矩拧紧至216N·m。

提示：轮毂固定螺母要按照规定力矩拧紧，否则，将给行车安全带来严重危险。

2　1号使用凿子、榔头将轮毂固定螺母锁紧。

3　1号将2号传递来的车轮装饰罩，对正定位销和定位孔后，安装到车轮承座上。

第三十五步　整理工位

1号、2号共同拆除护裙、驾驶室内保护罩；清理工具和量具等；清洁地面卫生。

提示：作业项目完成后，要搞好工位的清扫、整理工作，培养良好的工作习惯。

七、考核标准

考 核 标 准 表

考核时间	序 号	考核项目	满 分	评分标准	得 分
60min	1	作业前整理工位	1	整理遗漏酌情扣分	
	2	打开并支撑机舱盖	1	操作不当扣1分	
	3	安装汽车保护罩	1	操作不当酌情扣分	
	4	拧松或紧固轮毂固定螺母	5	操作不当扣5分	

续上表

考核时间	序号	考核项目	满分	评分标准	得分
60min	5	拆装车轮	5	操作不当扣5分	
	6	拆装前轮制动分泵和制动蹄	5	操作不当扣5分	
	7	拆装前轮制动分泵支架	4	操作不当扣4分	
	8	部件摆放	2	操作不当酌情扣分	
	9	工具维护与摆放	2	操作不当酌情扣分	
	10	拆装前轮制动盘	3	操作不当扣3分	
	11	拆装轮速传感器	3	操作不当扣3分	
	12	拆装下摆臂球头	6	操作不当扣6分	
	13	拆装转向横拉杆上球头	5	操作不当扣5分	
	14	拆装左右半轴	5	操作不当扣5分	
	15	拆装前轮减振器总成	7	操作不当扣7分	
	16	拆装后轮制动盘	3	操作不当扣6分	
	17	检查前、后轮轮毂轴承总成	7	操作不当扣4分	
	18	取出或安装前轮轮毂总成	9	操作不当扣7分	
	19	取出或安装后轮轮毂轴承总成	8	操作不当扣10分	
	20	检查后轮轮毂轴承总成	4	操作不当扣4分	
	21	拆装后轮制动分泵支架	8	操作不当扣8分	
	22	拆装后轮制动分泵	5	操作不当扣5分	
	23	作业后整理工位	1	整理遗漏酌情扣分	
	24	遵守相关安全规范		因违规操作造成人身和设备事故的，总分按0分计	
分数合计			100		

任务四　检查汽车悬架组件固定螺栓紧固情况

一、技术标准与要求

（1）汽车悬架固定螺栓拧紧力矩符合规定要求。

（2）前车架螺栓紧固顺序为前左→后左→后右→前右。

（3）汽车悬架相关固定螺栓拧紧力矩：
①前稳定杆连杆上、下球节螺母74N·m。
②前减震器活塞杆固定螺母47N·m。
③前减震器与转向节固定螺母240N·m。
④前减震器上部与车身固定螺母50N·m。
⑤前下摆臂与横梁固定螺母233N·m。
⑥前下摆臂与前下球节固定螺母89N·m。
⑦前下球节固定螺母133N·m。
⑧左、右前悬架横梁前支架固定螺母87N·m。
⑨左、右前悬架横梁加强件96N·m。
⑩前悬架横梁总成与车身固定螺栓145N·m；前悬架横梁总成与发动机支架固定螺栓95N·m；前悬架横梁总成与发动机支架固定螺母93N·m。
⑪左、右前悬架横梁后支架与前悬架横梁总成固定螺栓145N·m；与车身固定螺栓93N·m。
⑫后减震器活塞杆固定螺母25N·m。
⑬后减震器下部固定螺母90N·m。
⑭后悬架横梁总成与车身固定螺栓135N·m。
⑮后纵梁支架总成固定螺栓54N·m。

二、实训时间：20min

三、实训教学目标

（1）了解检查汽车悬架固定螺栓紧固情况的重要性。
（2）熟悉汽车悬架的作用和类型。
（3）掌握检查汽车悬架固定螺栓紧固情况的操作技能。

四、实训材料

扭力扳手

一字螺栓刀

常用工具一套

五、教学组织

（1）教学组织形式：

每辆车安排4名学生参与实训，两名学生为一组。一组操作，一组观察学习。

（2）学生站位分工和要求：

两名学生一组，按照1号、2号进行编号，1号为主，2号为辅。

（3）实训教师职责：

讲解操作步骤和注意事项；下达"操作开始"口令；工位间巡视、检查、指导和纠正错误。

（4）学生职责变换：

两名学生实行职责交换制度，即第一遍1号为主，2号为辅助；第二遍2号为主，1号为辅助。

六、操作步骤

第一步 事前准备

提示：事前准备的详细操作步骤和规范要求请参阅"第九章任务一检查制动踏板位置中步骤一"，在此不再赘述。

第二步 检查前后减振器活塞杆固定螺栓

1 1号取下前减振器活塞杆固定螺母的螺母盖。

2 2号将扭力扳手调好力矩后传给1号。

3 1号使用扭力扳手检查活塞杆固定螺母紧固情况，螺母拧紧力矩为47N·m。

提示：检查固定螺栓紧固情况时，应使用扭力扳手。其使用方法是：

（1）旋松活动套筒的固定螺栓。

（2）转动活动套筒，使活动套筒前边缘与固定套筒上的某一刻度线对齐，该刻度线标注有相对应的扭矩值。

（3）旋紧活动套筒的固定螺栓。当螺栓力矩达到预设力矩时，扭力扳手的棘轮滑转，螺栓紧固力矩不再增加。

第七章 车架与悬架

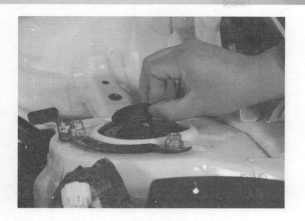

4 1号将螺母盖安装到减振器上。

5 2号接收工具,擦拭后摆放到工具车上。

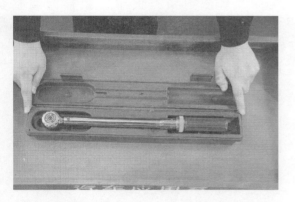

6 1号取下行李舱的装饰板固定螺钉。

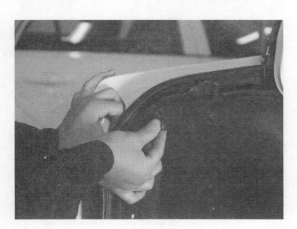

7 1号拉开行李舱的装饰板。

8 2号将扭力扳手调好力矩后传递给1号。

提示:预紧力的调整方法请参照前文。

9 1号使用扭力扳手,检查后减振器活塞杆固定螺母紧固情况,螺母拧紧力矩为25N·m。

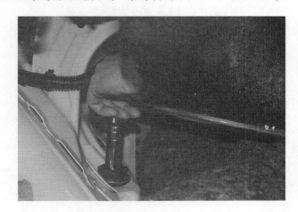

10 1号使用专用工具,装上后减振器装饰盖。

193

11 2号接收工具，擦拭后摆放到工具车上。

第三步 检查下摆臂及其球头固定螺栓

1 2号操纵举升机，将车辆举升至适当高度，并可靠锁止举升机。

提示：

（1）举升机的操作要领和规范要求，请参阅"举升机的使用方法"，在此不再赘述。

（2）举升或降落车辆时，强调安全确认口令"正常"、"举升车辆"，防止意外情况发生。

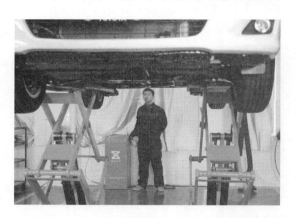

2 2号将套筒、接杆、扭力扳手组合后传递给1号。

3 1号将扭力扳手的预紧力调整到89N·m。

提示： 预紧力的调整方法请参照前文。

4 1号使用扭力扳手检查左、右各3条下摆臂固定螺栓紧固程度。

5 1号使用扭力扳手，预紧力调整到133N·m，检查左、右各1只前下球节固定螺母紧固程度。

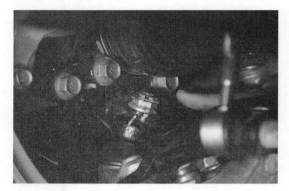

6 1号将扭力扳手的预紧力调整到233N·m，检查左、右各2只前下摆臂与横梁的固定螺母的紧

固程度。

第四步 检查横向稳定杆固定螺栓

1 1号将扭力扳手的预紧力调整到74N·m，检查左、右各1只前稳定杆连杆下球节螺母的紧固程度。

提示：如果球节转动，应使用内六角扳手，与梅花扳手配合拧紧。

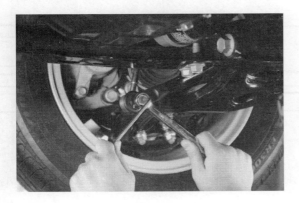

2 1号将扭力扳手的预紧力调整到87N·m，检查左、右前悬架横梁前支架固定螺母的紧固程度。

提示：

（1）左前悬架横梁前支架固定螺母按B、C、D、A顺序检查。

（2）右前悬架横梁前支架固定螺母按B、C、D、A顺序检查。

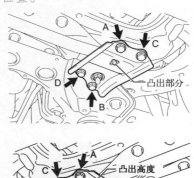

第五步 检查前车车架固定螺栓

1号将扭力扳手的预紧力调整到96N·m，检查左、右前悬架横梁加强件的8条固定螺栓的紧固程度。

提示：检查固定螺栓紧固顺序为：后左→后右→前左→前右。

2 1号将扭力扳手的预紧力调整到145N·m，检查前悬架横梁总成与车身固定螺栓的2条固定螺栓的紧固程度。

3 1号将扭力扳手的预紧力调整到95N·m，检查前悬架横梁总成与发动机支架固定螺栓的2条固定螺栓的紧固程度。

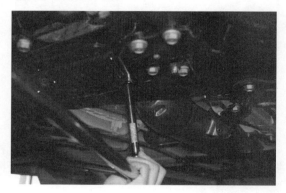

4 1号将扭力扳手预紧力调整到93N·m，检查前悬架横梁总成与发动机支架固定螺母的2条固定螺母的紧固程度。

5 1号将扭力扳手的预紧力调整到145N·m，检查左、右前悬架横梁后支架与前悬架横梁总成固定螺栓的2条固定螺栓的紧固程度。

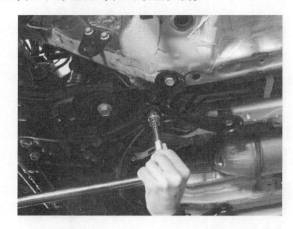

6 1号将扭力扳手的预紧力调整到93N·m，检查左、右前悬架横梁后支架与车身固定螺栓的4条固定螺栓的紧固程度。

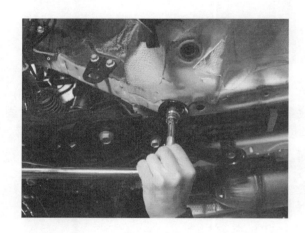

第六步　检查后车架固定螺栓

1 1号将扭力扳手的预紧力调整到135N·m，检查后悬架横梁总成与车身的2条固定螺栓的紧固程度。

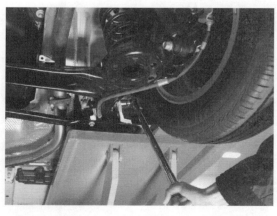

2 1号将扭力扳手的预紧力调整到90N.m，

第七章 车架与悬架

检查后减震器下部固定螺母的紧固程度。

3 2号接收工具,擦拭后工具摆放到工具车上。

4 2号操作举升机将车辆降落到地面上。

⏱提示:举升机操作规范,请参阅"举升机的使用方法",配合口令"正常"、"举升",防止意外情况发生。

第七步 整理工位

1、2号共同拆除驾驶室内的保护罩,清理工具和量具等,清洁地面卫生。

⏱提示:作业项目完成后,要搞好工位的清扫、整理工作。培养良好的工作习惯。

七、考核标准

考核标准表

考核时间	序号	考核项目	满分	评分标准	得分
20min	1	作业前整理工位	3	整理遗漏酌情扣分	
	2	工位停车	3	停车不当扣3分	
	3	车辆可靠停驻	3	操作不当扣3分	
	4	粘贴翼子板护裙	4	操作不当扣4分	
	5	打开支撑机舱盖	3	操作不当扣3分	
	6	检查前后减振器活塞杆固定螺栓	9	操作不当扣9分	
	7	扭力扳手的预紧力调整方法	6	操作不当扣6分	
	8	拆装活塞杆固定螺母的方法	6	操作不当扣6分	
	9	检查下摆臂及球头固定螺栓紧固情况	15	操作不当扣15分	
	10	检查稳定杆固定螺栓紧固情况	8	操作不当扣8分	
	11	检查前车架固定螺栓紧固情况	12	操作不当扣12分	
	12	检查后车架固定螺栓紧固情况	10	操作不当扣10分	
	13	举升或降落车辆	8	操作不当扣8分	
	14	工具维护和使用	6	操作不当扣6分	
	15	作用后整理工位	4	整理遗漏酌情扣分	
	16	遵守相关安全规范		因违规操作造成人身和设备事故的,总分按0分计	
分数合计			100		

第八章 转向系统

第一节 需用知识

一、概述

1. 转向系统的功用

转向系是指由驾驶人操纵，能实现转向轮偏转和回位的一套机构。转向系的功用是按照驾驶人的意愿改变汽车的行驶方向和保持汽车稳定地沿直线行驶。

2. 转向系统的分类及基本组成

汽车转向系按转向动力源的不同分为机械转向系和动力转向系两大类。

机械转向系以驾驶人的体力作转向动力源，系统的所有传动件都是机械的，如图8-1所示。

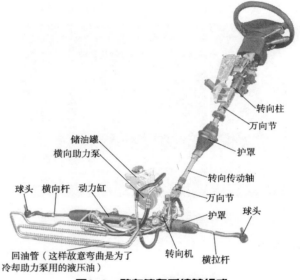

图8-2 动力转向系统的组成

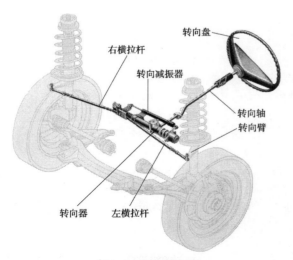

图8-1 机械转向系

动力转向系统是兼用驾驶人体力和发动机（或电动机）的动力作为转向能源的转向系统。动力转向系统是在机械转向系统的基础上加设一套转向加力装置而形成的，如图8-2所示。

3. 转向理论

1. 转向系角传动比

转向系角传动比是指转向盘的转角与转向盘同侧的转向轮偏转角的比值，一般用 i_w 表示。转向系角传动比是转向器角传动比 i_1 和转向传动机构角传动比 i_2 的乘积。转向器角传动比是转向盘转角和转向摇臂摆角之比。转向传动机构角传动比是转向摇臂摆角与同侧转向轮偏转角之比。

2. 转向盘的自由行程

转向盘在空转阶段的角行程，这主要是由于转向系各传动件之间的装配间隙和弹性变形所引起的。由于转向系各传动件之间都存在着装配间隙，而且这些间隙将随零件的磨损而增大，因此在一定的范围内转动转向盘时，转向节并不马上同步转动，而是在消除这些间隙并克服机件的弹性变形后，才做相应的转动，即转向盘有一空转过程。

转向盘自由行程对于缓和路面冲击及避免驾驶人过于紧张是有利的，但过大的自由行程会影响转向灵敏性。

3. 转向时车轮运动规律

汽车转向时，内侧车轮和外侧车轮滚过的距离是不等的。为保证转向过程中车轮做纯滚动，要求所有车轮的轴线都交于一点方能实现。此交点 O 称为汽车的转向中心，如图8-3所示。

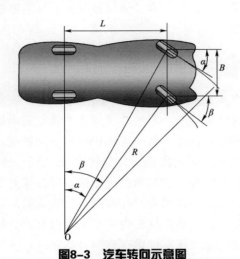

图8-3 汽车转向示意图

4. 转向特性

驾驶人将转向盘转过一定角度后固定，保持汽车以某一稳定车速开始转向，可能出现以下几种转向特性，如图8-4所示。

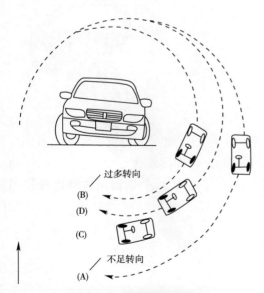

图8-4 汽车转向特性

不足转向：偏离圆周轨迹向外运动，且转弯半径越来越大。

过多转向：偏离圆周轨迹向内运动，且转弯半径越来越小。

中性转向：沿着圆周轨迹运动。

交变转向：最初偏离轨迹向外运动，过一段时间后突然开始向内运动。

对于不足转向，汽车转弯半径越来越大，这种运动状态和人的运动感觉一致。对于过多转向，转弯半径越来越小，这和人的运动感觉不一致，转弯时驾驶人重心向内倾斜，使驾驶人难以往回打转向盘。因此除了特殊的赛车，一般都将汽车设计成具有轻微的不足转向特性。交变转向特性只极少地应用于后置发动机的汽车。

二、机械转向系统

汽车机械转向系统由转向操纵机构、机械转向器和转向传动机构三大部分组成。

1 机械转向器

转向器是转向系中的降速增矩传动装置，其功用是增大由转向盘传到转向节的力，并改变力的传动方向。

转向器传动效率是指转向器输出功率与输入功率之比。当功率由转向盘输入，从转向摇臂输出时，所求得的传动效率称为正传动效率；反之，转向摇臂受到道路冲击而传到转向盘的传动效率则称为逆效率。

按转向器中的传动副的结构形式分，可以分为循环球式、齿轮齿条式、蜗杆曲柄指销式、蜗杆滚轮式等几种。

按传动效率的不同，转向器还可以分为可逆式转向器、极限可逆式转向器和不可逆式转向器。

1. 齿轮齿条式转向器

齿轮齿条式转向器分两端输出式和中间（或单端）输出式两种，如图 8-5 所示。齿轮齿条式转向器采用一级传动副，主动件是齿轮，从动件是齿条。

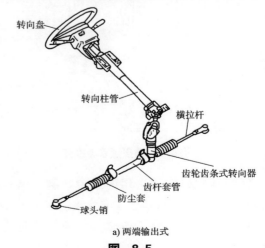

a) 两端输出式

图 8-5

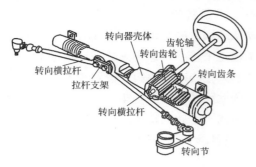

b) 中间输出式

图8-5　齿轮齿条式转向器结构形式

齿轮齿条式转向器是利用齿轮顺时针或逆时针方向的转动带动齿条左右移动，再通过横拉杆推动转向节，达到转向的目的，如图8-6所示。齿轮齿条式转向器结构简单，可靠性好，便于独立悬架的布置；同时，由于齿轮齿条直接啮合，转向灵敏、轻便，在各类型汽车上的应用越来越多。

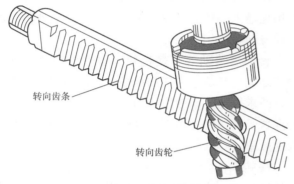

图8-6　齿轮齿条传动原理

2. 循环球式转向器

循环球式转向器由侧盖、底盖、壳体、钢球、带齿扇的垂臂轴、圆锥轴承、制有齿形的螺母、转向螺杆等组成，如图8-7所示。

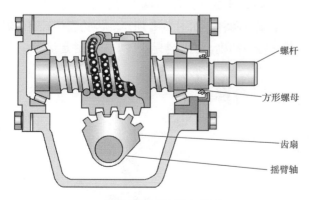

图8-7　循环球式转向器

循环球式转向器采用两级传动副，第一级是螺杆与螺母，第二级是齿条与齿扇。

循环球式转向器工作时，转向螺杆转动，在摩擦力的作用下，所有钢球在螺母与螺杆之间形成"球流"，并推动齿形螺母沿螺杆轴线前后移动，然后通过齿条带动齿扇摆动，并使摇臂轴旋转，带动摇臂摆动，最后由传动机构传至转向轮，使转向轮偏转以实现转向。

循环球式转向器的最大优点是传动效率高、操纵轻便，且工作可靠、使用寿命长。其主要缺点是结构复杂、制造精度要求高，且逆效率也高。

2 转向操纵机构

汽车转向操纵机构主要由转向盘、转向轴、转向柱管等组成。它的功用是产生转动转向器所必需的操纵力，并具有一定的调节和安全性能。

汽车的转向操纵机构如图8-8所示。转向轴是连接转向盘和转向器的传动件，并传递它们之间的转矩。转向柱管安装在车身上，转向轴从转向柱管中穿过，支承在柱管内的轴承和衬套上。转向盘利用键和螺母将其固定在转向轴的轴端。

轿车的转向操纵机构要求转向柱管必须装备能够缓和冲击的吸能装置。转向轴和转向柱管吸能装置的基本工作原理是：当转向轴受到巨大冲击而产生轴向位移时，通过转向柱管或支架产生塑性变形、转向轴产生错位等方式，吸收冲击能量。

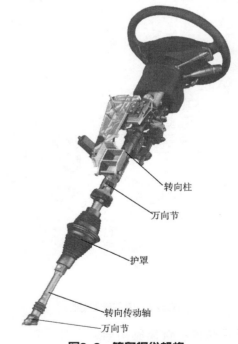

图8-8　转向操纵机构

3 转向传动机构

转向传动机构的功用是将转向器输出的力和运动传给转向轮，使两侧转向轮偏转以实现汽车转向，并保证左右转向轮的偏转角按一定关系变化。

第八章 转向系统

1. 转向摇臂

如图 8-9 所示为常见转向摇臂的结构形式。循环球式转向器和蜗杆曲柄指销式转向器通过转向摇臂与转向直拉杆相连。转向摇臂的大端用锥形三角细花键与转向器中摇臂轴的外端连接，小端通过球头销与转向直拉杆作空间铰链连接。

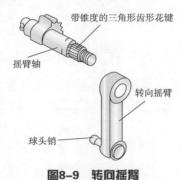

图8-9 转向摇臂

2. 转向直拉杆

如图 8-10 所示为汽车的转向直拉杆，它是连接转向摇臂和转向节臂的杆件，具有传力和缓冲作用。在转向轮偏转且因悬架弹性变形而相对于车架跳动时，转向直拉杆与转向摇臂及转向节臂的相对运动都是空间运动，为了不发生运动干涉，三者之间的连接件都是球形铰链。

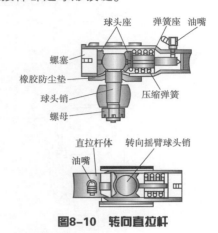

图8-10 转向直拉杆

3. 转向横拉杆

如图 8-11 所示为转向横拉杆示意图，由横拉杆体和两个旋装在两端的拉杆接头组成。其特点是长度可调，通过调整横拉杆的长度，可以调整前轮前束。

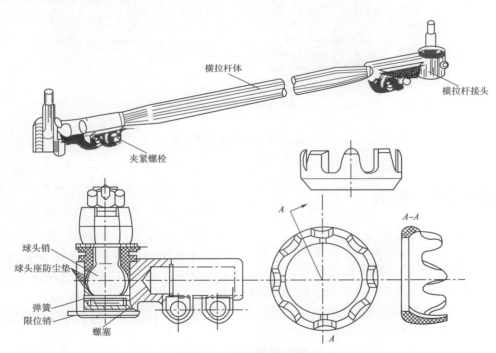

图8-11 转向横拉杆示意图

如图 8-12 所示为断开式转向桥的横拉杆总成。转向器齿条的两端制有内螺纹。转向横拉杆的内端装有带螺纹的球头，并将其旋入齿条中。横拉杆的外端也通过螺纹与横拉杆接头连接，并用螺母锁紧。横拉杆接头外端通过球头销与转向节连接。松开锁紧螺母，转动转向横拉杆（左右两侧横拉杆的转动量应相同）可以调整前轮前束。

4. 转向减振器

为了衰减由于道路不平而传递给转向盘的冲击、振动，防止转向盘打手，稳定汽车行驶方向，许多轿车均装有转向减振器。转向减振器一端与车身（或前桥）铰接，另一端与转向直拉杆（或转向器）铰接。转向减振器的结构如图 8-13 所示，其工作原理与悬架中的减振器相类似。减振器泄漏时，不能加油，只能更换。

201

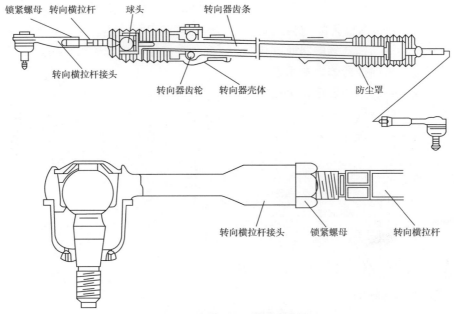

图8-12 断开式转向桥的横拉杆

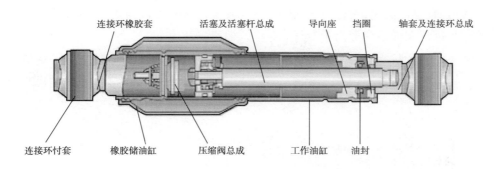

图8-13 转向减振器结构

三、液压动力转向系统

为了减轻驾驶人的疲劳强度，改善转向系统的技术性能，目前很多汽车都采用了动力转向装置。采用动力转向的汽车转向时，所需的能量在正常情况下，只有小部分是驾驶人提供的体能，而大部分是发动机驱动转向油泵旋转，将发动机输出的部分机械能转化为压力能。并在驾驶人控制下，对转向传动装置或转向器中某一传动件施加不同方向的随动渐进压力，从而实现转向。

1 动力转向装置的分类

动力转向装置按传能介质的不同，可以分为气压式和液压式两种。

液压式动力转向装置按液流形式，可分为常压式和常流式两种。

根据转向加力装置的零部件布置和连接组合方式的不同，可以分为整体式动力转向系、半整体式动力转向系和组合式动力转向系三种。

液压式动力转向装置按其转向控制阀阀芯的运动力式，还可分为滑阀式和转阀式两种形式。

2 液压式动力转向系的组成及原理

动力转向装置由机械转向器、转向控制阀（转阀式）、转向动力缸以及将发动机输出的部分机械能转换为压力能的转向油泵（或空气压缩机）、转向油罐等组成，如图8-14所示为别克凯越轿车的动力转向系统。转向油泵安装在发动机上，由曲轴通过皮带驱动运转向外输出油压，转向油罐有进、出油管接头，通过油管分别和转向油泵和转向控制阀联接。动力转向器为整体式动力转向器，其转向控制阀用以改变油路。

第八章 转向系统

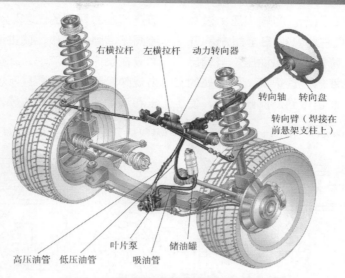

图8-14 别克凯越轿车液压动力转向系统

1. 液压动力转向装置

液压常流转阀式转向控制阀的结构如图 8-15 所示。转向控制阀的转子安装在转向齿轮轴上，在其中间插入控制阀扭杆并固定。在转向齿轮上部有控制阀体，它和控制阀扭杆相连。控制阀体和转向油泵相通，且在其两端有与动力缸相通的阀门孔，由其所处位置决定是否向动力缸供油。转向盘转动时，根据控制阀扭杆的扭转量提供相应的油压辅助力。转向油泵的供油压力由转向控制阀控制。高压油经过控制阀内的空隙进入动力活塞两端，使活塞左右运动，带动转向齿条运动。

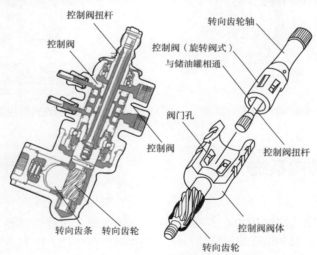

图8-15 转向控制阀的结构

动力转向装置的工作原理如图 8-16 所示。转向盘旋转时，带动控制阀扭杆旋转，使控制阀缸体旋转，阀门孔打开，开始供油。当转向盘转角很大时，控制阀扭杆转角大，进入动力缸的油液多，推动动力活塞运动，从而减轻转向操纵力。高速时，转向角转角小，进入动力缸的油液很少，转向操纵力大。当进入动力缸的油液流量很大时，过剩油液通过电磁阀流回储油罐。当转向盘停止旋转时，阀门孔被关闭，动力活塞两端的油压相同。

2. 转向油泵

转向油泵是动力转向装置的动力源，其功用是将发动机的机械能变为驱动转向动力缸工作的液压能，再由转向动力缸输出的转向力，驱动转向车轮转向。

转向油泵的结构类型有多种，常见的有齿轮式、转子式和叶片式。目前最常用的是双作用叶片式转向油泵，其工作原理如图 8-17 所示。当发动机带动油泵逆时针旋转时，叶片在离心力的作用下紧贴在定子的内表面上，工作容积开始由小变大，从吸油口吸进油液，而后工作容积由大变小，压缩油液，经压油口向外供油。再转180°，又完成一次吸压油过程。

油泵的转子是通过发动机驱动或电动机驱动的，工作时油压及流量的变化是通过安全阀和溢流阀来实现的，如图 8-18 所示。当输出压力过高时，这个压力传到溢流阀右侧，使安全阀左移开启，高压油流回进油腔，降低了输出油压。当输出油量过大时，节流孔处油液的流速很高，但该处的压力很小，此压力经横向油道传到溢流阀右侧，使节流阀左右两侧的压差增大，在压差的作用下，节流阀压缩弹簧右移，使进油道和出油道相同，部分油液在泵内循环流动，减少了出油量。当这两个阀出现弹簧过软、折断或不密封时，将会导致油泵油压和流量不足而出现故障。

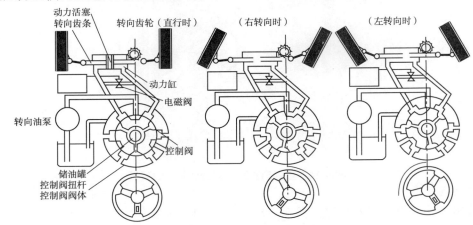

图8-16 动力转向系统工作原理

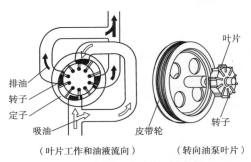

图8-17 双作用叶片泵的结构及工作原理

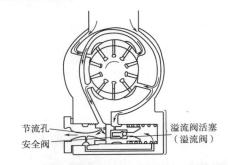

图8-18 双作用卸荷式叶片泵结构、原理示意图

四、电子控制动力转向系统

电子控制动力转向系统（Electronic Control Power Steering，简称EPS）可分为液压式电控动力转向系统和电动式电子控制动力转向系统等多种形式。

1 液压式电控动力转向系统

液压式电子控制动力转向系统是在传统的液压动力转向系统的基础上增设了电子控制装置而构成的，根据控制方式的不同，可分为流量控制式、反力控制式和阀灵敏控制式三种形式。本部分仅介绍反力控制式电控动力转向系统。

2 电动式电控动力转向系统

电动式动力转向系统的基本组成如图 8-19 所示，主要由转矩传感器、转角传感器、车速传感器、电动机、电磁离合器、减速机构、电子控制单元等组成。

电动式动力转向系统的基本原理是根据汽车行驶速度（车速传感器输出信号）及转矩、转向角信号，由 ECU 控制电动机及减速机构产生助力转矩，使汽车在低、中和高速下都能获得最佳的转向效果。

电动机连同离合器和减速齿轮一起，通过一个橡胶底座安装在左车架上。电动机的输出转矩由减速齿轮增大，并通过万向节、转向器中的助力小齿轮把输出转矩送至齿条，向转向轮提供转矩。

电子控制单元 ECU 根据各传感器的信号确定助力转矩的幅值和方向，并且直接控制驱动电路去驱动电动机。转矩传感器、转角传感器和汽车速度传感器等为助力转矩的信号源。

根据电动机布置位置的不同，直接助力式电动转向系统可以分为转向轴助力式、齿轮助力式和齿条助力式三种类型，如图8-20所示。

第八章 转向系统

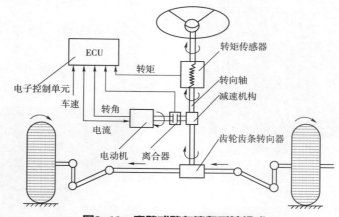

图8-19 电动式动力转向系的组成

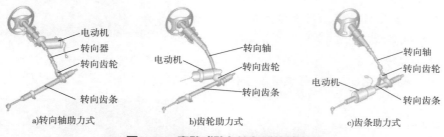

图8-20 电动式动力转向系统的类型

第二节 常见维修项目

任务一 检查和更换转向横拉杆球头

一、技术标准与要求

（1）安装丰田卡罗拉轿车配套防尘罩、转向横拉杆及其球头。

（2）更换转向横拉杆及球头后，必须进行车轮定位的测量与调整。

（3）自锁螺母只做一次性使用，拆卸后更换新品。

（4）相关螺栓规定拧紧力矩：
① 横拉杆螺栓 74N·m
② 横拉杆球头螺母 49N·m

二、实训时间：30min

三、实训教学目标

（1）了解检查和更换防尘罩、转向横拉杆及其球头的重要性。

（2）熟悉丰田卡罗拉转向传动机构的组成。

（3）掌握检查和更换防尘罩、转向横拉杆及其球头的操作技能。

四、实训器材

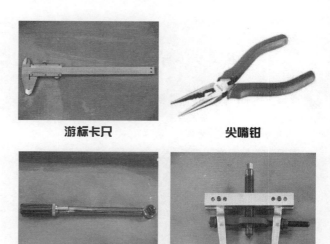

游标卡尺　　尖嘴钳

扭力扳手　　拉器

鲤鱼钳

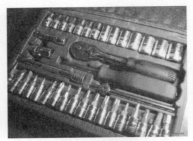
常用工具一套

五、教学组织

（1）教学组织形式：

每辆车安排4名学生参与实训，两名学生为一组。一组操作，一组观察学习。

（2）学生站位分工和要求：

两名学生一组，按照1号、2号进行编号，1号为主，2号辅助。

（3）实训教师职责：

讲解操作步骤和注意事项；下达"操作开始"口令；工位间巡视、检查、指导和纠正错误。

（4）学生职责变换：

两名学生实行职责变换制度，即第一遍1号为主，2号辅助；第二遍2号为主，1号辅助。

六、操作步骤

第一步　事前准备

提示：事前准备的详细操作步骤和规范要求，请参阅"第九章任务一检查制动踏板位置中步骤一"，在此不再赘述。

第二步　拆卸前车轮

提示：拆卸前车轮的详细操作步骤和规范要求，请参阅"第九章任务四检查和更换制动蹄（片）中第二步"，在此不再赘述。

第三步　拆卸转向横拉杆球头

1　1号用尖嘴钳取下转向横拉杆球头固定螺母的开口销。

2　1号使用扭力扳手，拧松转向横拉杆球头固定螺母。2号接收工具擦拭后摆放到工具车上。

3　1号手旋下球头固定螺母，并传递给2号。2号将螺母摆放到零件车上。

提示：球头固定螺母，只作一次性使用，拆卸后更换新品。

4　2号将球头拆卸工具传递给1号。

提示：

（1）使用专用工具压出球头即安全又省力，同时可避免机件损伤。

（2）拆卸球头时，严禁锤击球头销轴及转向节臂否则，将导致销轴螺纹损伤和转向节臂变形。

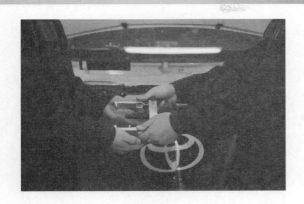

5　1号将球头拆卸工具,固定在球头销和转向节上。

! 提示:球头拆卸工具的使用方法:
(1)调整丝杆长度,使拉爪抓住转向节边沿。
(2)旋入丝杆,使压头与球头销端面接触。
(3)使用工具旋入丝杆,将球头销压出承孔。

6　1号一手扶住球头拆卸工具,另一手使用梅花扳手旋入丝杆,直到压出球头为止。

! 提示:拆卸球头时,应注意:
(1)球头拆卸工具连接可靠。
(2)要保持压头与球头销端面接触良好。
(3)缓慢旋转丝杆。
(4)用手扶住拆卸工具,防止掉落砸伤。

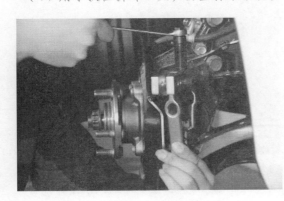

7　球头取出后,1号取下拆卸工具。2号将拆卸工具,擦拭后摆放到工具车上。

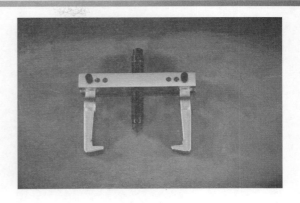

第四步　拆卸转向横拉杆球头总成

1　1号使用游标卡尺,测量连接杆上的锁紧螺母至防尘套夹箍的距离。2号将数据记录。

2　1号左手使用开口扳手固定横拉杆球头总成,右手使用另外的开口扳手拧松连接杆上的锁紧螺母。

! 提示:拧松连接杆两端锁紧螺母时,严禁使用已严重磨损的开口扳手。

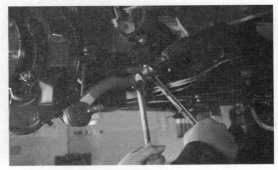

3　1号将转向横拉杆球头总成从横拉杆连接杆上旋下。

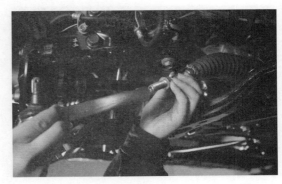

4 2号将转向横拉杆球头总成摆放到操作台上。

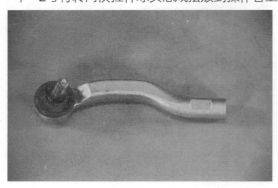

第五步 拆卸转向器防尘罩

1 1号使用鲤鱼钳将防尘罩与横拉杆连接杆上的外夹箍取下。

2 1号使用鲤鱼钳将防尘罩与方向机总成壳体上的内夹箍取下。

3 1号用手取下防尘罩，2号接收防尘罩摆放到零件车上。

第六步 检查转向横拉杆球头

1 1号检查球头销及杆球头的螺纹损伤情况。

提示：如果球头销或杆球头的螺纹出现明显损伤，应更换球头总成。

2 1号检查球头的防尘罩是否有橡胶老化、破裂等损伤。

提示：如果防尘罩已老化破裂，将会加剧球头磨损，应提前更换球头总成。

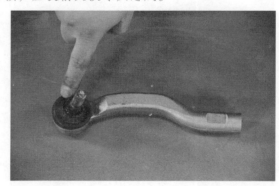

3 1号一手握紧球碗，一手上下方向推拉球头销，检查转向球头的磨损情况。

提示：如果球头与球碗之间存在明显旷量，应更换球头总成。

第七步 检查转向器防尘罩

1号检查转向器的防尘罩，是否有橡胶老化，裂纹及折断等损伤。

第八章 转向系统

⚠️ 提示：如果转向器防尘罩存在上述损伤，应更换新品，否则，将导致润滑脂流失及磨料进入转向器，使转向器磨损加速。

第八步 检查转向横拉杆及连接杆

1 1号检查横拉杆是否有明显变形损伤。

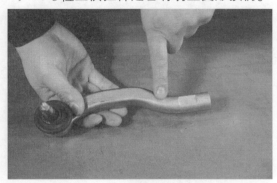

2 连接杆球节是否松旷。

3 横拉杆与方向机结合部位是否漏油。

第九步 安装转向器防尘罩

1 1号将适量润滑脂加注到转向器连接杆球节上。

2 1号将防尘罩套在方向机总成壳体上，将内夹箍安装牢靠。

3 1号将防尘罩的外沿安装到位，将外夹箍安装牢靠。

第十步 安装转向横拉杆球头

1 1号用左手固定连接杆，右手将球头总成拧入连接杆。

2 1号使用游标卡尺测量连接杆上的锁紧螺母至防尘套夹箍的距离。要求与拆卸时一致。

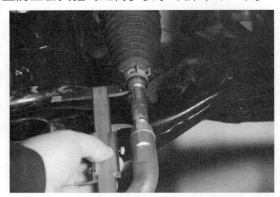

3 1号左手使用开口扳手固定横拉杆球头总成，右手使用另外的开口扳手拧紧连接杆上的锁紧螺母。

!提示：拧紧连接杆两端锁紧螺母时，严禁使用已严重磨损的开口扳手。

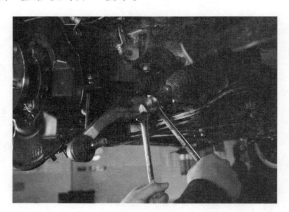

4 2号调整减振器位置，1号将球头销轴插入承孔内。

5 1号将球头固定螺母用手旋到球头销轴上。

!提示：
（1）球头固定螺母，仅作一次性使用，拆卸后更换新品。
（2）用手旋入螺母，确保对正螺纹。严禁使用工具直接旋入螺母，容易造成螺纹损伤。

6 1号使用2号传递来的扭力扳手，将螺母拧紧到适当力矩。螺母规定力矩为49N·m。

7 将开口销安装到螺母槽内，并可靠保险。

第十一步　安装前车轮

1号、2号配合，将车轮安装到位，并紧固车轮螺栓。

!提示：安装、紧固车轮螺栓的详细操作步骤和规范要求，请参阅"第九章任务四检查和更换制动蹄（片）中步骤六"，在此不再赘述。

第十二步　整理工位

1号、2号共同拆除护裙、驾驶室内保护罩，清理工具和量具等，清洁地面卫生。

> **提示**：作业项目完成后，要搞好工位的清扫、整理工作，培养良好的工作习惯。

七、考核标准

考核标准表

考核时间	序号	考核项目	满分	评分标准	得分
60min	1	作业前整理工位	3	整理遗漏酌情扣分	
	2	工位停车	2	操作不当扣2分	
	3	车辆可靠停驻	2	操作不当扣2分	
	4	粘贴翼子板护裙	3	操作不当扣3分	
	5	打开支撑机舱盖	2	操作不当扣2分	
	6	安装汽车保护罩	2	操作不当扣2分	
	7	拆装前车轮	4	操作不当扣4分	
	8	拆卸转向器防尘罩	5	操作不当扣5分	
	9	拆卸球头总成	8	操作不当扣8分	
	10	检查转向球头	6	操作不当扣6分	
	11	检查转向横拉杆及连接杆	6	操作不当扣6分	
	12	检查转向器防尘罩	6	操作不当扣6分	
	13	安装转向横拉杆及其球头	9	操作不当扣9分	
	14	安装转向器防尘罩	6	操作不当扣6分	
	15	安装转向球头	6	操作不当扣6分	
	16	零部件摆放	4	操作不当扣4分	
	17	举升或降落车辆	4	操作不当扣4分	
	18	工具维护与使用	4	操作不当扣4分	
	19	作业后整理工位	3	整理遗漏酌情扣分	
	20	遵守相关安全规范		因违规操作造成人身和设备事故的，总分按0分计算	
分数合计			100		

任务二　检查转向系的间隙及固定螺栓紧固情况

一、技术标准与要求

（1）汽车转向系的固定螺栓拧紧力矩符合规定要求。
（2）转向盘自由行程为30mm。
（3）汽车转向系相关固定螺栓拧紧力矩：
①转向机与横梁的紧固螺栓138N·m。
②横拉杆左、右接头总成与转向机总成的紧固螺母74N·m。
③横拉杆左、右球节的紧固螺母49N·m。

二、实训时间：30min

三、实训教学目标

（1）了解检查转向系的间隙及固定螺栓紧固情况的重要性。
（2）熟悉转向系的两大类型。
（3）掌握检查转向系的间隙及固定螺栓紧固情况的操作技能。

四、实训器材

扭力扳手

钢直尺

常用工具一套

五、教学组织

（1）教学组织形式：

每辆车安排4名学生参与实训，两名学生为一组。一组操作，一组观察学习。

（2）学生站位分工和要求：

两名学生一组，按照1号、2号进行编号，1号为主，2号为辅助。

（3）实训教师职责：

讲解操作步骤和注意事项；下达"操作开始"口令；工位间巡视、检查、指导和纠正错误。

（4）学生职责变换：

两名学生实行职责变换制度，即第一遍1号为主，2号为辅助；第二遍2号为主，1号为辅助。

六、操作步骤

第一步　事前准备

> 提示：事前准备的详细操作步骤和规范要求，请参阅"第九章任务一检查制动踏板位置中步骤一"，在此不再赘述。

第二步　转向系的间隙检查

1 1号进入驾驶室，左右转动转向器后，使车轮在直线行驶位置，右手拿直尺，左手转动转向盘；2号观察车轮转动情况，当车轮稍有转动，连接发出"停止转向"口令，1号读出空行程数值。

> 提示：
> （1）丰田卡罗拉轿车，转向盘自由行程为30mm。
> （2）如果转向盘有空行程，则证明转向系存在松旷量，应作进一步检查，确定产生松旷量部位。

2 2号进入驾驶室，左右转动转向盘；1号站立于汽车前方，察听有无松旷异响。

> 提示：如果转向系中有明显松旷量，当左右转动转向盘时，可以听到松旷异响。

3 2号操纵举升机，将车辆举升至适当高度，并可靠锁止举升机。

> 提示：
> （1）举升机的操作要领和规范要求，请参阅"举升机的使用方法"，在此不再赘述。
> （2）举升或降落车辆时，强调安全确认口令"正常"、"举升车辆"，防止意外情况发生。

4 1号上下方向用力推拉横拉杆，检查球头磨损情况。

第八章 转向系统

提示：推拉横拉杆时，如果有明显松旷量，证明球头与球碗之间间隙过大，可采取调整或更换措施予以修复。

对于可调式球头而言，球头和球碗之间的间隙可通过调整达到正常值，对于一次性球头而言，应更换新件。

5 1号沿横拉杆轴线方向推拉转向横拉杆，检查转向横拉杆与其支架连接衬套是否存在旷量。

提示：推拉转向横拉杆时，如果有明显松旷量，证明横拉杆上的衬套已严重磨损，应更换衬套或转向横拉杆。

第三步　检查转向系固定螺栓紧固情况

1 2号将套筒、接杆、扭力扳手，组合后传递给1号。

2 1号将扭力扳手的预紧力矩调整为49N·m。

提示：检查固定螺栓紧固情况时，应使用扭力扳手。其使用方法是：

（1）旋松活动套筒的固定螺栓。

（2）转动活动套筒，使活动套筒前边缘与固定套筒上的某一刻度线对齐，该刻度线标注有相对应的扭矩值。

（3）旋紧活动套筒的固定螺栓。当螺栓力矩达到预设力矩时，扭力扳手的棘轮滑转，螺栓紧固力矩不再增加。

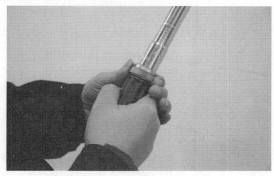

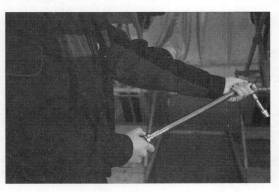

3 1号使用套筒、扭力扳手,检查转向横拉杆球节紧固螺母的紧固情况。

4 1号使用扭力扳手,预紧力调整到138N·m。检查转向机与横梁的紧固螺栓的紧固程度。

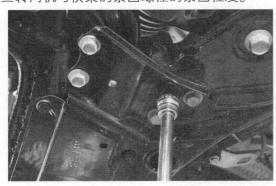

5 用2使用开口扳手将横拉杆左、右接头总成与转向机总成的紧固螺母拧紧。

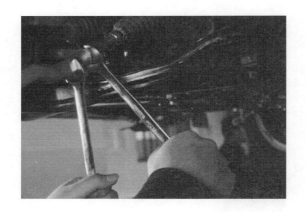

6 2号接收工具,擦拭后摆放到工具车上。

7 2号操作举升机将车辆降落到地面上。

提示:举升机操作规范,请参阅"举升机的使用方法",配合口令"正常""举升",防止意外情况发生。

第四步 整理工位

1号和2号共同拆除驾驶室内的保护罩,清理工具和量具等,清洁地面卫生。

提示:作业项目完成后,要搞好工位的清扫、整理工作。培养良好的工作习惯。

七、考核标准

考核标准表

考核时间	序号	考核项目	满分	评分标准	得分
30min	1	作业前整理工位	5	整理遗漏酌情扣分	
	2	工位停车	3	停车不当扣3分	
	3	车辆可靠停驻	3	操作不当扣3分	
	4	粘贴翼子板护裙	4	操作不当扣4分	
	5	打开支撑机舱盖	3	操作不当扣3分	

续上表

考核时间	序号	考核项目	满分	评分标准	得分
30min	6	安装汽车保护罩	4	操作不当扣4分	
	7	检查转向盘自由行程	7	操作不当扣7分	
	8	检查转向系的旷量	7	操作不当扣7分	
	9	检查转向横拉杆球头磨损情况	8	操作不当扣8分	
	10	检查横拉杆衬套磨损情况	8	操作不当扣8分	
	11	调整转向器间隙	9	操作不当扣9分	
	12	检查转向横拉杆球头固定螺母紧固情况	9	操作不当扣9分	
	13	检查转向横拉杆支架2条固定螺母紧固情况	9	操作不当扣9分	
	14	检查转向器横板的2条固定螺栓紧固情况	6	操作不当扣6分	
	15	举升或降落车辆	5	操作不当扣5分	
	16	工具维护和使用	5	操作不当扣5分	
	17	作用后整理工位	5	整理遗漏酌情扣分	
	18	遵守相关安全规范		因违规操作造成人身和设备事故的，总分按0分计	
分数合计			100		

第九章 制动系统

第一节 需用知识

一、概述

1 制动系统的功用及分类

汽车制动系的功用是：按照需要使汽车减速或在最短距离内停车；下坡行驶时保持车速稳定；使停驶的汽车可靠驻停。

按功能的不同，汽车制动系可以分为：行车制动系、驻车制动系以及应急制动、安全制动和辅助制动系。应急制动装置是用独立的管路控制车轮的制动器作为备用系统，其作用是当行车制动装置失效的情况下保证汽车仍能实现减速或停车；安全制动装置是当制动气压不足时起制动作用，使车辆无法行驶；辅助制动装置是为了下长坡时减轻行车制动器的磨损而设置的，其中利用发动机排气制动应用最广。

按照制动能源分类，汽车制动系又可以分为人力制动系、动力制动系和伺服制动系。

2 制动系统的基本组成

汽车制动系包括行车制动和驻车制动两大部分，如图9-1所示。行车制动系用于使行驶中的车辆减速或停车，通常由驾驶人用脚操纵，一般包含制动踏板、制动主缸、制动轮缸、制动管路、车轮制动器等；驻车制动系用于使停驶的汽车驻留原地，通常由驾驶人用手操纵，一般包含制动手柄、拉索（或拉杆）、制动器。另外，较为完善的制动系还包括制动力调节装置以及报警装置、压力保护装置等。

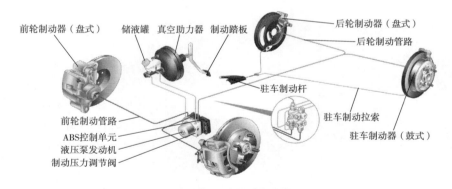

图9-1 制动系统的基本组成

汽车上设置有彼此独立的制动系统，它们起作用的时刻不同，但它们的组成却是相似的，一般有以下四个组成部分：

供能装置：包括供给、调节制动所需能量以及改善传能介质状态的各种部件。如气压制动系中的空气压缩机、液压制动系中人的肌体。

控制装置：包括产生制动动作和控制制动效果的各种部件，如制动踏板等。

传动装置：将驾驶人或其他动力源的作用力传到制动器，同时控制制动器的工作，从而获得所需的制动力矩。包括将制动能量传输到制动器的各个部件，如制动主缸、制动轮缸等。

制动器：产生阻碍车辆运动或运动趋势的力的部件。

3 制动系统的工作原理

图9-2所示为行车制动系统的基本结构。其工

作原理是将汽车的动能通过摩擦转换成热能,并释放到大气中。制动时,踩下制动踏板,制动主缸向各制动轮缸供油,活塞在油压的作用下把摩擦材料压向制动盘实现制动。

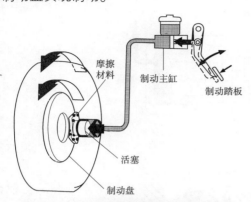

图9-2 制动系统的基本结构及工作原理

二、车轮制动器

车轮制动器由旋转元件和固定元件两大部分组成。旋转元件与车轮相连接,固定元件与车桥相连接。利用旋转元件和固定元件之间的摩擦,产生制动器制动力。

图9-3所示为常用的鼓式和盘式制动器制动原理示意图。当摩擦蹄片压紧旋转的制动鼓或盘时,两者接触面之间产生摩擦,通过摩擦将汽车的动能转变为热能,并将热量散发到空气中,最终使车辆减速以至停车。

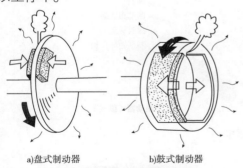

图9-3 制动器原理示意图

1 盘式车轮制动器

盘式制动器根据其固定元件的结构形式可分为钳盘式制动器和全盘式制动器。钳盘式制动器广泛应用在轿车或轻型货车上,近年来前后轮都采用钳盘式制动器的结构日渐增多。

钳盘式制动器按制动钳固定在支架上的结构形式可分为:定钳盘式和浮钳盘式,如图9-4所示。

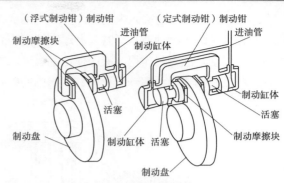

图9-4 盘式制动器的类型

1. 定钳盘式制动器

定钳盘式制动器的结构原理如图9-5所示,其旋转元件是制动盘,它和车轮固装在一起旋转,以其端面为摩擦工作表面。跨置在制动盘上的制动钳体固定安装在车桥上,它不能旋转也不能沿制动盘轴线方向移动,其内部的两个活塞分别位于制动盘的两侧。制动时,制动油液由制动主缸(制动总泵)经进油管进入钳体中两个相通的液压腔中,将两侧的摩擦块压向与车轮固定连接的制动盘,从而产生制动。

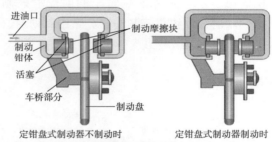

图9-5 定钳盘式制动器的工作原理图

2. 浮钳盘式制动器

浮钳盘式制动器的工作情况如图9-6所示。制动钳通过导向销(图中未画出)与车桥相连,可以相对于制动盘轴向移动。制动钳体只在制动盘的内侧设置油缸,而外侧的制动块则附装在钳体上。制动时,液压油通过进油管进入制动轮缸,推动活塞及其上的摩擦块向右移动,并压到制动盘上,并使得油缸连同制动钳整体沿导向销向左移动,直到制动盘右侧的摩擦块也压到制动盘上,夹住制动盘并使其制动。

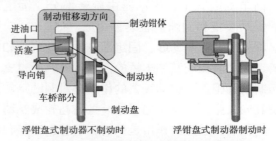

图9-6 浮钳盘式制动器的工作原理图

如图9-7所示，制动缸体内壁槽内安装有活塞密封圈，其作用是防止制动液从活塞与制动缸体间的间隙中流出，对活塞起密封作用。液压使活塞运动，靠近活塞端的密封圈也随活塞一起变形，但槽内的密封圈不变形。当液压消失后，密封圈在橡胶恢复力的作用下往回运动，同时带动活塞往回运动。当制动摩擦块磨损时，活塞会自动从密封圈上滑移相应的距离，因此制动摩擦块和制动盘之间的间隙一般为定值。

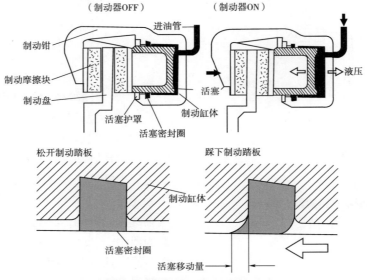

图9-7 盘式制动器的工作原理

图9-8所示为别克凯越轿车的前轮盘式制动器，该制动器为浮钳盘式制动器。它由制动盘、内外摩擦块、制动钳壳体、制动钳支架、前制动轮缸等组成。

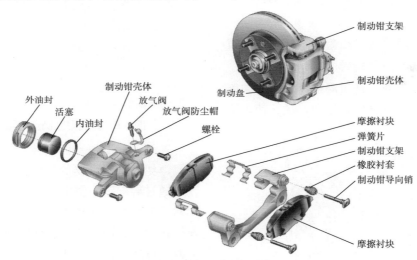

图9-8 盘式制动器的组成

2 鼓式车轮制动器

1. 鼓式制动器的结构

简单的鼓式车轮制动器由旋转部分、固定部分、促动装置和间隙调整装置组成，如图9-9所示。旋转部分为制动鼓；固定部分是制动底板和制动蹄，制动底板固装在车桥的凸缘盘上，通过支承销与制动蹄相连；促动装置的作用是对制动蹄施加力使其向外张开，常用的促动装置有凸轮或制动轮缸；间隙调整装置的作用是保持和调整制动蹄和制动鼓间有正确的相对位置。

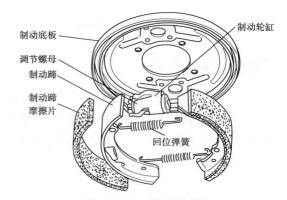

图9-9 鼓式制动器构造

2. 鼓式制动器的分类

（1）按促动装置不同分类。鼓式车轮制动器多为内张双蹄式。按促动装置的形式可分为轮缸式、凸轮式和楔块式，如图9-10所示。

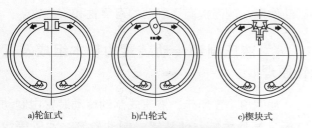

图9-10 制动器促动装置的类型

（2）按产生制动力矩的不同分类。在制动过程中，如果制动蹄绕支承销转动与制动鼓旋转方向相同，在制动鼓上压得更紧，起到增势的作用，称为"增势蹄"或称"领蹄"；如果制动蹄绕支承销转动与制动鼓旋转方向相反，有使制动蹄离开制动鼓的趋势，起着减势作用，称为"减势蹄"或称"从蹄"。根据制动过程中两制动蹄产生制动力矩的不同，鼓式制动器可分为领从蹄式、双领蹄式、双向双领蹄式、双向从蹄式、单向自增力式和双向自增力式等，如图9-11所示。

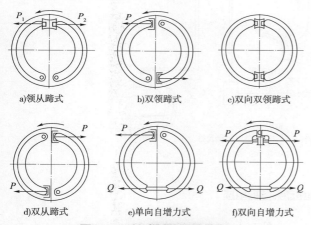

图9-11 鼓式制动器的分类

根据制动时两制动蹄对制动鼓作用的径向力是否平衡，鼓式制动器又可分为简单非平衡式、平衡式和自动增力式三种。

3 驻车制动器

驻车制动器的功用是：车辆停驶后防止滑溜；使车辆在坡道上能顺利起步；行车制动系失效后临时使用或配合行车制动器进行紧急制动。

按驻车制动器在汽车上安装位置的不同，驻车制动装置分中央制动式和车轮制动式两种。前者的制动器通常安装在变速器后面，其制动力矩作用在传动轴上；后者和行车制动装置共用制动器（通常为后轮制动器），又称复合制动器，只是传动装置互相独立。驻车制动传动装置一般采用人力机械式，通过钢索或杠杆来驱动。

驻车制动装置主要由驻车制动杆、制动拉索及后轮制动器中的驻车制动器等组成，如图9-12所示，它作用于后轮，主要是在坡路或平路上停车时使用或在紧迫情况下做紧急制动用。

图9-12 驻车制动系统

如图9-13所示为驻车制动系统的工作原理。驻车制动时，拉起操纵杆，操纵杆力通过操纵机构使驻车制动拉索收紧，拉索则拉动驻车制动杠杆的下端，使之绕上端支点顺时针转动，制动杠杆转动过程中，其中间支点推动驻车制动推杆左移，使前制动蹄压向制动鼓。前制动蹄压向制动鼓后，制动推杆停止运动，则驻车制动杠杆的中间支点变成其继续移动的新支点，于是驻车制动杠杆的上端右移，使后制动蹄压靠在制动鼓上，产生制动作用。此时，驻车制动操纵杆上的棘爪嵌入齿扇上的棘齿内，起锁止作用。

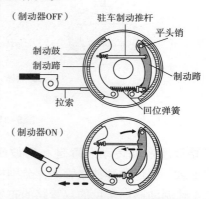

图9-13 驻车制动系统的工作原理

解除驻车制动时，按下驻车制动操纵杆上的按钮，使棘爪脱离棘齿，将操纵杆回到释放制动位置，松开驻车制动拉索，则制动蹄在复位弹簧的作用下回位。

对于四个车轮采用盘式制动器的轿车来说，驻车用的小型鼓式驻车制动器内置于后轮盘式制动器中，并通过拉索和连杆等机构固定在盘式制动器上，如图9-14所示为别克凯越轿车驻车制动器的结构。

图9-14 驻车制动器

三、液压制动传动装置

制动传动装置按传力介质的不同可分为液压式、气压式和气—液综合式；按制动管路的套数可分为单管路和双管路制动传动装置。按照交通法规的要求，现代汽车的行车制动系须采用双管路制动传动装置，若其中一套管路损坏时，另一套仍然起制动作用，从而提高了制动的可靠性和安全性。

1 液压制动传动装置的基本组成及工作原理

如图9-15所示，液压式制动传动装置由制动踏板、制动主缸、储液罐、制动轮缸、油管等组成。现代汽车上采用了各种制动力调节装置，用以调节前后车轮制动管路的工作压力，常用的调节装置有限压阀、比例阀、感载比例阀和惯性阀等。

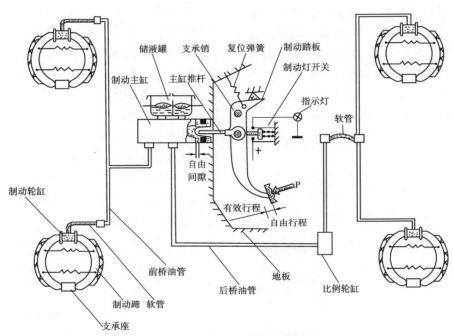

图9-15 液压式制动传动装置的组成

双管路液压制动传动装置是利用彼此独立的双腔制动主缸，通过两套独立管路，分别控制两桥或三桥的车轮制动器。常见的双管路的布置方案有前后独立式和交叉式两种形式，如图9-16所示。

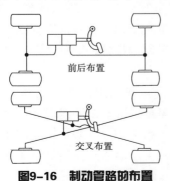

图9-16 制动管路的布置

前后独立式双管路液压制动传动装置由双腔制动主缸通过两套独立的管路分别控制前桥和后桥的车轮制动器。这种布置方式结构简单，如果其中一套管路损坏漏油，另一套仍能起作用，但会破坏前后桥制动力分配的比例，主要用于发动机前置后轮驱动的汽车。

交叉式双管路液压制动传动装置由双腔制动主缸通过两套独立的管路分别控制前后桥对角线方向的两个车轮制动器。这种布置方式在任一管路失效时，仍能保持一半的制动力，且前后桥制动力分配比例保持不变，有利于提高制动方向稳定性，主要用于发动机前置前轮驱动的轿车。

❷ 液压制动传动装置主要部件

1. 制动主缸

制动主缸又称为制动总泵，它处于制动踏板与管路之间，其功用是将制动踏板输入的机械力转换成液压力。

制动主缸的结构及工作原理如图 9-17 所示。在制动主缸上端装有储油罐，制动主缸内的活塞通过真空助力器内的推杆和制动踏板相连。踩下制动踏板推动活塞运动，进油孔关闭，各制动轮缸产生制动油压。松开制动踏板，活塞恢复到初始位置，制动油压消失，制动解除。

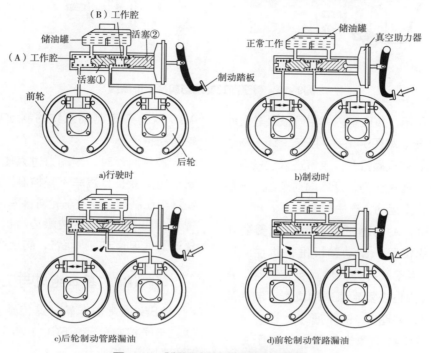

图9-17　制动主缸的结构及工作原理

制动液经制动主缸及液压管路到达制动轮缸。当踩下制动踏板，两活塞在主缸推杆的作用下使两活塞运动，并将进油孔关闭，在（A）（B）工作腔内产生油压，如图9-17b）所示，车轮制动器产生制动力。解除制动时，活塞在弹簧作用下回位，液压油自轮缸和管路中流回到制动主缸。当后轮制动管路发生泄漏时，如图 9-17c）所示，在（B）工作腔内不能产生油压，但在（A）工作腔内仍会产生油压。当前轮制动管路发生泄漏时，如图 9-17d）所示，在（A）工作腔内不能产生油压，活塞①推着活塞②使其顶到制动主缸缸体上，此时在（B）工作腔内产生油压。

2. 制动轮缸

制动轮缸固定在制动底板上，其作用是将制动主缸传来的液压力转变为使制动蹄张开的机械推力。如图 9-18 所示，制动轮缸主要由缸体、活塞、皮碗、弹簧和放气螺钉等组成。放气螺钉的作用是排出混入制动液中的空气。

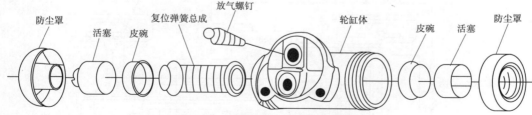

图9-18　双活塞制动轮缸的分解图

3. 真空助力器

真空助力器的作用是减轻驾驶人的制动操纵力。如图 9-19 所示，其内部有薄而宽的活塞，通过固定在活塞上的膜片将空气室和负压室隔离。负压室和发动机进气管相通。回位弹簧安装在负压室的推杆上和推杆一起运动。橡胶阀门与在膜片座上加工出来的阀座组成真空阀，与控制阀柱塞的大气阀座组成大气阀。真空阀将负压室与空气室相连，空气阀将空气室和外界空气相连。发动机工不作时真空助力器不工作。

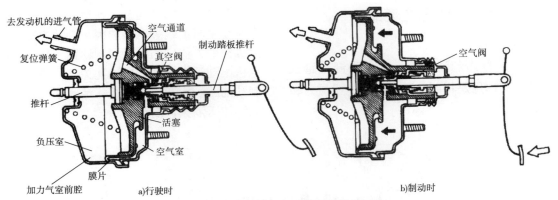

图9-19 真空助力器的结构及工作原理

如图9-19a）所示，负压室内的空气被吸进发动机进气管，产生负压。如图9-19b）所示，踩下制动踏板，真空阀关闭，空气阀打开。空气进入空气室，使空气室压力大于负压室压力，活塞向前运动。于是带动制动主缸内的活塞运动，产生制动油压。

松开制动踏板，助力器活塞在回位弹簧的作用下恢复到原来的位置，制动踏板推杆也往回运动，空气阀关闭，真空阀打开，使真空室和空气室相通。其他制动机构也恢复到原来的位置，制动油压下降，制动解除，如图9-19a）所示。

当真空助力器或真空源失效时，作用于主缸推杆上的力取决于驾驶人对制动踏板施加的踏板力，但踏板力要比未失效时大得多。

四、汽车防抱死制动系统（ABS）

汽车防抱死制动系统（ABS 是 Anti-locked Braking System 的英文缩写）是一种安全控制制动系统，目前已经成为轿车及客车的标准配置。ABS 既有普通制动系统的制动功能，又能防止车轮制动抱死。

紧急制动时，制动力过大使轮胎抱死后滑动，制动距离变长且汽车不受控制。防抱死制动系统可使汽车在制动过程中车轮滑移率保持在 20% 左右范围内，此时轮胎处于边滚边滑状态，制动力最大，保证了汽车的方向稳定性，防止产生侧滑和跑偏。

1 ABS的基本组成与工作原理

ABS 通常由车轮转速传感器、制动压力调节器、电子控制单元（ECU）和 ABS 警示装置等组成，如图9-20所示。

汽车制动时，车轮转速传感器将各车轮的转速信号输入电子控制单元（ECU）；ECU 根据每个车轮轮速传感器输入的信号对车轮的运动状态进行监测和判定，并形成响应的控制指令，再适时发出控制指令给制动压力调节器；制动压力调节器对各制动轮缸的制动压力进行调节，防止制动车轮抱死。

图9-21所示为ABS部件在车上的位置。

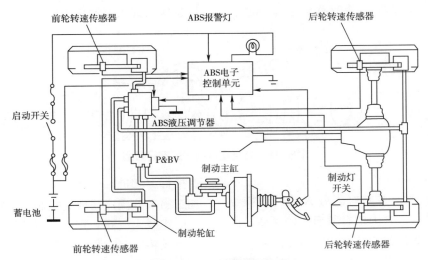

图9-20 ABS的基本组成

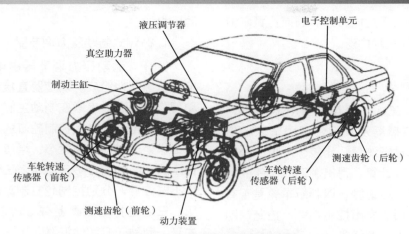

图9-21 ABS部件在车上的位置

2 车轮转速传感器

车轮转速传感器的功用是检测车轮的旋转速度，并将速度信号输入电子控制单元。目前，常用的车轮转速传感器主要有电磁式和霍尔式两种。

1. 电磁式车轮转速传感器

电磁式车轮速传感器主要由传感器头和齿圈两部分组成，它可以安装在车轮上，也可以安装在主减速器或变速器中，如图9-22所示。

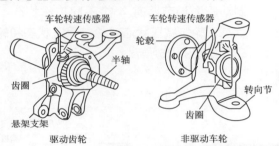 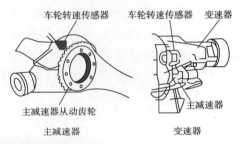

图9-22 车轮转速传感器的安装位置

如图9-23所示，齿圈随车轮或传动轴一起转动，齿圈在磁场中旋转时，齿圈齿顶和电极之间的间隙以一定的速度变化，使磁路中的磁阻发生变化，磁通量周期地增减，在线圈的两端产生正比于磁通量增减速度的感应电压。该交流电压信号输送给电子控制单元。

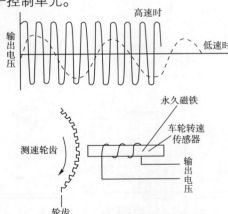

图9-23 车轮转速传感器的工作原理

2. 霍尔式车轮转速传感器

霍尔式车轮转速传感器由传感头、齿圈组成。其齿圈的结构及安装方式与电磁式车轮转速传感器的齿圈相同，传感头由永磁体、霍尔元件和电子电路等组成。

传感器的工作原理如图9-24所示，永磁体的磁力线穿过霍尔元件通向齿圈，齿圈相当于一个集磁器。当齿圈位于图9-24 a)所示位置时，穿过霍尔元件的磁力线分散，磁场相对较弱；而当齿圈位于图9-24b)所示位置时，穿过霍尔元件的磁力线集中，磁场相对较强。齿圈转动时，使得穿过霍尔元件的磁力线密度发生变化，因而引起霍尔元件电压的变化，霍尔元件将输出一毫伏级的准正弦波电压。此电压由电子电路转化成标准的脉冲信号。

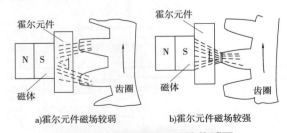

a)霍尔元件磁场较弱　　b)霍尔元件磁场较强

图9-24 霍尔式车轮转速传感器

霍尔式车轮转速传感器克服了电磁式传感器的缺点，其输出信号电压幅值不受转速的影响，频率响应高,抗电磁波干扰能力强。因而,霍尔传感器在ABS中应用越来越广泛。

③ 电子控制单元

电子控制单元(ECU)是ABS的控制中枢,其功用是接收轮速传感器及其他传感器输入的信号,对这些输入信号进行测量、比较、分析、放大和判别处理,通过精确计算,得出制动时车轮的滑移率、车轮的加速度和减速度,以判断车轮是否有抱死趋势。再由其输出级发出控制指令,控制制动压力调节器去执行压力调节任务。

电子控制单元还具有监控和保护功能,当系统出现故障时,能及时转换成常规制动,并以故障灯点亮的形式警告驾驶人。

④ 制动压力调节器

根据压力调节器的调压方式可分为循环式和可变容积式两种。循环式制动压力调节器是通过电磁阀直接控制轮缸的制动压力;而可变容积式制动压力调节器是通过电磁阀间接改变轮缸的制动压力。

1. 循环式制动压力调节器

循环式制动压力调节器由电磁阀、液压泵和电动机等部件组成。调节器直接装在汽车原有的制动管路中,通过串联在制动主缸和制动轮缸之间的三位三通电磁阀直接控制轮缸的压力,可以使轮缸的工作处于常规工作状态、增压状态、减压状态或保压状态,如图9-25所示。三位是指电磁阀有三个不同位置,分别控制轮缸制动压力的增、减或保压;三通是指电磁阀上有3个通道,分别通制动主缸、制动轮缸和储液器。

2. 可变容积式制动压力调节器

可变容积式制动压力调节器主要由电磁阀、控制活塞、液压泵和储能器等组成,是在原液压制动系统中增设一套液压控制装置,控制制动管路中容积的增减,以控制制动压力的变化。可变容积式制动压力调节器有4个不同工作状态:常规制动状态、轮缸减压状态、轮缸保压状态和轮缸增压状态,如图9-26所示。

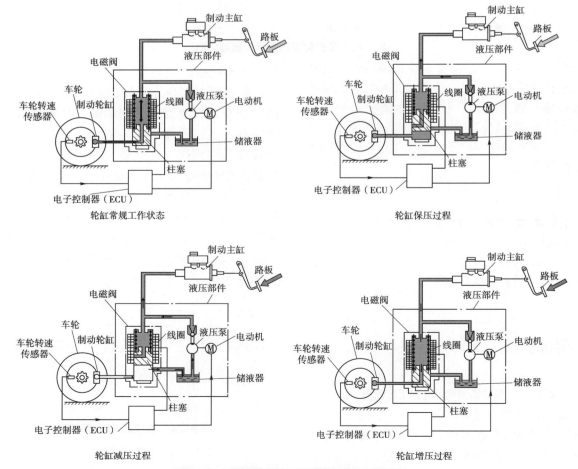

图9-25 循环式制动压力调节器的工作过程

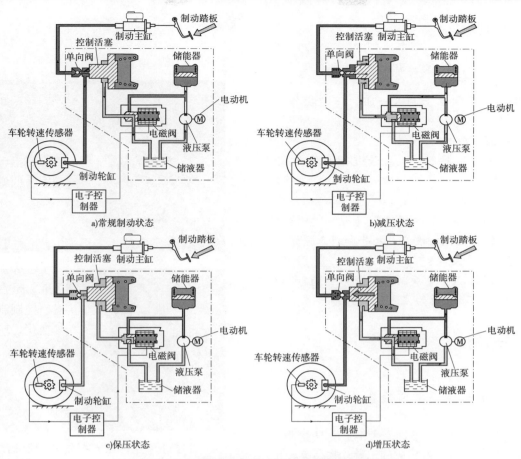

图9-26 可变容积式制动压力调节器的工作过程

第二节 常见维修项目

任务一 检查制动踏板位置

一、技术标准与要求

（1）丰田卡罗拉轿车制动踏板的高度：145.8~155.8mm。
（2）制动踏板的自由行程：1~6mm。
（3）制动踏板行程余量：不带VSC 85mm；带VSC 90mm。

二、实训时间：30mim

三、实训教学目标

（1）了解检查，调整制动踏板位置的重要性。

（2）熟悉制动系统的结构与组成。
（3）掌握检查、调整制动踏板位置的操作技能。

四、实训器材

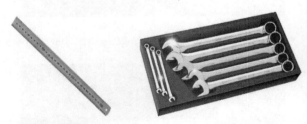

直板尺（300mm）　　　扳手

常用工具一套

五、教学组织

（1）教学组织形式：

每车安排四名学生，两人一组，一组操作，一组观察学习。

（2）学生站位分工和要求：

两名学生一组，按照1号、2号进行编号。1号为主，2号为辅。

（3）实训教师职责：

讲解操作步骤和注意事项；下达"操作开始"口令；工位间巡视、检查、指导和纠正错误。

（4）学生职责变换：

两名学生实行职责变换制度，即第一遍1号为主，2号辅助；第二遍2号为主，1号辅助。

六、操作步骤

第一步 事前准备

1 车辆进入工位前，参训学生将工位卫生清理干净，排除障碍物，准备好相关的工具、物品等。

提示：培训良好的工作习惯，做好事前准备，有利于安全操作和提高工作效率。

2 将车辆停驻在举升机平台的中央位置。

3 1号拉紧驻车制动杆，并将变速杆置于驻车挡位置。

提示：为保证车辆在工位上可靠停驻，防止出现溜滑，造成安全事故，要拉紧驻车制动杆并将变速杆置于驻车挡位置。

4 1号打开并可靠支撑发动机舱盖。

提示：将支撑杆插入发动机舱盖支撑孔的时候，要保证接触可靠，否则，发动机舱盖滑落会造成人身伤害。

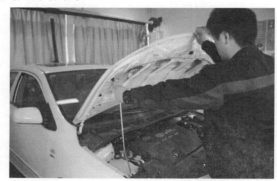

5 1号、2号把护裙粘贴在汽车左右侧翼子板上，要求护裙将翼子板全部覆盖。护裙的上边沿粘贴到排水槽的内侧，前端至侧灯处，后端至车门与翼子板结合缝隙。

提示：

（1）贴护裙的主要目的是保护在操作中碰伤翼子板车漆。

（2）护裙是通过磁铁吸附在翼子板上，因此在粘贴时，当护裙靠近翼子板，感受到吸力后，要稍微用力，使护裙轻轻与翼子板贴合，不允许听到接触碰撞声音。

6 1号安装转向盘套，变速杆手柄套，座套，铺设地板垫。

提示：保护套是由薄塑料制成的，极易破损，所以在安装时，用力要均匀，避免因用力过大造成损坏。其主要作用是在操作过程中保持驾驶室内清洁。

第二步 检查制动踏板位置

1 1号进入驾驶室，踩踏制动踏板至少40次。释放制动助力器中残余真空度。

提示：丰田卡罗拉轿车的液压制动系统，设有制动助力器，为了更精确地测量制动踏板位置，应先释放制动助力器中的残余真空度。

2 1号取出制动踏板下方的地板垫并传递给2号。

提示：

（1）取出地板垫便于更精确地测量制动踏板位置。

（2）如果必须要从地毯表面开始测量，则从标准值中扣除地板垫的厚度，或者地板垫和沥青纸毡的厚度。

3 2号将直板尺传递给1号。

4 1号使用直板尺测量制动踏板高度。

提示：

（1）丰田卡罗拉轿车制动踏板高度为145.8～155.8mm，如果测量高度不在规定范围内，应该检查制动踏板复位弹簧的弹力是否正常以及踏板是否出现变形等损伤，必要时更换新品。

（2）制动踏板高度不在规定范围内，将会直接影响制动系统的制动力。

（3）测量时，将直板尺垂直于地板面，观察踏板上平面在直尺上的显示数值，该数值即为踏板高度。

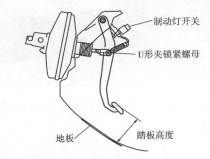

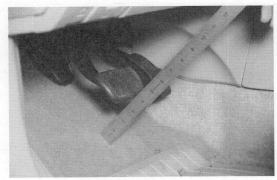

5 1号使用直板尺测量制动踏板的自由行程。

⚠️ 提示：

（1）丰田卡罗拉轿车制动踏板的自由行程为1~6mm，如果测量数值不在该范围内，将会影响制动系统的正常的工作性。如果数值过大，系统产生的制动力变小，车辆制动的距离变大。如果数值过小，会导致制动拖滞，制动器过热，制动功能下降。

（2）测量时，将直板尺保持与地板垂直，踏板处于自然状态，确认此时的踏板高度值后，用手稍微用力下压踏板，当感觉到阻力增大时，停止下压，观察踏板上平面在直板尺上显示的数值，计算得出两个数据的差值，即为制动踏板的自由行程。

当用手指轻轻按压制动踏板时，制动踏板的运动在两个阶段发生变化：

第一阶段：U型夹销和转轴销的松动。

第二阶段：推杆刚好在液压升高之前运动。

第一阶段与第二阶段的总运动即为制动踏板的自由行程。

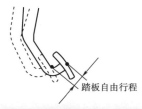

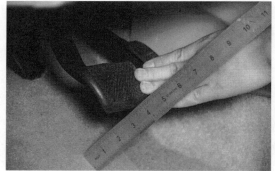

6 1号使用直板尺测量制动踏板行程余量。

⚠️ 提示：

（1）制动踏板行程余量测量的前提是发动机运转和驻车制动器松开。

（2）卡罗拉制动踏板行程余量：不带VSC 85mm；带VSC 90mm。

（3）首先直板尺要垂直地板，然后使用290牛顿的力踩下制动踏板，此时观察直板尺所显示的制动踏板的高度，此值即为制动踏板行程余量。

如果制动踏板行程余量过小应该检查制动系统是否泄漏、储油罐中液面是否正常，制动蹄是否磨损过度，制动系统内是否存在空气。必要时，排除制动系统泄漏故障，更换前后轮制动蹄以及进行制动系统排气。检修后，再次测量制动踏板行程余量，直到符合规定要求为止。

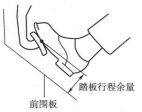

第三步　制动系统泄漏检查

1 1号检查储油罐内的液面是否正常。

⚠️ 提示：液面应该位于上下刻度之间，若液面不足应该添加制动液。

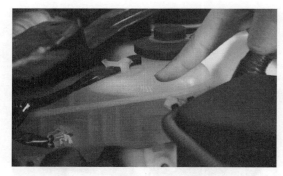

2 1号检查制动主缸、储油罐、油管是否存在漏油现象。

⚠️ 提示：主要检查制动主缸前端，油管接口是否漏油，储油罐有无裂纹。

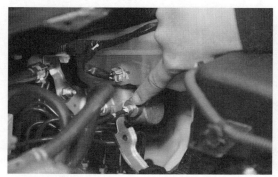

3 2号操纵举升机将车辆举升至适当高度，并可靠锁止举升机。

提示：

（1）正确、安全操作举升机。请参阅"举升机的使用方法"，在此不再赘述。

（2）举升车辆的目的是便于检查制动管路与制动轮缸是否存在泄漏。

4 1号检查制动管路是否泄漏。

提示： 重点检查油管与车身底板有无摩擦，检查油管与各接口处有无泄漏。

（1）1号检查车身地板下的制动管路。

（2）1号检查制动油管连接处。

（3）1号检查制动轮缸油管接头处。

5 1号检查前后轮制动轮缸是否存在漏油。

提示： 盘式制动器轮缸，便于观察，通过制动蹄、盘有无油渍判断是否漏油；鼓式制动器轮缸安装于制动鼓内，可通过制动底板上有无油渍来判断是否漏油。

（1）2号转动轮胎，1号拿手电筒观察前轮制动蹄、盘处。

（2）2号转动轮胎，1号拿手电筒观察后轮制动蹄、盘处。

第四步　目视检查制动蹄磨损情况

1号目视检查前轮制动蹄的磨损情况。

提示： 通过制动钳体上的检查孔，观察制动蹄的磨损情况。如果制动蹄摩擦片较薄则说明已经接近更换周期。

（1）2号转动轮胎，1号拿手电筒观察前轮制动蹄处。

（2）2号转动轮胎，1号拿手电筒观察后轮制动蹄处。

第五步 检查制动管路中空气的存留情况

1 1号进入驾驶室，踩制动踏板2~3次，检查制动管路中是否存留空气。

提示：如果踩制动踏板2~3次，制动踏板高度保持不变，证明制动管路里面没有空气，假如每一次踩制动踏板，踏板高度均有不同程度的升高，证明制动管路中存留空气，应对制动管路进行排气处理。

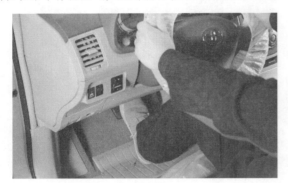

2 2号进入驾驶室，踩制动踏板；1号排放制动管路中的空气。

提示：排放制动管路中空气的操作步骤和规范要求，请参阅"第九章检查、添加或更换制动液"。在此不再赘述。

第六步 检查制动灯开关

1 1号取下转向盘下方的保护罩。

提示：步骤要求请参阅"第一章检查和调整离合器踏板位置"，在此不再赘述。

2 2号拔下制动灯开关的连接器。

提示：
（1）插拔电器元件的时候，应保持点火开关处于关闭状态，否则，产生的电动势极易损坏电控单元。
（2）制动灯开关位于制动踏板上方。

3 1号取下制动灯开关。

提示：逆时针转动制动灯开关总成。

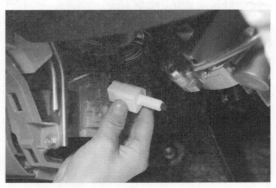

4 1号检查制动灯开关与踏板接触部位的磨损情况。

提示：如果制动灯开关磨损严重应该更换，因为制动灯开关磨损状况会影响制动踏板高度和自由行程。

第九章 制动系统

第七步 安装制动灯开关总成

1 2号按下制动踏板、1号将制动灯开关总成放入座孔中。2号继续按下制动踏板、1号用手将制动灯开关总成顺时针旋转四分之一圈。

⏰ 提示：

（1）2号慢慢将制动踏板松开，1号观察制动灯开关推杆突出部分与制动踏板缓冲块接触情况。

（2）注意不要损坏制动灯开关总成。

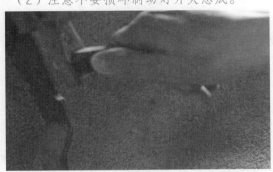

2 1号用厚薄规测量制动灯开关推杆突出部分间隙1.5～2.5mm。

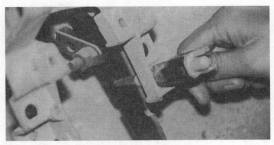

3 1号安装制动灯开关的连接器。

第八步 整理工位

1、2号共同拆除护裙，驾驶室内防护罩，清理工具和量具，清洁地面卫生。

⏰ 提示：作业项目完成后，要搞好工位的清洁、整理工作，培养良好的工作习惯。

七、考核标准

考核标准表

考核时间	序号	考核项目	满分	评分标准	得分
30min	1	作业前整理工位	2	酌情扣分	
	2	打开并支撑机舱盖	3	操作不当扣3分	
	3	安装汽车保护套	4	操作不当扣4分	
	4	检查储液罐中液面高度	4	检查错误扣4分	
	5	测量制动踏板高度	8	操作不当扣8分	
	6	测量制动踏板自由行程	8	操作不当扣8分	
	7	测量制动踏板行程余量	8	操作不当扣8分	
	8	检查制动总泵泄漏	5	操作不当扣5分	
	9	举升或降落车辆	5	操作不当扣5分	
	10	检查制动管路泄漏	5	操作不当扣5分	
	11	检查制动分泵泄漏	5	操作不当扣5分	
	12	拆卸车轮	7	操作不当扣7分	
	13	目视检查前后制动轮的磨损	10	操作不当扣10分	
	14	安装车轮	8	操作不当扣8分	
	15	检查制动系统内是否存留空气	6	操作不当扣6分	
	16	拆装制动灯开关	6	操作不当扣6分	

考核时间	序号	考核项目	满分	评分标准	得分
30min	17	检查制动灯开关的磨损情况	4	操作不当扣4分	
	18	作业后整理工位	2	操作不当扣2分	
	19	遵守相关安全规定		因违规操作造成人身或设备事故的，总分按0分计	
分数合计			100		

任务二　检查和调整驻车制动器

一、技术标准与要求

（1）丰田卡罗拉轿车驻车制动杠杆行程：200N时6～9个槽口。

（2）驻车制动坡度不小于30%。

（3）丰田卡罗拉轿车采用的机械钢索式后轮盘式驻车制动器。

二、实训时间：30min

三、实训教学目标

（1）了解检查和调整驻车制动器的重要性。

（2）熟悉驻车制动器的结构组成。

（3）掌握检查和调整驻车制动器的操作技能。

四、实训器材

10号套筒、接杆杆及棘轮扳手　　开口扳手

五、教学组织

（1）教学组织形式：

每车安排4名学生参与实训，两名学生为一组。一组操作，一组观察学习。

（2）学生站位分工和要求：

两名学生一组，按照1号、2号进行编号，1号为主，2号为辅助。

（3）实训教师职责：

讲解操作步骤和注意事项；下达"操作开始"口令；工位间巡视、检查、指导和纠正错误。

（4）学生职责变换：

两名学生实行职责变换制度，即第一遍1号为主，2号辅助；第二遍2号为主，1号辅助。

六、操作步骤

第一步　事前准备

提示：请参阅"本章任务一检查制动踏板位置中第一步"，在此不再赘述。

第二步　检查驻车制动器

1 1号进入驾驶室，按下驻车制动杆前端的按钮，放松驻车制动器。

提示：放松驻车制动器，便于检查车轮制动器的复位性能及制动踏板自由行程。

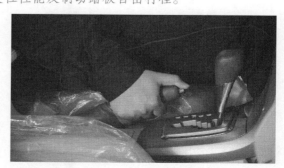

2 1号使用直板尺，测量制动踏板的自由行程。

提示：正确测量制动踏板的自由行程的操作要求请参阅"本章任务一检查制动踏板位置中步骤二"，在此不再赘述。

3 2号操作举升机，将车辆举升到轮胎的最低点距离地面约为20cm的高度。

⚠️ 提示：车轮离地，便于检查车轮制动器复位性能。

4 1号踩制动踏板2~3次，然后彻底放松制动踏板。

⚠️ 提示：连续踩制动踏板，使车轮制动器均工作。

5 2号用手转动各个车轮，检查车轮转动情况。

⚠️ 提示：如果某个车轮转动阻力过大，证明该车轮制动器复位不良，应进行拆检；如果车轮转动正常，则证明车轮制动器复位性能良好。

6 1号拉紧驻车制动杆，检查棘爪的锁定性能。

⚠️ 提示：如果棘爪锁止不可靠，应更换驻车制动器总成。

7 1号按下驻车制动杆前端按钮，检查制动器解除锁定性能。

⚠️ 提示：如果按下操纵杆前端按钮，操纵杆快速复位，证明按钮性能正常，否则，应该进行检修或者更换。

8 2号转动两后车轮，检查车轮转动情况。

⚠️ 提示：如果车轮转动阻力过大，证明该车轮驻车制动器复位性能不良，应予以检修。

第三步 调整驻车制动器

1 1号拉驻车制动杆，当听到棘轮"咔咔"2响后，使操纵杆锁止于该位置。

⚠️ 提示：丰田卡罗拉轿车驻车制动器的生效齿数为2齿。将驻车制动器操纵杆锁止于棘爪2齿的位置，然后调整驻车制动器。

2 2号操作举升机，将车辆降落到轮胎最低点距离地面约20cm的高度。

3 1号拆卸驻车制动杆上的装饰板，找到驻车制动器调整螺母。

> 提示：该车调整螺母位于驻车制动杆下方。

（1）1号拆卸左、右下装饰板。

（2）1号拆卸变速杆装饰板。

（3）1号拆卸地板控制台面板总成。

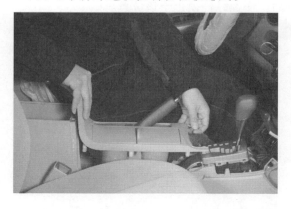

（4）1号找到驻车制动器拉线上的调整螺母。

4 2号将两把扳手传递给1号。

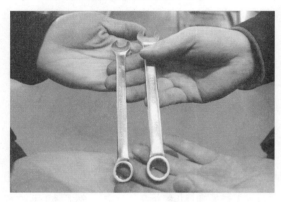

5 1号使用两把扳手将驻车制动拉线的锁紧螺母松开。

6 1号、2号相互配合，调整驻车制动器。
（1）2号转动后轮。

（2）1号调整驻车制动器拉线上的调整螺母，当听到2号发出"车轮不能转动"口令时，1号停止旋入调整螺母。

第九章 制动系统

7 1号使用两把扳手将驻车制动拉线的锁紧螺母锁紧。

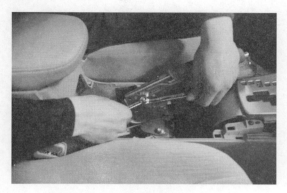

8 1号彻底放松驻车制动杆。

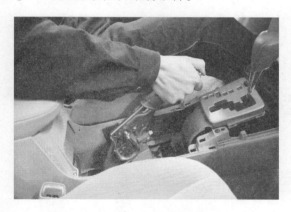

9 2号转动两后轮，检查后轮转动阻力。

⏱ 提示：如果车轮阻力过大或者不能转动，则说明驻车制动器调整过紧，制动器产生制动力，应该调松调整螺母；如果车轮较为省力且转动自如，证明驻车制动器调整适当。

10 1号用200N的力拉驻车制动器手柄，拉到底手柄应有6～9个槽口行程。

11 1号安装驻车制动杆的装饰板。
（1）1号安装地板控制台面板总成。

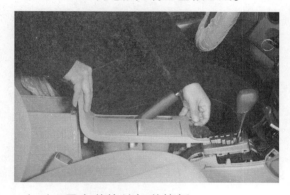

（2）1号安装换挡杆装饰板。

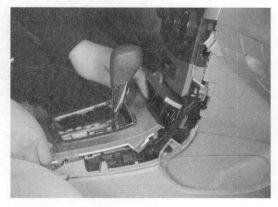

（3）1号安装左、右下装饰板。

第四步 整理工具

1号和2号共同拆除驾驶室内的保护罩，清理工具和量具等，清洁地面卫生。

提示：作业项目完成后，要搞好工位的清扫、整理工作。培养良好的工作习惯。

七、考核标准

考 核 标 准 表

考核时间	序号	考核项目	满分	评分标准	得分
30min	1	作业前整理工位	3	整理遗漏酌情扣分	
	2	车辆工位停放	3	操作不当扣3分	
	3	安装汽车保护罩	3	操作不当扣3分	
	4	车辆工位可靠停驻	2	操作不当扣2分	
	5	测量制动踏板自由行程	8	操作不当扣8分	
	6	举升或者降落车辆	8	操作不当扣8分	
	7	检查驻车制动器的复位情况	10	操作不当扣10分	
	8	检查驻车制动器的锁定和解锁功能	10	操作不当扣10分	
	9	停车检查驻车制动器	15	操作不当扣12分	
	10	调整驻车制动器	20	操作不当扣20分	
	11	停车检查驻车制动器调整后的性能	15	操作不当扣15分	
	12	作业后整理工位	3	整理遗漏酌情扣分	
	13	遵守相关安全规定		因违规操作造成人身和设备事故的，总分按0分计	
分数合计			100		

任务三　检查、添加或更换制动液

一、技术标准和要求

（1）丰田卡罗拉轿车采用交叉式双管路液压制动系统。

（2）不同型号的制动液不可混用，丰田卡罗拉轿车制动液采用SAE J1703或FMVSS NO.116 DOT 3。

（3）制动液更换周期为两年或行驶里程为50000km。

（4）制动液有毒性和强腐蚀性，不可与皮肤、油漆接触。

（5）制动液具有吸湿性，要存放在密闭容器中。

（6）储油罐中的液面应始终保持在"MAX"与"MIN"标记之间。

（7）液压制动系统的排气顺序为：

右后车轮→左后车轮→右前车轮→左前车轮

二、实训时间：40min

三、实训教学目标

（1）了解检查、添加或者更换制动液的重要性。

（2）熟悉液压制动系统的组成与工作原理。

（3）掌握检查、添加或更换制动液的操作技能。

四、实训器材

制动液　　　　　　量杯

软管

漏斗

开口扳手

五、教学组织

（1）教学组织形式：

每辆车安排六名学生参与实训，三名学生为一组。一组操作，一组观察学习。

（2）学生站位分工和要求：

三名学生一组，按照1号、2号、3号进行编号，1号为主2号、3号为辅助。

（3）实训教师职责：

讲解操作步骤和操作注意事项；下达"操作开始"口令；工位间巡视、检查、指导和纠正错误。

（4）学生职责变换：

三名学生实行职责变换制度，即第一遍1号为主，2号、3号辅助；第二遍2号为主，1号、3号辅助，依此类推。

六、操作步骤

第一步 事前准备

提示：请参阅本章"任务一 检查制动踏板位置"中第一步，在此不再赘述。

第二步 检查制动液面

1 制动系统的储油罐安装在制动主缸上，为制动总泵提供工作油液。

提示：制动系统和离合器液压系统共用一个储油罐。

2 1号检查储油罐内的制动液面是否正常。

提示：制动液面应位于储油罐上"MAX"与"MIN"刻度线之间。若液量不足，应首先对液压系统进行泄漏检查，然后再补充制动液至规定液位。

第三步 制动系统泄漏检查

提示：请参阅本章"任务一 检查制动踏板位置"中第三步，在此不再赘述。

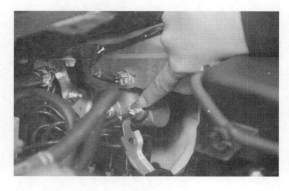

第四步 添加制动液

1 1号拆下制动储油罐上的装饰板。

（1）1号拆下前围板密封条。

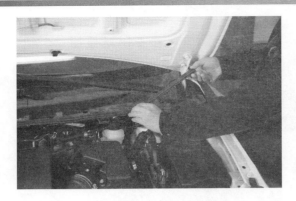

（2）1号脱开卡夹，取下右侧防水片。

2　1号用手拆下储液罐盖，擦净油液后传递给2号。

提示： 取下储液盖时，擦净储液盖上的油液后再传递出去，避免油液滴落到车身上或黏附到皮肤上，导致车漆剥落或皮肤侵蚀。

3　2号将储油罐盖摆放到零件车上之后，将加液桶传递给1号。

4　2号将漏斗放入储液罐加油口中并扶稳。1号打开加液桶盖，然后将油液缓慢倒入储油罐内，直到液面达到规定要求为止。

提示：

（1）储油罐中的液面应位于"MIN"与"MAX"刻度线中间位置。

（2）在加注油液的同时，注意观察储液罐内液面的变化，液面不得超过"MAX"刻度线。

5　2号将储液罐盖传递给1号。

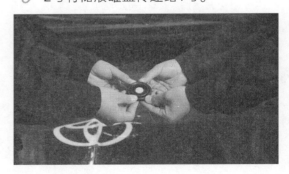

6　1号用棉纱擦净加油口处油迹，并盖上储液罐盖。

第五步 更换制动液

（一）排放制动液

1 2号进入驾驶室，关闭车门，降落车窗玻璃，放松驻车制动杆。

💡 提示：

（1）常规方法更换制动液，需要2人配合进行。1人踩踏制动踏板，给液压制动系统加压；1人打开制动分泵上的放气阀，排出制动系统中的空气。

（2）降落车窗玻璃，操作人员能够相互听清发出的口令，便于配合操作。

2 3号操纵举升机将车辆举升至适当高度，并可靠锁止举升机。

💡 提示：

（1）举升机的操作要领和规范要求，请参阅"举升机的使用方法"，在此不再赘述。

（2）举升或降落车辆时，强调安全确认口令"正常"、"举升车辆"，防止意外情况发生。

3 3号将塑料软管、接油容器传递给1号。

4 1号用手取下右后车轮制动轮缸放气阀上的防尘帽，3号将防尘帽放置到零件车上。

💡 提示：制动轮缸放气阀上的防尘帽，有两个作用，一是防止脏物堵塞排油孔，二是阻止潮湿空气进入制动油路。

5 1号将塑料软管一端插入制动轮缸的放气阀上，一端插入接油容器中。

💡 提示：排放制动液时，禁止将油液洒落到地面上，否则，不仅污染环境，而且影响安全操作。

6 3号将排气专用扳手传递给1号。

💡 提示：排气专用扳手可以穿过塑料软管，拧松或紧固制动轮缸放气阀。

7 1号使用专用扳手拧松制动轮缸上的放气阀，2号开始踩踏制动踏板。

⏱ 提示：排放制动液时，1号、2号要密切配合。配合口令"踩"、"停"。

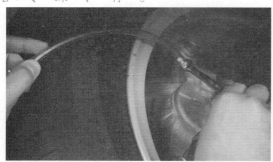

8 1号观察制动液排放情况，当无油液排出时，拧紧放气阀，取下塑料软管。至此，右后车轮轮缸内的制动液排放完毕。

⏱ 提示：

（1）取下塑料软管后，使用棉纱擦净放气阀上的油滴。

（2）按照相同的操作要求，依次排放左后车轮→右前车轮→左前车轮。

（二）清洗制动液管路

1 3号操作举升机，将车辆降至地面上。

⏱ 提示：

（1）正确、安全操作举升机。请参阅"举升机的使用方法"，在此不再赘述。

（2）举升或降落车辆时，强调安全确认口令"正常"、"举升车辆"，防止意外情况发生。

2 3号将漏斗放入储液罐加油口中并扶稳。1号打开制动液桶盖，然后将制动液缓慢倒入储液罐中，直到液面达到规定要求为止。最后旋紧储液罐盖。

⏱ 提示：

（1）储液罐中的液面位置应位于"MAX"和"MIN"刻度线中间位置。

（2）在加注油液的时候，注意观察储液罐内的液面变化，液面不得超过"MAX"刻度线。

3 3号操作举升机，将其升到适当高度，并可靠锁止举升机。

⏱ 提示：

（1）正确、安全操作举升机。请参阅"举升机的使用方法"，在此不再赘述。

（2）举升或降落车辆时，强调安全确认口令"正常"、"举升车辆"，防止意外情况发生。

4 1号再次通过塑料软管，将右后车轮制动轮缸的放气阀和接油容器连接起来。

5 1号使用专用扳手拧松制动轮缸上的放气阀，2号开始踩制动踏板。

提示：排放制动液时，1号、2号要密切配合。配合口令"踩"、"放"。

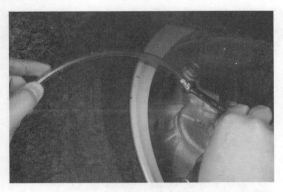

6 1号观察排出制动液的色泽，当制动液色泽鲜亮，清澈透明的时，告知2号停止踩踏制动踏板，1号拧紧放气阀。

提示：

（1）当从制动管路中排出的制动液清澈透明的时候，证明右后车轮轮缸及其管路中的污渍已经被冲洗干净。

（2）按照相同的操作要求，依次清洗左后车轮→右前车轮→左前车轮的制动轮缸及其管路。

（3）清洗制动管路的过程中，要注意补充制动液。

（三）加注制动液

1 3号操作举升机将车辆降至地面。

提示：

（1）正确、安全操作举升机。请参阅"举升机的使用方法"，在此不再赘述。

（2）举升或降落车辆时，强调安全确认口令"正常"、"举升车辆"，防止意外情况发生。

2 3号将漏斗放入储液罐加油口中并扶稳。1号打开制动液桶盖，然后将制动液缓慢倒入储液罐中，直到液面达到规定要求为止，最后旋紧储液罐盖。

提示：

（1）储液罐中的液面位置应位于"MAX"和"MIN"刻度线中间位置。

（2）在加注油液的同时，注意观察储液油罐内的液面变化，液面不得超过"MAX"刻度线。

（四）制动系统排气

1 2号进入驾驶室，端坐在驾驶座上，关闭车门，降落车窗玻璃，放松驻车制动杆。

提示：

（1）常规方法更换制动液，需要2人配合进行。1人踩踏制动踏板，给液压制动系统加压；1人打开制动分泵上的放气阀，排出制动系统中的空气。

（2）降落车窗玻璃，操作人员能够相互听清发出的口令，便于配合操作。

2 3号操作举升机,将车辆举升到合适位置,并可靠锁止举升机。

⚠ 提示:

(1)正确、安全操作举升机。请参阅"举升机的使用方法",在此不再赘述。

(2)举升或降落车辆时,强调安全确认口令"正常"、"举升车辆",防止意外情况发生。

3 1号通过塑料软管,将右后车轮制动分泵的放气阀和接油容器连接起来。

⚠ 提示:

(1)用洁净的塑料软管和接油容器,以利于排出的制动液,不受污染,可以重复使用。

(2)接油容器中盛放适量新制动液,浸没塑料软管端口,便于确定排放的制动液中是否还有空气。

4 2号连续踩踏制动踏板数次,当感觉制动踏板下行阻力增大时,踩住并保持制动踏板位置,通知1号开始排气。

⚠ 提示:

(1)连续踩踏制动踏板,目的是建立油压,有利于快速排放管路中的空气。

(2)保持制动踏板的位置,目的是为了保持管路中的油压。

(3)制动系统排气时,1号、2号要密切配合。配合口令"踩"、"放"。

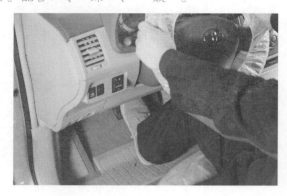

5 1号使用排气专用扳手,拧松制动轮缸上的放气阀,制动液和空气快速排出进入接油容器中。

⚠ 提示:此时接油容器中,会看到气泡,这就是制动管路中存留的空气。

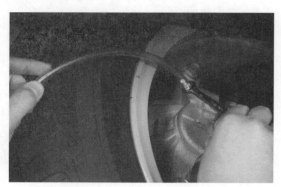

6 当制动液流动速度变慢时,1号拧紧制动轮缸上的放气阀,通知2号继续踩踏制动踏板。

⚠ 提示:

(1)在制动轮缸的放气阀从打开到关闭这段时间内,2号要始终踩着制动踏板,并随制动踏板下行。一旦中途放松制动踏板,会使空气吸回管路中。

(2)在制动系统排气过程中,要注意查看储油液罐内制动液面,适时添加补充。避免外界空气由主缸进入,导致前功尽弃。

(3)制动系统排气时,1号、2号要密切配合。配合口令"踩""放"。

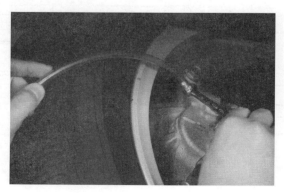

7 2号再次踩住制动踏板，1号拧松放气阀，排放管路中的空气，如此重复多次，直到管路中排出的制动液，在接油容器中不再有气泡生成为止。1号拧紧放气阀，取下放气软管，擦净油迹。至此，右后车轮制动管路排气结束。

提示：按照相同的操作方式，依次排放左后车轮→右前车轮→左前车轮的制动管路中的空气。

8 2号踩踏制动踏板2~3次，间隔时间5~10s，确定制动管路中空气排放情况。

提示：每次用力踩下制动踏板，如果制动踏板的起始位置基本保持不变，并且制动踏板反弹力较大，则证明制动系统中空气排放彻底。

第六步 制动性能测试

1 2号彻底放松驻车制动杆，然后用力踩下制动踏板并保持制动位置。

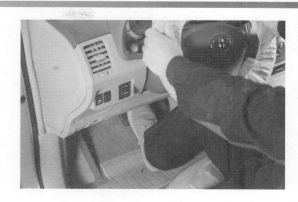

2 1号、3号用力转动前后车轮。

提示：

（1）如果每个车轮均不能转动，说明液压制动系统工作状况基本正常。

（2）如果条件允许，进行道路试验，检查汽车的制动距离，滑移率等性能参数。

3 3号操纵举升机，将车辆降落到地面上。

提示：正确、安全操作举升机。请参阅"举升机的使用方法"，在此不再赘述。

第七步 整理工具

1号、2号共同拆除护裙，驾驶室内保护罩，清理工具和量具等，清洁地面卫生。

提示：作业项目完成后，要搞好工位的清扫、整理工作。培养良好的工作习惯。

七、考核标准

考 核 标 准 表

考核时间	序号	考核项目	满分	评分标准	得分
30min	1	作业前整理工位	4	整理遗漏酌情扣分	
	2	打开并支撑机舱盖	3	操作不当扣3分	
	3	安装汽车保护套	4	操作不当扣4分	
	4	储油罐的安装位置	4	查找错误扣4分	
	5	检查制动液面	6	操作不当扣6分	
	6	检查制动管路泄漏	7	检查遗漏扣7分	
	7	添加补充制动液	5	操作不当扣5分	
	8	举升或降落举升机	7	操作不当扣7分	
	9	连接接油容器和放气阀	5	操作不当扣5分	
	10	排放制动液	9	操作不当扣9分	
	11	清洗制动管路	9	操作不当扣9分	
	12	制动系统的排气顺序	5	操作不当扣5分	
	13	排气配合口令	4	操作不当扣4分	
	14	制动系统排气	12	操作不当扣12分	
	15	确定制动系统排气是否彻底	6	操作不当扣6分	
	16	制动性能试验	6	操作不当扣6分	
	17	作业整理工位	4	整理遗漏酌情扣分	
	18	遵守相关安全规定		因违规操作造成人身和设备事故的,总分按0分计	
分数合计			100		

任务四　检查和更换制动蹄（片）

一、技术标准与要求

（1）安装丰田卡罗拉轿车配套使用的制动蹄（片）。

（2）制动蹄（片）检查或更换周期规定：检查周期为7500km；更换周期为前轮4万~5万km，后轮6万~8万km。

（3）前轮制动蹄（片）标准厚度值为12mm，磨损极限为1mm。

注：不包含底板厚度值。

（4）后轮制动蹄（片）标准厚度值为9.5mm，磨损极限为1mm。

注：不包含底板厚度值。

（5）安装时，禁止将油液、油脂和水等黏附到制动蹄（片）上。

（6）车轮螺栓力矩为103N·m；制动钳壳螺栓力矩前轮为34N·m，后轮为35N·m。

二、实训时间：40min

三、实训教学目标

（1）了解检查和更换制动蹄（片）的重要性。
（2）熟悉制动蹄（片）工作原理。
（3）掌握检查和更换制动蹄（片）操作技能。

第九章 制动系统

四、实训器材

游标卡尺

常用工具一套

其他工具及器材：车轮扳手、一字螺丝刀、接杆、棘轮扳手、扭力扳手、尖嘴钳、鲤鱼钳、粗砂布、防护手套、驾驶室内保护罩、车轮支架、棉纱等。

五、教学组织

（1）教学组织形式：

每辆车安排4名学生参与实训，两名学生为一组。一组操作，一组观察实习。

（2）学生站位分工和要求：

两名学生一组，按照1号、2号进行编号，1号为主，2号辅助。

（3）实训教师职责：

讲解操作步骤和注意事项；下达"操作开始"口令；工位间巡视、检查、指导和纠正错误。

（4）学生职责变换：

两名学生实行职责变换制度，即第一遍1号为主，2号辅助；第二遍2号为主，1号辅助。

六、操作步骤

第一步　事前准备

提示：事前准备的详细操作步骤和规范要求，请参阅"本章任务一检查制动踏板位置中步骤一"，在此不再赘述。

第二步　拆卸前车轮

1 1号进入驾驶室，解除转向盘锁止后，将转向盘调整到中间位置，解除驻车制动。然后离开驾驶室关闭车门。

提示：

（1）保持前轮直行状态，有利于接下来操作。

（2）转动转向盘之前，应将点火开关旋至解锁档。否则转向盘被锁止。

（3）解除驻车制动才能拆卸后轮制动器。

2 2号操纵举升机将车辆举升至适当高度，并可靠锁止举升机。

提示：举升机的安全操作规范，请参阅"举升机的使用方法"，在此不再赘述。

3 安装气动扳手。

（1）1号准备好气动扳手。

（2）2号拉好气管交给1号，1号将气动扳手与气管连接好。

245

4 调整气动扳手。

（1）调整好气动扳手力度。

（2）调整好气动扳手旋向。

5 2号扶住车轮，1号使用气动扳手，快速旋出左前车轮固定螺栓。

6 2号将左前车轮固定螺栓摆放到零件车上。

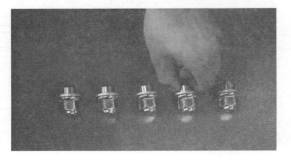

7 1号取下左前车轮，并将其放置到车轮支架上。

提示：1号用同样方法取下其他车轮，并将其放置到车轮支架上。

第三步 拆卸前制动分泵及制动蹄（片）

1 2号将Φ12mm专用接头，接杆，棘轮扳手组合后,传递给1号。

2 2号使用开口扳手将制动缸滑销固定；1号使用工具拧松制动轮缸的2个定位螺栓。

提示：拧松制动轮缸固定螺栓时，要保持专用接头垂直且与螺栓螺方可靠配合。

3 2号接收工具，擦净后摆放到工具车上。

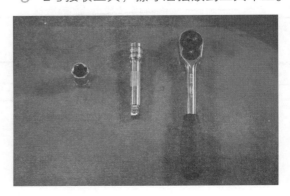

第九章 制动系统

4 1号用手旋出制动轮缸的定位螺栓。

提示：2条固定螺栓，可保持在制动轮缸的支架上，不必取下，但必须拉离制动轮缸的螺栓孔。

5 2号将专用工具传递给1号。

6 1号将专用工具压缩制动活塞，使制动蹄离开制动盘。

提示：钳盘式制动器的制动蹄和制动盘的间隙很小，在这种情况下，很难将制动轮缸直接取下来。所以，应加大制动蹄和制动盘之间的距离，才能顺利取下制动轮缸。

7 1号将制动轮缸，通过挂钩悬挂于车身上。

提示：制动轮缸拆卸后，不得放置在下控制臂上，一旦脱落会拉伤进油管。建议将制动轮缸可靠悬挂在车身上，并保持进油管处于自然状态。

8 1号取出内外侧制动蹄片

提示：注意区分内外侧制动蹄片，内侧制动蹄比外侧蹄片大。

9 2号将制动蹄摆放到零件车上。

10 2号将ϕ14mm套筒、扭力扳手传递给1号。

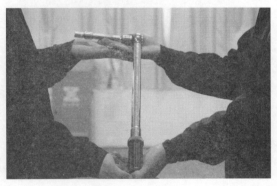

11 1号使用ϕ14mm套筒、扭力扳手拧松制动轮缸支架的2条固定螺栓。

12 1号用手旋下2条固定螺栓后，取下制动轮缸支架。

13 2号将支架及其螺栓摆放到零件车上。

提示： 部件及其固定螺栓，要整齐摆放在一起，可提高安装效率。

14 1号从制动缸固定架上，取下2根制动缸滑销及2个衬套防尘罩。

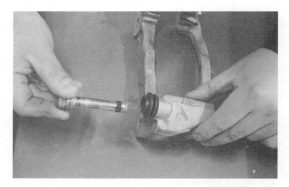

15 2号将制动缸滑销、衬套防尘罩，摆放到零件车上。

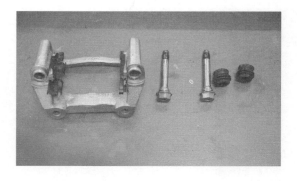

第四步　拆卸后车轮

提示： 拆卸后车轮的详细操作步骤和规范要求，请参阅"本任务步骤二拆卸前车轮"，在此不再赘述。

第五步　拆卸后轮制动轮缸

1 2号使用开口扳手将制动缸滑销固定；1号使用工具，拧松制动轮缸的2条定位螺栓。

提示： 拧松制动轮缸固定螺栓时，要保持专用接头垂直且与螺栓螺方可靠配合。

2 2号将专用工具传递给1号。

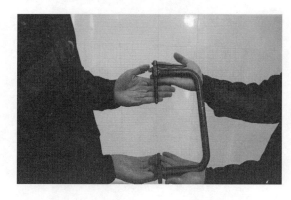

3 1号将专用工具压缩制动活塞，使制动蹄离开制动盘。

提示： 钳盘式制动器的制动蹄和制动盘的间隙很小，在这种情况下，很难将制动轮缸直接取下来。所以，应加大制动蹄和制动盘之间的距离，才能顺利取下制动轮缸。

第九章 制动系统

4 1号将制动轮缸，通过挂钩悬挂于车身上。

第六步 拆卸后制动蹄（片）

1 1号取出内外侧制动蹄片

提示：注意区分内外侧制动蹄片，内侧制动蹄比外侧蹄片大。

2 2号将制动蹄摆放到零件车上。

3 2号将φ14mm套筒、扭力扳手传递给1号。

4 1号使用φ14mm套筒、扭力扳手拧松制动轮缸支架的2条固定螺栓。

5 1号用手旋下2条固定螺栓后，取下制动轮缸支架。

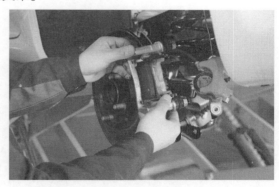

6 2号将支架及其螺栓摆放到零件车上。

提示：部件及其固定螺栓，要整齐摆放在一起，可提高安装效率。

7 1号将2片制动蹄片支撑板从制动轮缸支架上拆卸下来。

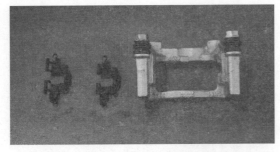

8 1号从支架上拔出2根制动缸滑销与2只衬套防尘罩。

第七步 检查制动蹄

1 1号目视检查,制动蹄摩擦片是否有裂纹、油渍、脱胶现象。

⚠️ 提示:如果制动摩擦片,出现裂纹、脱胶现象,应更换制动蹄。如果制动蹄摩擦表面有油渍,应予以清洁。

2 1号目视检查,制动蹄摩擦表面与制动盘的接触面积和接触位置。

⚠️ 提示:制动蹄摩擦表面的接触面积和接触位置,应符合规定要求。否则,证明制动盘、制动蹄、甚至制动轮缸及其支架已经变形。

3 1号使用游标卡尺,测量制动蹄厚度值,如果接近或达到极限值,应更换新件。

⚠️ 提示:制动蹄的标准厚度值前轮为12mm(不含底板),后轮为9.5 mm(不含底板)磨损极限为1mm(不含底板)。若测量尺寸接近或达到极限值,应更换制动蹄。

第八步 安装前轮制动蹄及制动轮缸

1 1号用粗砂布砂磨制动盘和制动蹄摩擦表面。

⚠️ 提示:

(1)保持制动蹄和制动盘摩擦表面洁净、粗糙,可防止制动打滑、提高制动性能。

(2)严禁将油液、油脂及水粘附到摩擦表面上,容易引起制动打滑。

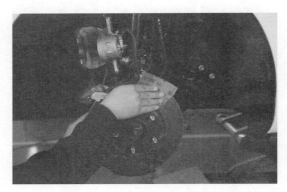

2 2号在衬套防尘罩上涂上润滑脂。

3 1号将衬套防尘罩安装在制动轮缸支架上。

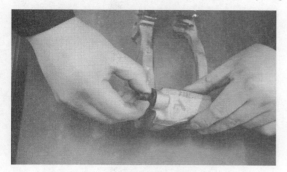

4 2号将制动缸滑销表面涂上润滑脂。

5 1号将制动缸滑销安装在制动轮缸支架上。

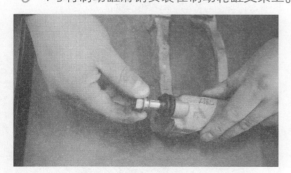

6 1号将制动轮缸支架安装到制动盘上。

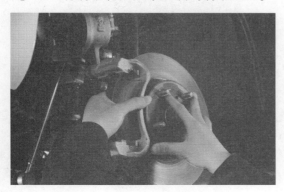

7 1号使用扭力扳手将制动轮缸支架固定螺栓以34N·m的力矩拧紧。

8 1号将制动蹄片装到制动轮缸支架上。

提示：注意区分内外侧制动蹄片，内侧制动蹄比外侧蹄片大。

9 1号从挂钩上取下制动轮缸，然后用专用工具将制动轮缸活塞压入缸筒内。

10 1号将制动轮缸安放到支架上。

提示：安装制动轮缸时，防止外制动蹄脱落。

11 1号将制动轮缸上的定位孔与制动缸滑销上的螺栓孔对齐后，将螺栓穿过制动轮缸，用手旋入螺栓孔中。

12 1号使用2号传递来的Φ12mm专用接口、接杆、棘轮扳手，拧紧制动轮缸的2条定位螺栓。

13 2号使用开口扳手将制动缸滑销固定，1号使用扭力扳手将定位螺栓拧紧至规定力矩。前轮定位螺栓规定力矩为107N·m。

⚠ 提示：

（1）制动轮缸固定螺栓的拧紧力矩，要符合规定要求，以免给行车安全带来安全隐患。

（2）按照相同的操作步骤和规范要求，更换其他车轮制动器的制动蹄。

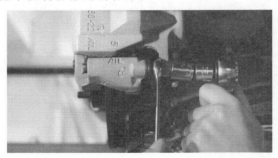

第九步 安装后轮制动蹄及制动轮缸

1 2号在衬套防尘罩上涂上润滑脂。

2 1号将衬套防尘罩安装在制动轮缸支架上。

3 2号将制动缸滑销表面涂上润滑脂。

4 1号将制动缸滑销安装在制动轮缸支架上。

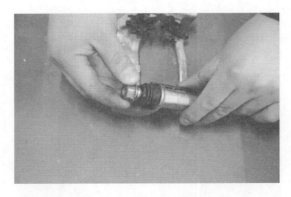

5 1号将制动轮缸支架安装到制动盘上。

6 1号使用扭力扳手将制动轮缸支架固定螺栓以34N·m的力矩拧紧。

第九章 制动系统

7 1号用粗砂布砂磨制动盘和制动蹄摩擦表面。

提示：

（1）保持制动蹄和制动盘摩擦表面洁净、粗糙，可防止制动打滑，提高制动性能。

（2）严禁将油液、油脂及水粘附到摩擦表面上，容易引起制动打滑。

8 1号将制动蹄片装到制动轮缸支架上。

提示： 注意区分内外侧制动蹄片，内侧制动蹄比外侧蹄片大。

9 1号从挂钩上取下制动轮缸，然后用专用工具调整制动轮缸活塞至图示位置。

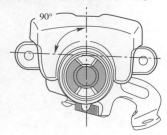

10 1号将制动轮缸安放到支架上。

提示： 安装制动轮缸时，防止外制动蹄脱落。

11 1号将制动轮缸上的定位孔与制动缸滑销上的螺栓孔对齐后将螺栓穿过制动轮缸，用手旋入螺栓孔中。

12 1号使用2号传递来的Φ12mm专用接口、接杆、棘轮扳手，拧紧制动轮缸的2条定位螺栓。

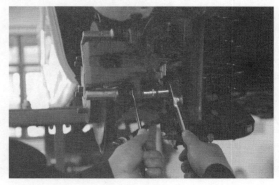

13 2号使用开口扳手将制动缸滑销固定，1号使用扭力扳手将定位螺栓拧紧至规定扭矩。后轮定位螺栓规定力矩为57N·m。

提示：

（1）制动轮缸固定螺栓的拧紧力矩，要符合规定要求，以免给行车安全带来安全隐患。

（2）按照相同的操作步骤和规范要求，更换其他车轮制动器的制动蹄。

第十步　安装前后车轮

1 1号将车轮安装到制动盘凸缘上，对齐螺栓后，2号用手将车轮固定螺栓旋入螺纹孔内。

2 2号扶住车轮，1号使用专用套筒、棘轮扳手，将车轮5只固定螺栓拧紧到适当力矩。

提示：

（1）拧紧车轮固定螺栓时，要按照"对角多遍"的要求进行，防止车轮变形。

（2）按相同要求安装另一侧车轮。

第十一步　制动蹄性能试验

1 2号进入驾驶室，连续踩踏制动踏板数次后，踩住制动踏板保持制动位置不变。

提示：

（1）连续踩制动踏板数次，目的是使制动器自动将制动盘和制动蹄之间的间隙调整到最佳。

（2）保持驻车制动器处于不工作状态。

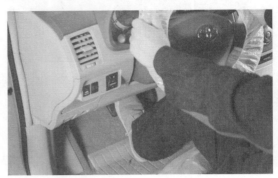

2 1号用力转动车轮。

提示：如果车轮不能转动，证明制动轮缸制动效果良好。否则，对制动系统进行检查。

3 2号放松制动踏板，1号再次转动车轮。

提示：如果车轮转动自如，轻便顺畅，证明车轮制动轮缸复位性能良好。否则，对制动系统进行检查。

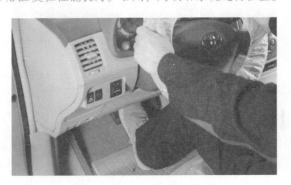

第九章 制动系统

4 2号拉紧驻车制动杆，并保持制动状态。

5 1号用力转动后车轮，检查驻车制动器的制动性能。

提示：如果后车轮不能够转动，证明驻车制动器的制动性能良好，否则，应对驻车制动系统进行检查。

6 2号彻底放松驻车制动杆，释放驻车制动器。

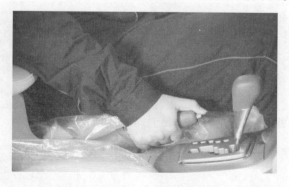

7 1号再次转动后车轮，检查车轮的转动情况。

提示：如果车轮转动自如、轻便顺畅，证明驻车制动器复位性能良好。否则，应对驻车制动系统进行检查。

第十二步 紧固车轮螺栓

1 1号操作举升机，将车辆降落到地面上。

提示：

（1）正确、安全操作举升机。请参阅"举升机的使用方法"，在此不再赘述。

（2）举升车辆前，注意安全确认，配合口令"正常"、"举升"。

2 1号使用2号传递来的扭力扳手，将车轮固定螺栓力矩拧紧至103N·m。

提示：

（1）拧紧车轮固定螺栓时，要按照"对角多遍"的要求进行，防止车轮变形。

（2）按相同要求安装另一侧车轮。

第十三步 整理工位

1号、2号共同拆除护裙、驾驶室内保护罩，清理工具和量具等，清洁地面卫生。

提示：作业项目完成后，要搞好工位的清扫、整理工作，培养良好的工作习惯。

七、考核标准

考 核 标 准 表

考核时间	序号	考核项目	满分	评分标准	得分
30min	1	作业前整理工位	3	整理遗漏酌情扣分	
	2	安装汽车保护罩	3	操作不当扣3分	
	3	拆装车轮装饰罩	3	操作不当扣3分	
	4	拆装车轮	10	操作不当扣10分	
	5	拆装车轮制动分泵	20	操作不当扣20分	
	6	拆装车轮制动蹄（片）	20	操作不当扣20分	
	7	检查车轮制动蹄的摩擦面	10	检查遗漏扣10分	
	8	测量车轮制动蹄的厚度值	10	操作不当扣10分	
	9	磨砂制动盘及蹄	4	操作不当扣4分	
	10	更换制动蹄后的性能试验	6	操作不当扣6分	
	11	紧固车轮螺栓	4	操作不当扣5分	
	12	举升或降落车辆	3	操作不当扣3分	
	13	作业后整理工位	4	整理遗漏酌情扣分	
	14	遵守相关安全规范		因违规操作造成人身和设备事故的，总分按0分计	
分数合计			100		

任务五　检查和更换制动盘

一、技术标准和要求

（1）安装丰田卡罗拉轿车配套使用的制动盘。

（2）前轮制动器制动盘厚度值为22mm，极限值为19mm；后轮制动器制动盘厚度值为9mm，极限值为7.5mm。

（3）前轮制动器制动盘距外缘10mm处的端面跳动量≤0.05mm；后轮制动器制动盘距外缘10mm处的端面跳动量≤0.15mm。

（4）安装时，禁止将油液、油脂和水等粘附到制动盘及制动蹄（片）摩擦表面上。

（5）相关螺栓规定拧紧力矩：车轮螺栓力矩为103N·m；制动钳壳螺栓力矩前轮为34N·m，后轮为35N·m。前轮制动轮缸支架固定螺栓107N·m；后轮制动轮缸支架固定螺栓57N·m。

二、实训时间：60min

三、实训教学目标

（1）了解检查和更换制动盘的重要性。

（2）熟悉制动盘的工作原理。

（3）掌握检查和更换制动盘的操作技能。

四、实训器材

外径千分尺（0～25mm）

游标卡尺

百分表

磁性表座

常用工具一套

五、教学组织

（1）教学组织形式

每辆车安排4名学生参与实训，两名学生为一组。一组操作，一组观察学习。

（2）学生站位分工和要求

两名学生一组，按照1号、2号进行编号，1号为主，2号辅助。

（3）实训教师职责

讲解操作步骤和注意事项；下达"操作开始"口令；工位间巡视、检查、指导和纠正错误。

（4）学生职责变换

两名学生实行职责变换制度，即第一遍1号为主，2号辅助；第二遍2号为主，1号辅助。

六、操作步骤

第一步　事前准备

提示：事前准备的详细操作步骤和规范要求，请参阅"本章任务一检查制动踏板位置中的第一步"，在此不再赘述。

第二步　拆卸前后车轮

提示：拆卸前后车轮的详细操作步骤和规范要求，请参阅"本章任务四检查和更换制动蹄（片）中拆卸前车轮步骤四"，在此不再赘述。

第三步　拆卸前后制动轮缸及制动蹄

提示：拆卸制动轮缸及制动蹄的详细操作步骤和规范要求，请参阅"本章任务四检查和更换制动蹄（片）步骤三至步骤六"，在此不再赘述。

第四步　检查前制动盘

1 1号使用干净棉纱，将制动盘摩擦表面擦拭干净。

提示：保持测量面洁净，可以提高测量精度。

2 2号将外径千分尺传递给1号

提示：外径千分尺是一种精密测量仪器，在传递、使用及存放时，要小心谨慎、规范操作，合理存放。否则，将影响其测量精度。

3 1号使用外径千分尺测量制动盘的厚度。

提示：

（1）测量前，使用干净棉纱擦净千分尺砧座，并校正外径千分尺。

（2）测量时保持砧座与制动盘摩擦表面的垂直。

（3）从刻度盘上，读出制动盘的厚度值，将测量值与丰田卡罗拉轿车的制动盘标准值和极限值相对照。如果制动盘已达到或接近使用极限，应更换新品。

丰田卡罗拉轿车的前轮制动器制动盘厚度值为22mm，极限值为19mm。

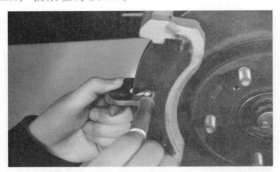

4 测量完毕，2号将外径千分尺擦净涂油后放置到包装盒内。

提示： 注意外径千分尺的保养与维护。

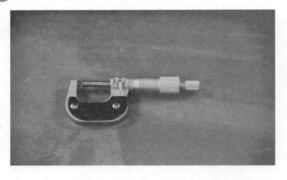

5 1号在车轮螺栓上拧入3只车轮螺母。

6 2号用撬棒别住2只车轮螺栓，1号使用扭力扳手按规定力矩拧紧其中1只车轮螺栓，以此类推将其他2只分别拧紧以保证制动盘不晃动。

提示： 车轮螺栓规定拧紧力矩为103N·m。

7 2号将百分表及磁性表座，传递给1号。

提示： 百分表时一种精密测量仪器，在传递、使用及存放时，要小心谨慎、规范操作，合理存放，否则，将影响其测量精度。

8 1号将百分表座，吸附在转向节的适当位置。

提示： 确定百分表座安装位置，以便于测量制动盘端面跳动量。

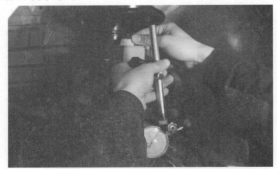

9 1号调整百分表，百分表触头抵住前轮制动盘摩擦表面。

提示：

（1）擦净百分表触头。

（2）调整百分表杆，使百分表预压缩1～2mm。

（3）调整测杆与测量面垂直。

10 1号转动百分表表面，将指针指向"0"刻度线。

提示： 为便于记忆指针偏摆量，可以调整百分表表盘，将指针指向"0"刻度线。

11 1号用手缓慢转动制动盘一周，同时观察百分表指针摆动情况。

提示： 缓慢转动制动盘，便于观察指针摆动量。

12 1号根据百分表指针的最大偏摆量，计算制动盘端面跳动量。

提示： 制动盘端面跳动量的计算方法
（1）将百分表指针的最大偏摆量，换算成格数。
（2）制动盘的跳动量（mm）=格数×0.01 m

将测量值与丰田卡罗拉轿车的制动盘端面跳动量允许值对照。如果制动盘的端面跳动量已接近或超过允许值范围，应更换新品。

丰田卡罗拉轿车前轮制动器制动盘距外缘10mm处的端面跳动量≤0.05mm。

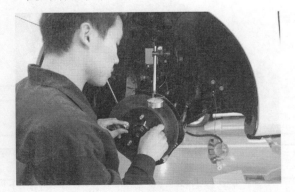

13 2号将百分表及磁性表座分解，擦净涂油后放置在包装盒内。

提示： 注意百分表的维护。

第五步 检查后制动盘

1 1号使用干净棉纱将后制动盘摩擦表面擦拭干净。

提示： 保持测量面洁净，可以提高测量精度。

2 2号将外径千分尺传递给1号

提示： 外径千分尺是一种精密测量仪器，在传递、使用及存放时，要小心谨慎、规范操作，合理存放。否则，将影响其测量精度。

3 1号使用外径千分尺，测量后制动盘的厚度值。

提示：
（1）测量前，使用干净棉纱擦净千分尺砧座，并校正外径千分尺。
（2）测量时，保持砧座与制动盘摩擦表面的垂直。
（3）从刻度盘上，读出制动盘的厚度值。将测量值与丰田卡罗拉轿车的制动盘标准值和极限值相对照。如果制动盘已达到或接近使用极限，应更换新品。

丰田卡罗拉型轿车的后轮制动器制动盘厚度值为9mm，极限值为7.5mm。

4 测量完毕，2号将外径千分尺擦净涂油后，放置到包装盒内。

 提示：注意外径千分尺的维护。

5 1号在车轮螺栓上拧入3只车轮螺母。

6 2号用撬棒别住2只车轮螺栓，1号使用扭力扳手按规定力矩拧紧其中1只车轮螺母，以此类推将其它2只分别拧紧，以保证制动盘不晃动。

 提示：车轮螺栓规定拧紧力矩为103N·m。

7 2号将百分表及磁性表座传递给1号。

 提示：百分表时一种精密测量仪器，在传递、使用及存放时，要小心谨慎、规范操作，合理存放，否则，将影响其测量精度。

8 1号将百分表座，吸附在减振器的适当位置。

 提示：确定百分表座安装位置，以便于测量制动盘端面跳动量为标准。

9 1号调整百分表，百分表触头抵住后轮制动盘摩擦表面。

 提示：
（1）擦净百分表触头。
（2）调整百分表杆，使百分表预压缩1~2mm。
（3）调整测杆与测量面垂直。

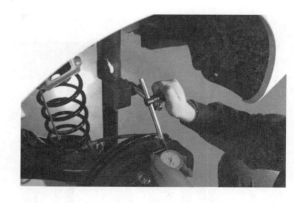

10 1号转动百分表表面，将指针指向"0"刻度线。

 提示：为便于记忆指针偏摆量，可以调整百分表表盘，将指针指向"0"刻度线。

11 1号用手缓慢转动制动盘一周，同时观察百分表指针摆动情况。

⏱提示：缓慢转动制动盘，便于观察指针摆动量。

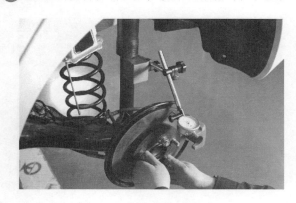

12 1号根据百分表指针的最大偏摆量，计算制动盘端面跳动量。

⏱提示：制动盘端面跳动量的计算方法
（1）将百分表指针的最大偏摆量，换算成格数。
（2）制动盘的跳动量（mm）=格数×0.01m

将测量值与丰田卡罗拉轿车的制动盘端面跳动量允许值对照。如果制动盘的端面跳动量已接近或超过允许值范围，应更换新品。

丰田卡罗拉轿车后轮制动器制动盘距外缘10mm处的端面跳动量≤0.15mm。

13 2号将百分表及磁性表座分解，擦净涂油后，放置在包装盒内。

⏱提示：注意百分表的维护。

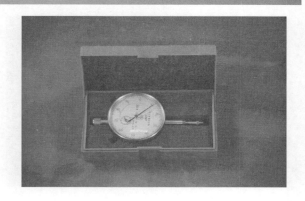

第六步 拆卸前制动轮缸的支架

1 2号将Φ14mm套筒、扭力扳手传递给1号。

2 1号使用Φ14mm套筒、扭力扳手拧松制动轮缸支架的2只固定螺栓。

3 2号接收工具，擦拭后摆放到工具车上。

⏱提示：注意工具的维护。

4 1号用手旋下2条固定螺栓后，取下制动轮缸支架。

5 2号将支架及其螺栓摆放到零件车上。

💡 **提示**：部件及其固定螺栓，要整齐摆放在一起，可提高安装效率。

第七步 拆卸前制动盘

1 1号用记号笔在制动盘与轮毂轴承之间做装配记号。

2 1号使用气动扳手拧下3条车轮螺栓。

💡 **提示**：气动扳手的使用方法及注意事项，请参阅本章"任务四 检查和更换制动蹄（片）"中第二步，在此不再赘述。

3 1号取下制动盘并传递给2号。

💡 **提示**：拆卸、传递及安装制动盘时，要注意安全，防止掉落砸伤。

4 2号将制动盘摆放到零件车上。

第八步 拆卸后制动轮缸的支架

1 2号将Φ14mm套筒、扭力扳手传递给1号。

2 1号使用Φ14mm套筒、扭力扳手拧松制动轮缸支架的2条固定螺栓。

3 2号接收工具，擦拭后摆放到工具车上。

⏱提示：注意工具的维护。

4 1号用手旋下2条固定螺栓后，取下制动轮缸支架。

5 2号将支架及其螺栓摆放到零件车上。

⏱提示：部件及其固定螺栓，要整齐摆放在一起，可提高安装效率。

第九步　拆卸后制动盘

1 1号用记号笔在制动盘与轮毂轴承之间做装配记号。

2 1号使用气动扳手拧下3条车轮螺栓。

⏱提示：气动扳手的使用方法及注意事项，请参阅本章"任务四　检查和更换制动蹄（片）"中第二步，在此不再赘述。

3 1号取下制动盘并传递给2号。

⏱提示：拆卸、传递及安装制动盘时，要注意安全，防止掉落砸伤。

4 2号将制动盘摆放到零件车上。

第十步　安装前轮制动盘及制动轮缸支架

1 2号将前轮制动盘传递给1号，1号将前轮制动盘与轮毂轴承总成的装配记号对齐，将制动盘套在车轮螺栓上。

⏱提示：安装新的制动盘时，应选择制动盘最小端面跳动量的位置进行安装。

2　2号将制动轮缸支架传递给1号，1号装上制动轮缸支架。

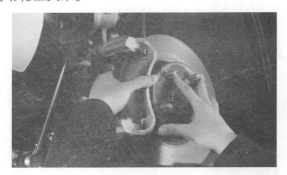

3　1号使用Φ14mm套筒、棘轮扳手拧紧制动轮缸支架的2条固定螺栓。

4　1号使用扭力扳手将制动轮缸支架的2条固定螺栓拧紧。

⚠️提示：前轮制动轮缸支架固定螺栓规定拧紧力矩107 N·m。

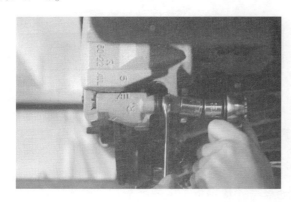

第十一步　安装后轮制动盘及制动轮缸支架

1　2号将后轮制动盘传递给1号，1号将前轮制动盘与轮毂轴承总成的装配记号对齐，将制动盘套在车轮螺栓上。

⚠️提示：安装新的制动盘时，应选择制动盘最小端面跳动量的位置进行安装。

2　2号将制动轮缸支架传递给1号，1号装上制动轮缸支架。

3　1号使用Φ14mm套筒、棘轮扳手拧紧制动轮缸支架的2条固定螺栓。

4　1号使用扭力扳手将制动轮缸支架的2条固定螺栓拧紧。

⚠️提示：后轮制动轮缸支架固定螺栓规定拧紧力矩57 N·m。

第九章 制动系统

第十二步 安装制动轮缸和制动蹄

1号、2号配合，将制动轮缸及制动蹄安装完毕。

提示： 安装制动轮缸和制动蹄的详细操作步骤和规范要求，请参阅本章"任务四 检查和更换制动蹄（片）"中第八步至第九步，在此不再赘述。

第十三步 安装车轮

1号、2号配合，将车轮安装完毕。

提示： 安装车轮的详细操作步骤和规范要求，请参阅本章"任务四 检查和更换制动蹄（片）"中第六步，在此不再赘述。

第十四步 车轮制动器性能试验

1号、2号配合，将车轮制动器性能试验完成。

提示： 车轮制动器性能试验的详细操作步骤和规范要求，请参阅本章"任务四 检查和更换制动蹄（片）"中第十一步，在此不再赘述。

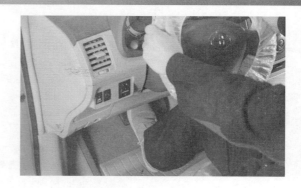

第十五步 紧固车轮螺栓

1号、2号配合，将紧固车轮螺栓完成。

提示： 紧固车轮螺栓的详细操作步骤和规范要求，请参阅本章"任务四 检查和更换制动蹄（片）"中第十二步，在此不再赘述。

第十六步 整理工位

1号、2号共同拆除护裙、驾驶室内保护罩，清理工具和量具等，清洁地面卫生。

提示： 作业项目完成后，要搞好工位的清扫、整理工作，培养良好的工作习惯。

七、考核标准

考核标准表

考核时间	序号	考核项目	满分	评分标准	得分
60min	1	作业前整理工位	2	整理遗漏酌情扣分	
	2	安装汽车保护套	2	操作不当扣2分	
	3	拆装车轮	4	操作不当扣4分	
	4	拆装前后车轮制动分泵及制动蹄	8	操作不当扣8分	
	5	拆装前后车轮制动分泵的支架	6	操作不当扣6分	
	6	摆放零部件	3	操作不当扣3分	

续上表

考核时间	序号	考核项目	满分	评分标准	得分
60min	7	工具、量具的使用和维护	3	操作不当扣3分	
	8	拆装后车轮制动分泵及制动蹄	10	操作不当扣10分	
	9	测量前车轮制动盘的厚度	8	操作不当扣8分	
	10	测量前车轮制动盘的端面跳动量	10	操作不当扣10分	
	11	拆装前后车轮制动盘	6	操作不当扣6分	
	12	测量后车轮制动盘的厚度	8	操作不当扣8分	
	13	测量后车轮制动盘的端面跳动量	10	操作不当扣10分	
	14	检查制动器的制动性能	5	操作不当扣5分	
	15	检查制动器的复位性能	5	操作不当扣5分	
	16	检查驻车制动器的性能	5	调整不当扣5分	
	17	举升或降落车辆	3	操作不当扣3分	
	18	作业后整理工位	2	整理遗漏酌情扣分	
	19	遵守相关安全规范		因违规操作造成人身和设备事故的，总分按0分计	
分数合计			100		

任务六 更换制动助力器、制动主缸及轮缸

一、技术标准与要求

（1）安装丰田卡罗拉配套使用助力器、制动主轮及轮缸。

（2）添加制动液，不同型号的不能混用。

（3）制动液有毒性和强腐蚀性，不可与皮肤、油漆接触。

（4）制动液具有吸湿性，要存放在密封容器中。

（5）相关螺栓规定拧紧力矩：

①车轮螺栓力矩为103N·m。

②制动钳壳螺栓规定拧紧力矩：前轮为34N·m，后轮为35N·m。

③制动主缸螺母规定拧紧力矩为13N·m。

二、实训时间：60min

三、实训教学目标

（1）了解更换制动助力器，制动主轮及轮缸的重要性。

（2）熟悉制动助力器，制动主轮及轮的结构和工作原理。

（3）掌握更换制动助力器、制动主轮及轮的操作技能。

四、实训器材

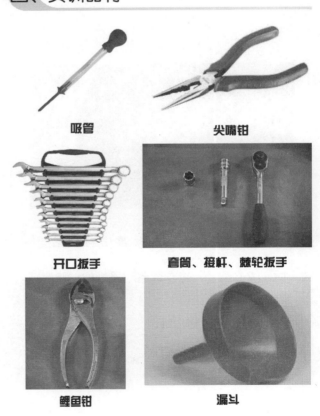

吸管　　　　　尖嘴钳

开口扳手　　　套筒、接杆、棘轮扳手

鲤鱼钳　　　　漏斗

五、教学组织

（1）教学组织形式：

每辆车安排六名学生参与实训，3名学生为一组，一组操作，一组观察学习。

（2）学生站位分工和要求：

三名学生一组，按照1号、2号、3号进行编码，1号为主，2号、3号为辅助。

（3）实训教师职责：

讲解操作步骤和注意事项；下达"操作开始"口令；工位间巡视、检查、指导和纠正错误。

（4）学生职责变换：

三名学生实行职责变换制度，即第一遍1号为主，2号、3号辅助；第二遍2号为主，1号、3号辅助，以此类推。

六、操作步骤

事前准备

> 提示：事前准备的详细操作步骤和规范要求，请参阅"本章任务一检查制动踏板位置中步骤一"，在此不再赘述。

第一步 拆卸制动主缸

（一）更换制动主缸

1 1号拔下液位传感器的电插头，然后旋下储液罐盖，擦净后递给2号。

> 提示：
>
> （1）插拔电器元件电插头时，应保持点火开关处于关闭状态，否则，产生的电动势极易损坏电控单元。
>
> （2）取下储液罐盖的时候，擦净盖上的油液后再传递出去，避免油液滴落到车漆上或粘附到皮肤上，导致车漆剥落或侵蚀皮肤。

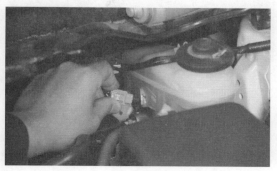

2 2号将储油液罐盖放到零件车上后，将吸管及接油容器传递给1号。

3 1号使用吸管将制动液主缸内的制动液吸出，盛放到接油容器中。

> 提示：
>
> （1）尽量吸净储油液罐内的制动液，减少拆卸制动主缸时的泄漏。
>
> （2）如果制动液性能良好，要选用清洁的容器盛放制动液，以备继续使用。

4 1号在供油管下方铺设棉纱。

> 提示：铺设棉纱的目的是防止残留制动液滴落到车漆、机械总成或地面上。

5 2号将10~12mm开口扳手传递给1号

6 1号使用10mm开口扳手，拧松制动主缸两出油管路压紧螺母。

提示：
（1）拧松制动主缸出油管压紧螺母的时候禁止使用磨损过度的开口扳手，否则会导致螺母滑方，给拆卸出油管带来更大的难度。
（2）在出油管路下方铺设棉纱的，防止残留制动液滴落到车漆、机械总成或地面上。

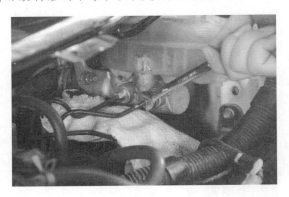

7 1号用手旋出制动主缸的出油管压紧螺母后，稍微用力将出油管拉离制动主缸，将油管堵头安装到两出油管口上。

提示： 拆卸后油管，为防止水分、灰尘及杂物进入制动管路，引起制动液性能下降、污染及加剧机件磨损，要安装适合的油管堵头。

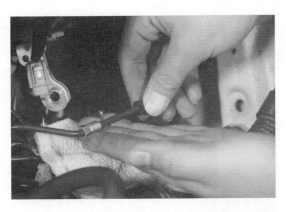

8 2号将ø14mm套筒、接杆、棘轮扳手组合后传递给1号。

9 1号使用工具将制动主缸2只固定螺母拧松。

10 1号将工具递还给2号，1号一手扶住制动主缸，一手旋下固定螺母并传递给2号。

提示： 传递制动主缸时，要将制动主缸放在棉纱上。避免残留制动液滴落到车漆、总成或地面上。

11 2号将制动主缸摆放到零件车上。

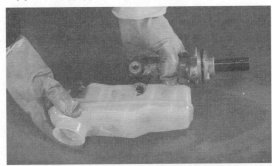

12 1号取下储油罐并检查储油罐与制动主缸间的密封圈。

提示： 该密封圈用于保护储油罐与制动主缸间的密封，如果出现裂纹、发胀、发黏、扭曲变形，应更换新品。否则，会导致漏油。

（二）安装制动主缸

1 1号将密封圈上均匀涂抹一薄层制动液。

提示：

（1）安装密封圈的时候，确保密封圈呈自然状态，不允许有扭曲现象。

（2）在密封圈上涂抹制动液，可以起到方便安装和加强密封的作用。

2 1号检查并安装制动主缸和制动助力器间的密封圈。

提示：

（1）该密封圈安装在制动主缸的前端凸缘上，用于密闭制动主缸和制动助力器之间接合面的缝隙，形成内部密封空间，从而保证制动助力器的使用性能。

（2）密封圈的检查方法前文已述，不再赘述。

3 1号在制动主缸后活塞凹坑中涂抹适当的润滑脂。

提示：制动主缸活塞凹坑与其推杆间因相互摩擦而产生磨损，因此，安装时需要在接触部位进行润滑。

4 1号将储油罐安装到制动主缸上

提示：确保储油罐安装到位，否则将会引起泄漏。

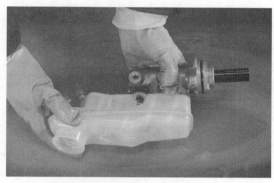

5 1号将制动主缸的活塞凹坑与推杆对齐，将制动主缸壳体上的螺栓孔与制动助力器壳体上的螺栓对齐，然后，将制动主缸用手安装到制动助力器上。

6 2号将Φ14mm套筒、接杆、棘轮扳手组合后传递给1号。

7 1号使用工具，拧紧制动主缸2只固定螺母。

提示： 拧紧制动主缸的2只螺母时，要按照"交替多遍"的要求进行。

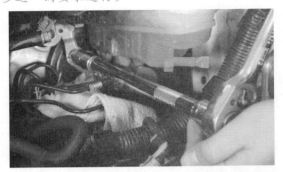

8 1号使用扭力扳手将制动主缸2只固定螺母按规定扭矩拧紧。螺母规定力矩为13N·m。

9 1号取下油管堵头后，用手将制动主缸的两出油管的压紧螺母旋入螺纹孔中。

提示： 确保对正螺纹，严禁使用工具旋入压紧螺母。否则，螺纹损伤将导致漏油，严重时会造成制动主缸、出油管的报废。

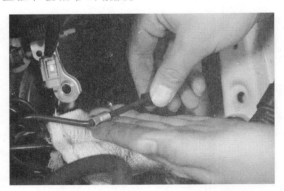

10 2号将10~12mm开口扳手传递给1号。

11 1号使用10~12mm开口扳手，拧紧制动主缸两出油管的压紧螺母。螺母规定力矩15N·m。

提示： 拧紧制动主缸出油管压紧螺母时，严禁使用磨损过度的开口扳手。否则，会导致螺母滑方，因压紧力小而导致漏油。

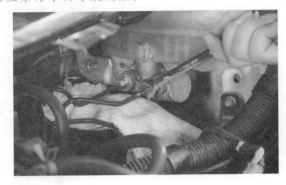

（三）加注制动液

1 2号将制动液桶传递给1号。

2 2号将漏斗放入储液罐加油口中并扶稳。1号打开制动液桶盖，然后将制动液缓慢倒入储液罐内，直到液面达到规定要求为止。

提示： 在加注油液的同时，注意观察储液罐内液面的变化，液面不得超过"MAX"刻度线。

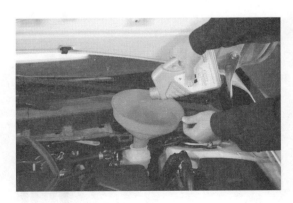

3 1号检查储液罐中液面的高度，不得高于"MAX"刻度线，最后旋紧储液罐盖，插上液位传感器电插头。

第九章 制动系统

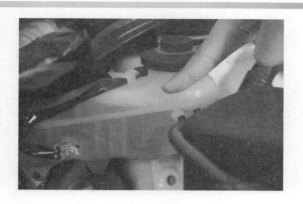

（四）制动系统排气

1 3号操纵举升机将车辆举升至适当高度，并可靠锁止举升机。

⏱ **提示**：正确、安全操作举升机。请参阅"举升机的使用方法"，在此不再赘述。

2 1号、2号、3号共同配合，将制动系统中存留的空气排放彻底。

⏱ **提示**：液压制动系统排气的详细操作步骤和规范要求，请参阅"本章任务三检查添加和更换制动液中步骤五"，在此不再赘述。

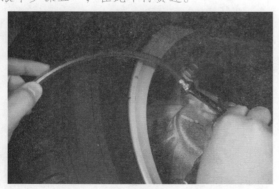

第二步 更换制动助力器

（一）拆卸制动主缸

1 1号、2号配合拆下制动主缸。

⏱ **提示**：拆卸制动主缸的操作步骤和规范要求请参阅前文说明，在此不再赘述。

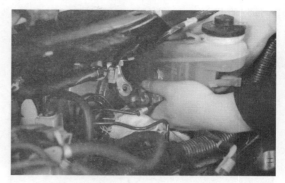

2 用鲤鱼钳移动卡箍，用手拔下制动助力器的真空管。

（二）拆卸转向盘下方保护罩

⏱ **提示**：1号拆下组合开关下的防护罩，并传递给2号。

（三）拆卸制动助力器

1 2号将尖嘴钳传递给1号。

2 1号使用尖嘴钳，取出连接制动踏板与制动助力器推杆的连接销上的保险装置，然后取出连接销，断开推杆与制动踏板连接。

⏱️提示：连接销和保险装置所处位置比较隐蔽，拆卸和安装时难度较大，最好配合灯光照明。

3 2号将Φ14mm套筒、接杆、棘轮扳手组合后传递给1号。

4 1号使用工具，拧松制动助力器的4只压紧螺母。

⏱️提示：制动助力器的压紧螺母，需要在驾驶室内拆卸，位置隐藏，空间狭小，最好配合灯光。

5 2号接收工具并摆放到工具车上。

⏱️提示：工具擦拭后，再摆放到工具车上，注意工具的维护。

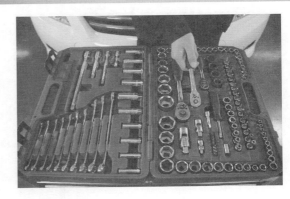

6 2号用手扶住发动机舱内的制动助力器，1号在驾驶室内用手旋下制动助力器的4只压紧螺母。

⏱️提示：2号扶住制动助力器，是为了防止压紧螺母取下后，制动助力器掉落损伤其他部件。

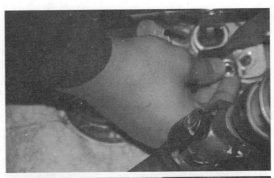

7 2号取出制动助力器，并摆放到零件车上。

⏱️提示：制动助力器的前端凸缘上，有一个橡胶垫圈，取下制动助力器时，不要脱落丢失。橡胶垫圈用于保护制动助力器与车身弹性固定，并且有减轻震动作用。

（四）安装制动助力器

1 2号将橡胶垫圈贴合制动助力器的前端凸缘上。

⏻提示：为保证橡胶垫圈的可靠贴合，可在橡胶垫圈上涂抹适量的润滑脂这样在安装制动助力器时，橡胶垫圈便不易脱落。

2 2号将制动助力器4只螺栓和车身的安装孔对齐后，将制动助力器前端面贴合在身上，并用手扶住制动助力器。

3 1号用手将4只螺母，旋入制动助力器的固定螺栓上。

⏻提示：为防止损伤螺栓螺纹，要用手旋入螺母。

4 1号使用2号传递来的Φ14mm套筒、接杆、扭力扳手拧紧制动助力器4只压紧螺母。压紧螺母规定力矩为13N·m。

⏻提示：拧紧固定螺母时，要按照"交叉多次"的要求进行，防止制动助力器变形而影响其使用性能。

5 2号将连接销和保险装置递给1号，1号对齐制动助力器的推杆和制动踏板上的销孔后，将连接销插入销孔中，把推杆和制动踏板连接起来。最后，将保险装置插入连接销上的环槽内。

⏻提示：在安装保险装置的时候，要确认其安装方向，并将其插入连接销上的环槽中。

（五）安装转向盘下方保护罩

1号将防护罩上的锁扣对齐仪表台上的锁孔并推入到位，这样防护罩便安装在仪表台上。

⏻提示：安装时，不要剧烈弯折防护罩，防止造成损坏。

（六）安装制动主缸

1 1号、2号共同配合，将制动主缸安装完毕。

⏱提示：安装制动主缸的操作步骤和规范要求，请参阅前文说明，在此不再赘述。

2 1号、2号、3号共同配合，将制动系统中存留的空气排放彻底。

⏱提示：液压制动系统排气的详细操作步骤和规范要求，请参阅本章"任务三 检查、添加或更换制动液"中第五步，在此不再赘述。

3 1号将真空管插入制动助力器的安装孔中，将卡箍安装到位。

（七）制动助力器性能试验

1 1号进入驾驶室，连续踩制动踏板数次后，用力踩住制动踏板并保持制动踏板位置不变。

⏱提示：连续踩制动踏板，目的是排出制动助力器真空气室中残余真空度。在检验制动助力器性能时，助力效果会更加显著。

2 1号踩住制动踏板打开点火开关，起动发动机，如果制动踏板稍有下降的感觉，证明制动助力器工作性能正常。反之，制动助力器失效。

⏱提示：起动发动机之前，踩住制动踏板，系统中产生的液压完全是踏板力的转换。发动机起动后，制动系统产生的液压是进气歧管内的真空度与踏板力之和。因此，在踏板力保持不变的情况下，发动机起动后，制动踏板应稍有下降现象。

第三步 更换前后轮制动轮缸

（一）拆卸车轮

⏱提示：拆卸车轮的详细操作步骤和规范要求，请参阅"任务四 检查和更换制动蹄（片）"中第二步，在此不再赘述。

（二）排放制动液

1号、2号将系统中的制动液排放彻底。

⚠️**提示**：排放制动液的详细操作步骤和规范要求，请参阅本章"任务三　检查、添加和更换制动液"中第五步，在此不再赘述。

（三）拆卸前轮制动轮缸

1　2号将专用套筒、扭力扳手，传递给1号。

2　1号使用专用套筒、扭力扳手，拧松制动轮缸的进油管压紧螺栓。

⚠️**提示**：

（1）拧松进油管压紧螺栓时，严禁使用磨损过度的专用套筒，否则，将会导致螺栓滑方，给拆卸制动轮缸带来更大难度。

（2）在制动分泵进油管下铺设棉纱，防止残留制动液滴落到地面上。

3）1号、2号相互配合拆卸前轮制动轮缸

⚠️**提示**：拆卸前轮制动轮缸的详细操作步骤和规范要求，请参阅本章"任务四　检查和更换制动蹄（片）"中第三步，在此不再赘述。

4　1号从支架上取下制动轮缸传递给2号，2号将制动轮缸摆放到零件车上。

⚠️**提示**：制动轮缸内有残余制动液，在传递和摆放中，不要将制动液沾附到皮肤上或滴落到地面上。

（四）脱开后轮制动轮缸上的驻车制动拉线

1　1号拆卸左、右下装饰板。

2　1号拆卸变速杆装饰板。

3　1号拆卸地板控制台面板总成。

— 275 —

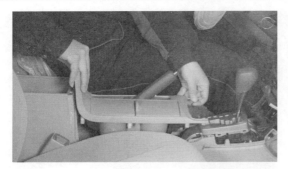

4 1号使用2把开口扳手，拆卸驻车制动器拉线上的调整螺母。

5 1号将驻车制动器拉线脱开。

6 2号操纵举升机将车辆举升至适当高度，并可靠锁止举升机。

提示：

（1）举升机的操作要领和规范要求，请参阅"举升机的使用方法"，在此不再赘述。

（2）举升或降落车辆时，强调安全确认口令"正常"、"举升车辆"，防止意外情况发生。

7 1号将驻车制动器拉线从后轮制动轮缸总成的操作杆上断开。

8 1号使用梅花扳手套入驻车制动器拉线脱开卡子，将驻车制动器拉线与后轮制动轮缸总成上脱开。

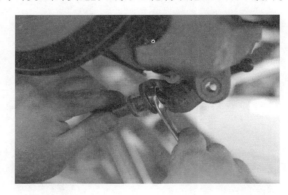

（五）拆卸后轮制动轮缸及制动蹄

1 1号使用使用专用套筒、扭力扳手，从后制动轮缸上拧松进油管压紧螺栓。

提示：

（1）拧松进油管压紧螺栓时，严禁使用磨损过度的专用套筒，否则，将会导致螺栓滑方，给拆卸制动轮缸带来更大难度。

（2）在制动轮缸进油管下铺设棉纱，防止残留制动液滴落到地面上。

2 1号、2号相互配合拆卸后轮制动轮缸。

提示：拆卸后轮制动轮缸的详细操作步骤和规范要求，请参阅本章"任务四 检查和更换制动蹄

（片）"中第五步，在此不再赘述。

3 1号从支架上取下后制动轮缸。

提示：制动轮缸内有残余制动液，在传递和摆放中，不要将制动液黏附到皮肤上或滴落到地面上。

4 1号、2号相互配合拆卸后轮制动蹄片。

提示：拆卸后轮制动蹄片的详细操作步骤和规范要求，请参阅本章"任务四 检查和更换制动蹄（片）"中第六步，在此不再赘述。

（六）安装前轮制动蹄及制动轮缸

1 1号、2号相互配合，安装前轮制动蹄片及制动轮缸。

提示：安装前轮制动蹄片及制动轮缸的详细操作步骤和规范要求，请参阅本章"任务四 检查和更换制动蹄（片）"中第八步，在此不再赘述。

2 1号用手将进油管压紧螺栓旋入制动轮缸的螺纹孔中。

提示：保证对正螺纹，严禁使用工具旋入进油管压紧螺栓。防止螺纹损伤，而导致制动分泵和进油管报废。

3 1号用专用套筒、扭力扳手，将进油管压紧螺栓按规定力矩拧紧。拧紧力矩为29N·m。

（七）安装后轮制动蹄及制动轮缸

1 1号、2号相互配合，安装后轮制动轮缸。

提示：安装后轮制动蹄片及制动轮缸的详细操作步骤和规范要求，请参阅本章"任务四 检查和更换制动蹄（片）"中第九步，在此不再赘述。

2 1号用手将进油管压紧螺栓旋入制动轮缸的螺纹孔中。

提示：保证对正螺纹，严禁使用工具旋入进油管压紧螺栓。防止螺纹损伤，而导致制动轮缸和进油管报废。

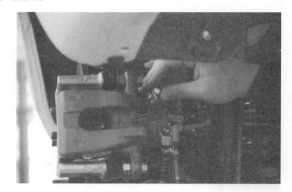

3 1号用专用套筒、扭力扳手，将进油管压紧螺栓按规定力矩拧紧。拧紧力矩为29N·m。

4 1号将驻车制动器拉线插入后轮制动轮缸总成上，将驻车制动器拉线卡爪结合在导向装置中。

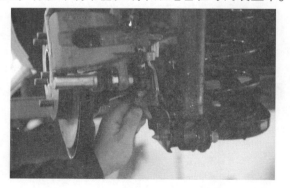

5 1号将驻车制动拉线末端连接在操作杆中。

（八）安装车轮

安装车轮的详细操作步骤和规范要求，请参阅"本章任务四检查和更换制动蹄（片）步骤十"，在此不再赘述。

（九）安装驻车制动拉线

1 2号操纵举升机将车辆降至适当高度，并可靠锁止举升机。

提示：

（1）举升机的操作要领和规范要求，请参阅"举升机的使用方法"，在此不再赘述。

（2）举升或降落车辆时，强调安全确认口令"正常"、"举升车辆"，防止意外情况发生。

2 1号将驻车制动拉线安装至驻车制动杠杆总成上。

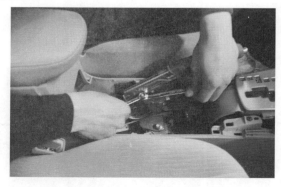

3 1号、2号配合调整驻车制动器。

提示：调整驻车制动器的详细操作步骤和规范要

求，请参阅本章"任务二 检查和调整驻车制动器"中第三步，在此不再赘述。

（十）制动系统排气

1号、2号、3号配合，将制动液中的空气彻底排放。

提示：排放制动液的详细操作步骤和规范要求，请参阅本章"任务三 检查和添加或更换制动液"中第五步，在此不再赘述。

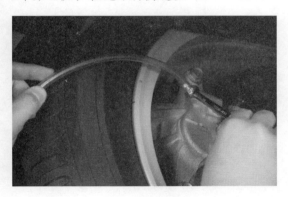

（十一）前后轮制动轮缸性能测试

1 2号进入驾驶室，连续踩制动踏板数次后，踩住制动踏板保持制动位置不变。

提示：连续踩制动踏板数次，目的是使制动器自动将制动盘和制动蹄之间的间隙调整到最佳。

2 1号用力转动车轮。

提示：如果车轮不能转动，证明制动轮缸制动效果良好。否则，对制动系统进行检查。

3 2号放松制动踏板，1号再次转动车轮。

提示：
（1）如果车轮转动自如，轻便顺畅，证明制动轮缸复位性能良好。否则，对制动系统进行检查。
（2）如果条件允许，可以进行道路试验，以检验制动系统性能。

4 1号操作举升机，将车辆降落到地面上。

提示：正确、安全操作举升机。请参阅"举升机的使用方法"，在此不再赘述。

5 1号使用2号传递来的扭力扳手，将车轮固定螺栓按规定力矩拧紧至103N·m。

提示：

（1）拧紧车轮固定螺栓时，要按照"对角多遍"的要求进行，防止车轮变形。

（2）安相同要求安装另一侧车轮。

（十二）整理工具

1号2号共同拆除护裙，驾驶室内保护罩，清理工具和量具等，清洁地面卫生。

提示： 作业项目完成后，要搞好工位的清扫，整理工作，培养良好的工作习惯。

七、考核标准

考 核 标 准 表

考核时间	序号	考核项目	满分	评分标准	得分
30min	1	作业前整理工位	1	整理遗漏酌情扣分	
	2	打开并支撑机舱盖	1	操作不当扣1分	
	3	安装汽车保护罩	2	操作不当扣2分	
	4	检查制动液油面	2	查找错误扣2分	
	5	排放制动液	4	操作不当扣4分	
	6	安装油管堵头	3	操作不当扣3分	
	7	拆装油管	5	操作不当扣5分	
	8	拆装制动总泵	6	操作不当扣6分	
	9	拆装制动分泵	12	操作不当扣12分	
	10	拆装制动助力器	7	操作不当扣7分	
	11	安装制动总泵和助力器的密封圈	3	操作不当扣3分	
	12	制动总泵的推杆涂油	2	操作遗漏扣2分	
	13	制动系统排气	7	操作不当扣7分	
	14	拆装转向盘下方保护罩	4	操作不当扣4分	
	15	制动助力器性能试验	8	操作不当扣8分	
	16	制动总泵性能试验	8	操作不当扣8分	
	17	制动分泵性能试验	8	操作不当扣8分	
	18	拆装车轮	10	操作不当扣10分	
	19	举升或降落车辆	4	操作不当扣4分	
	20	作业后整理工位	3	整理遗漏酌情扣分	
	21	遵守相关安全规范	因违规操作造成人身和设备事故的，总分按0分计		
分数合计			100		

任务七 检查汽车制动系统固定螺栓紧固情况

一、技术标准与要求

（1）制动系统固定螺栓拧紧力矩符合规定要求。
（2）制动系统相关固定螺栓规定拧紧力矩：
①制动钳壳螺栓前轮为34N·m，后轮为35N·m。
②制动轮缸支架固定螺栓前轮107N·m，后轮为57N·m。
③制动助力泵螺栓为13N·m；
④制动总泵螺母为13N·m。
⑤油管锁紧螺母为15N·m；
⑥分泵油管锁紧螺母力矩为29N·m；
⑦分泵释放气螺栓前轮为8.3N·m、后轮为10N·m。

二、实训时间：20min

三、实训教学目标

（1）了解检查汽车制动系统固定螺栓紧固情况的重要性。
（2）熟悉汽车制动系统的作用和组成。
（3）掌握检查汽车制动系统固定螺栓紧固情况的操作技能。

四、实训器材

扭力扳手

常用工具一套

开口扳手

五、教学组织

（1）教学组织形式：
每辆车安排4名学生参与实训，两名学生为一组。一组操作，一组观察学习。
（2）学生站位分工和要求：
两名学生一组，按照1号、2号进行编号，1号为主，2号为辅助。
（3）实训教师职责：
讲解操作步骤和注意事项；下达"操作开始"口令；工位间巡视、检查、指导和纠正错误。
（4）学生职责变换：
两名学生实行职责变换制度，即第一遍1号为主，2号为辅助；第二遍2号为主，1号为辅助。

六、操作步骤

第一步 事前准备

提示：请参阅"本章任务一检查制动踏板位置中步骤一"，在此不再赘述。

第二步 检查制动主缸固定螺栓

1 2号将套筒、接杆、扭力扳手，组合后传递给1号。

2 1号将扭力扳手的预紧力矩调整为13N·m。

!提示：检查固定螺栓紧固情况时，应使用扭力扳手。其使用方法是

（1）旋松活动套筒的固定螺栓。

（2）转动活动套筒，使活动套筒前边缘与固定套筒上的某一刻度线对齐，该刻度线标注有相对应的扭矩值。

（3）旋紧活动套筒的固定螺栓。当螺栓力矩达到预设力矩时，扭力扳手的棘轮滑转，螺栓紧固力矩不再增加。

3 1号使用专用接头、接杆、扭力扳手，检查制动主缸的2只固定螺母紧固情况。

第三步　检查前轮制动轮缸定位螺栓

1 2号将专用接头、接杆、扭力扳手，组合后传递给1号。

2 1号调整扭力扳手的预紧力矩前轮为34N·m，后轮为35N·m。

!提示：预紧力的调整方法请参照前文。

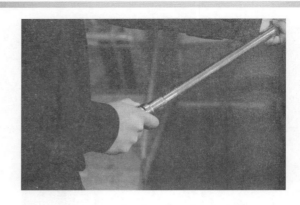

3 2号使用开口扳手将制动缸滑销固定，1号使用专用接头、扭力扳手，检查前轮制动轮缸的定位螺栓紧固情况。

第四步　检查前轮制动轮缸支架固定螺栓

1 2号将套筒、扭力扳手组合后传递给1号。

2 1号将扭力扳手的预紧力调整为107 N·m。

!提示：预紧力的调整方法请参照前文。

3 1号使用套筒、扭力扳手,检查前轮制动轮缸支架的2条固定螺栓紧固情况。

第五步　检查轮速传感器固定螺栓

1 2号将套筒、扭力扳手组合后传递给1号。

2 1号使用扭力扳手检查轮速传感器固定螺栓紧固情况。

第六步　检查后轮制动轮缸支架固定螺栓

1 2号将专用接头、接杆、扭力扳手组合后传递给1号。

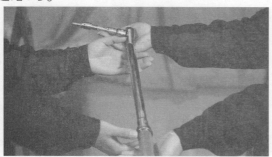

2 1号将扭力扳手的预紧力调整为57N·m。

提示:预紧力的调整方法请参照前文。

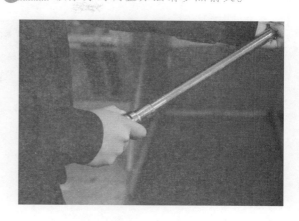

3 2号使用开口扳手将制动缸滑销固定,1号使用专用接头、接杆、扭力扳手,检查后轮制动轮缸的定位螺栓紧固情况。

第七步　整理工具

1号2号共同拆除护裙,驾驶室内保护罩,清理工具和量具等,清洁地面卫生。

提示:作业项目完成后,要搞好工位的清扫,整理工作,培养良好的工作习惯。

七、考核标准

考 核 标 准 表

考核时间	序 号	考核项目	满 分	评分标准	得 分
20min	1	作业前整理工位	10	整理遗漏酌情扣分	
	2	工位停车	5	操作不当扣5分	
	3	车辆可靠停驻	5	操作不当扣5分	
	4	粘贴翼子板护裙	10	操作不当扣10分	
	5	安装汽车驾驶室保护罩	10	操作不当扣10分	
	6	检查制动总泵固定螺栓	10	操作不当扣10分	
	7	预紧力扳手的使用方法	10	操作不当扣10分	
	8	检查前后轮制动分泵固定螺栓	10	操作不当扣10分	
	9	检查前后轮制动分泵定位螺栓	10	操作不当扣10分	
	10	检查轮速传感器固定螺栓	10	操作不当扣10分	
	11	工具维护和使用	5	操作不当扣5分	
	12	作用后整理工位	5	整理遗漏酌情扣分	
	13	遵守相关安全规范		因违规操作造成人身和设备事故的，总分按0分计	
分数合计			100		

任务八　检查和更换ABS轮速传感器

一、技术标准与要求

（1）安装丰田卡罗拉轿车配套轮速传感器。
（2）正确使用金德K600故障诊断仪。

二、实训时间：60min

三、实训教学目标

（1）了解检查和更换ABS轮速传感器的重要性。
（2）熟悉ABS的组成。
（3）熟悉ABS轮速传感器的结构与工作原理。
（4）掌握检查和更换ABS轮速传感器的操作技能。

四、实训材料

开口扳手

常用工具一套

金德K600故障诊断仪

压床

五、教学组织

（1）教学组织形式：
每辆车安排六名学生参与实训，三名学生为一组。一组操作，一组观察学习。

（2）学生站位分工和要求：

三名学生一组，按照1号、2号、3号进行编号，1号为主2、3为辅助。

（3）实训教师职责：

讲解操作步骤和操作注意事项；下达"操作开始"口令；工位间巡视、检查、指导和纠正错误。

（4）学生职责变换：

三名学生实行职责变换制度，即第一遍1号为主，2号、3号辅助；第二遍2号为主，1号、2号辅助，依此类推。

六、操作步骤

第一步　事前准备

⏱ 提示：请参阅本章"任务一　检查制动踏板位置"中第一步，在此不再赘述。

第二步　连接金德K600故障诊断仪

1 1号进入驾驶室，将点火开关旋至"ON"挡位，观察位于仪表台上板上的ABS警告灯点亮的情况。

⏱ 提示：如果ABS警告灯点亮约为3秒后熄灭，证明ABS性能正常；如果ABS警告灯长亮，证明ABS有故障，需要进行故障查询与诊断。

2 如果ABS有故障，需要进行故障查询。1号关闭点火开关后，用手打开仪表板下方的诊断座防护罩。

⏱ 提示：防护罩通过弹性卡安装在诊断座上，取下时，用手向里力推挤防护罩即可。

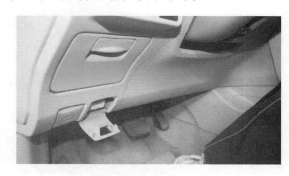

3 2号将金德K600故障诊断仪传递给1号。

⏱ 提示：金德K600故障诊断仪是一种精密贵重的仪器、在传递、接受和使用过程中，要小心谨慎，交接可靠，轻拿轻放，以免造成损伤而导致重大的经济损失。

4 2号将金德K600故障诊断仪的传输导线传递给1号。

⏱ 提示：传输导线严禁剧烈弯折，应注意保管和使用。

5 1号确认输入导线一端的安装插头。

⏱ 提示：传输导线与故障诊断仪连接时，插头和插座之间有严格相对位置规定。

6 1号确认金德K600故障诊断仪插座。

7 1号将传输线的插孔与故障诊断仪的插座对齐后,将插孔安插到插座上,然后将传输线上的固定螺钉拧紧。这样把传输线和故障诊断仪连接起来。

提示:两者相连时,要对齐后插接到位。严禁违规操作。

8 2号选择OBD Ⅱ插座传递给1号。

9 1号将OBD Ⅱ插座与传输线连接起来。

10 1号确认OBD Ⅱ插座的方向,插入诊断座孔内。这样在传输线和电控单元诊断座链接起来。

提示:传输线的插头要安装可靠、到位。否则将会影响数据传递。

第三步 ABS系统故障查询

1 1号将点火开关旋至"ON"挡位。

2 1号连接金德KT600检测仪,打开点火开关,按下金德KT600检测仪开关键,打开金德KT600检测仪。

提示:按住开关键约2~3s。

3 金德KT600检测仪,进入待机页面。1号选择"汽车诊断"菜单。

第九章 制动系统

4 检测仪进入故障测试界面后，1号选择"TOYOTA"菜单。

5 检测仪进入"TOYOTA"菜单后，1号选择车型，"带CAN系统车型"菜单。

6 检测仪进入"CAN系统车型"菜单后，1号选择汽车型号，"COROLLA（卡罗拉）"。

7 检测仪进入"COROLLA"菜单后，1号选择"COROLLA（GL）"菜单。

提示：GL为豪华型（Grande, Lux）

8 检测仪进入"COROLLA(GL)"菜单后，1号选择"ABS/VSC/TRC"菜单。

提示：ABS(Anti-locked Braking System):防抱死制动系统；VSC(Vehicle Stability Control):车身稳定控制系统；TRC(Traction Control System):牵引力控制系统。

9 检测仪进入"ABS/VSC/TRC"菜单后，1号选择"读取故障码"菜单。

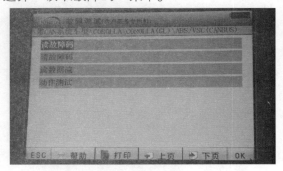

10 检测仪进入"读取故障码"菜单后，在屏幕上显示故障码。

第四步 清除故障代码

1 1号按退出键，检测仪退回"ABS/VSC/TRC"界面。

2 1号选择"清除故障码"菜单。

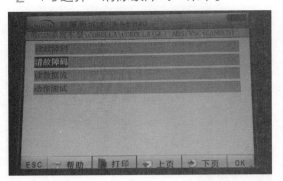

3 检测仪进入"清除故障码"菜单后，在屏幕上显示清除故障码的情况。

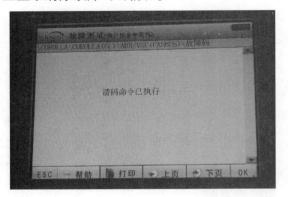

第五步 再次ABS系统故障查询

1 1号按退出键，检测仪退回"ABS/VSC/TRC"界面。

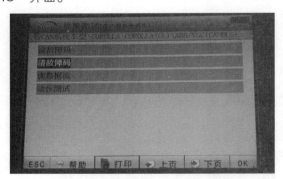

2 1号再次选择"读取故障码"菜单。

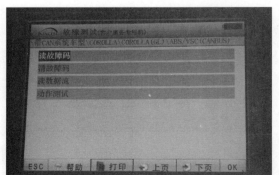

3 检测仪进入"读取故障码"菜单后，在屏幕上显示故障码。

第六步 读取轮速传感器测量数据块

1 2号操纵举升机，将车辆举升至轮胎最低点距离地面约20cm高度，并可靠锁止举升机。

提示：

（1）举升机的安全操作规范，请参阅"举升机的使用方法"，在此不再赘述。

（2）举升车辆前，注意安全确认，配合口令"正常"，"举升"。

2 1号放松驻车制动杆。

3 2号用手转动各车轮。

第九章 制动系统

4 1号按退出键,检测仪退回"ABS/VSC/TRC"界面。

5 1号选择"读数据流"菜单。

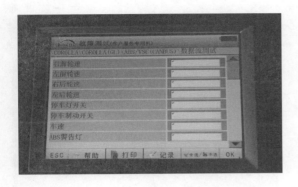

6 检测仪进入"读数据流"菜单后,在屏幕上显示数据流。

7 1号选择所需读的数据项目。

8 1号读出相应的数据内容。

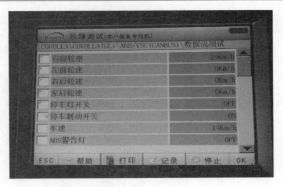

9 2号将数据记录到工单上。

10 1号按退出键回到待机页面。

11 1号按下金德KT600检测仪开关键,关闭金德KT600检测仪。

提示:按住开关键约2~3s。

第七步 取下金德K600故障诊断仪

1 1号关闭点火开关,停止发动机运转并将检测仪传输导线的两端用手取下。

提示：取下传输导线两连接端插头时，要用手捏紧插头处用力拔出插头。严禁采用直接拉拔导线或晃动插头的方法取下插头。

2 1号将检测仪传递给2号，2号将其放置于包装盒内。

提示：传递、接受和使用检测仪的要求，请参阅前文说明。检测仪要妥善保管，防震动、防重压。

3 1号将传输导线传递给2号。

提示：传输导线严禁剧烈弯折，注意保管和使用。

4 1号将诊断座的防护罩安装到位。

提示：防护罩用于保护电控系统诊断座。既可防止尘埃、潮湿空气等污染侵蚀诊断座，又避免杂物损伤诊断座。因此，防护罩出现破损，更换新品，并且保证安装到位。

第八步 拆卸前后车轮

提示：拆卸前后车轮的详细操作步骤和规范要求，请参阅"第九章任务四检查和更换制动蹄（片）步骤二"，在此不再赘述。

第九步 拆卸前翼子板内衬

1 1号使用专用套筒、棘轮扳手将前翼子板外接板衬块的2只固定螺钉取下。

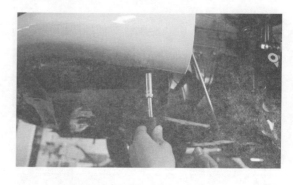

2 1号用专用套筒、棘轮扳手按图示要求，将销转过90°，并拆下1只销固定卡子。

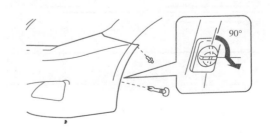

3 1号将3个卡爪与前保险杠脱开并前翼子板内衬上的8个卡子取下。

4 1号拆卸前翼子板内衬上的4个密封垫。

提示：密封垫在拆卸时会损坏，需换新件。

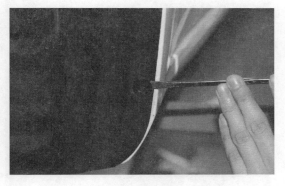

5 1号、2号配合将前翼子板内衬取下，摆放到零件车上。

第十步　拆卸前轮轮速传感器

1 1号用手断开前轮轮速传感器连接器。

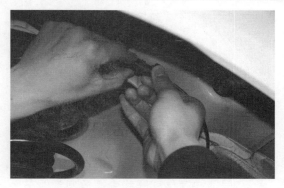

2 1号使用专用套筒、棘轮扳手将2个轮速传感器线束卡夹从车身上取下。

提示：不要扭曲轮速传感器线束。

3 1号使用高压气枪将轮速传感器周围的脏物吹净。

提示：防止脏物掉入轮速传感器孔中。

4 1号使用梅花扳手将轮速传感器的固定螺栓取下。

5 1号将轮速传感器从安装孔中拔出。

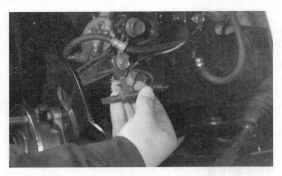

6 2号将轮速传感器线束摆放到零件车上。

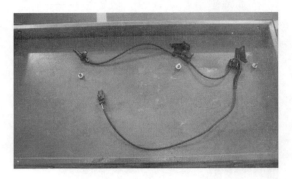

第十一步 拆卸后轮轮速传感器

1 1号、2号配合拆卸后轮制动轮缸。

提示： 拆卸后轮制动轮缸的详细操作步骤和规范要求，请参阅本章"任务四 检查或更换制动蹄（片）"中第五步，在此不再赘述。

2 1号、2号配合拆卸后轮制动蹄（片）。

提示： 拆卸后制动蹄（片）的详细操作步骤和规范要求，请参阅本章"任务四 检查和更换制动蹄（片）"中第六步，在此不再赘述。

3 1号、2号配合拆卸后轮制动轮缸支架。

提示： 拆卸后轮制动轮缸的支架的详细操作步骤和规范要求，请参阅本章"任务五 检查和更换制动盘"中第八步，在此不再赘述。

4 1号、2号配合拆卸后轮制动盘。

提示： 拆卸后轮制动盘的详细操作步骤和规范要求，请参阅本章"任务五 检查或更换制动盘"中第九步，在此不再赘述。

5 1号用螺丝刀从后轮轮速传感器上断开连接器。

提示： 不要损坏轮速传感器。

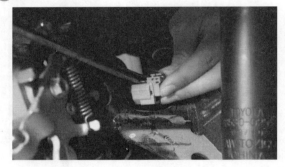

6 1号、2号配合拆卸后轮轮毂轴承总成

提示： 拆卸后轮轮毂轴承总成的详细操作步骤和规范要求，请参阅第七章"任务三 检查和更换前后轮轮毂轴承总成"中第二十一步"，在此不再赘述。

7 2号将后轮轮毂轴承总成拿到台虎钳上，1号将总成夹紧在台虎钳。

⚠️ 提示：

（1）后轮轮毂轴承总成不要夹得过紧。

（2）后轮轮毂轴承总成坠落或受到强烈冲击则应更换总成。

8 1号用尖冲头和铁锤从轮速传感器边缘敲出2个销子。

9 1号在轮速传感器上安装拉器。

10 1号使用吹气枪将轮速传感器周围的脏物吹净。

⚠️ 提示：防止脏物掉入轮速传感器座孔中。

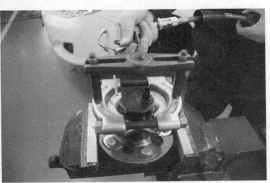

11 1号使用拉器将轮速传感器从座孔中取出。

⚠️ 提示：

（1）转速传感器远离磁铁。

（2）笔直拉出，防止轮速传感器擦碰轮速传感器信号盘。

（3）防止赃物掉入轮速传感器座孔中。

12 2号将轮速传感器摆放到零件车上。

第十二步　安装前轮轮速传感器

1 1号用棉纱将前轮轮速传感器的传感头擦拭干净。

⚠️ 提示：防止脏物黏附在传感器头上。

2 1号将轮速传感器插入转向节上的安装孔中。

⚠️ 提示：防止脏物掉入安装孔中。

3 1号使用专用套筒、扭力扳手,将固定螺栓拧紧到规定力矩。螺栓规定力矩为8.5N·m。

4 1号使用专用套筒、扭力扳手,将传感器线束卡夹按规定力矩安装到车身上。A螺栓8.5N·m ; B螺栓29N·m。

提示:安装时不要扭曲轮速传感器线束。

5 1号用手接上前轮轮速传感器连接器。

第十三步 安装前翼子板内衬

1 2号将前翼子板内衬摆放到位,1号对孔将新的密封垫安装到位。

2 1号、2号相互配合,1号将8个卡子安装到位。

3 1号、2号相互配合,1号将6个螺钉安装到位。

4 1号将销固定卡子安装至前保险杠。

第十四步 安装后轮轮速传感器

1 2号将后轮轮毂轴承总成拿到压床上,1号调整垫铁位置。

2 1号将轮速传感器摆放到座孔中。

提示:
(1)防止脏物掉入轮速传感器座孔中。
(2)轮速传感器连接器应在顶部。

3 1号将专用工具套在轮速传感器上，2号用压床将轮速传感器安装到位。

⏱提示：

（1）转速传感器远离磁铁。

（2）笔直压入，防止轮速传感器擦碰轮速传感器信号盘。

（3）不能用锤子安装轮速传感器。

4 1号、2号配合安装后轮轮毂轴承总成

⏱提示：安装后轮轮毂轴承总成的详细操作步骤和规范要求，请参阅第七章"任务三　检查和更换前后轮轮毂轴承总成"中第三十步，在此不再赘述。

5 1号、2号配合安装后轮制动盘及制动轮缸支架

⏱提示：安装后轮制动盘及制动轮缸支架的详细操作步骤和规范要求，请参阅本章"任务五　检查和更换制动盘"中第十一步，在此不再赘述。

6 1号、2号配合安装后轮制动蹄及制动分泵

⏱提示：安装后轮制动蹄及制动轮缸的详细操作步骤和规范要求，请参阅本章"任务四　检查和更换制动蹄中（片）"中第九步，在此不再赘述。

第十五步　安装车轮

1号、2号配合安装车轮。

⏱提示：安装、紧固车轮螺栓的详细操作步骤和规范要求，请参阅本章"任务四　检查和更换制动蹄（片）"中第六步，在此不再赘述。

第十六步　整理工位

1号、2号共同拆除护裙、驾驶室内保护罩，清理工具和量具等，清洁地面卫生。

⏱提示：作业项目完成后，要搞好工位的清扫、整理工作，培养良好的工作习惯。

七、考核标准

考 核 标 准 表

考核时间	序号	考核项目	满分	评分标准	得分
60min	1	作业前整理工位	5	整理遗漏酌情扣分	
	2	工位停车	4	停车不当扣4分	
	3	车辆可靠停住	4	操作不当扣4分	
	4	安装驾驶室内保护罩	4	操作不当扣4分	
	5	连接金德K600故障诊断仪	8	操作不当扣8分	
	6	ABS故障查询	10	操作不当扣10分	
	7	清除故障代码	10	操作不当扣1分	
	8	读取轮速传感器的测量数据块	10	操作不当扣1分	
	9	取下金德K600故障诊断仪	8	操作不当扣8分	
	10	拆装轮速传感器	18	操作不当扣8分	
	11	举升或降落车辆	7	操作不当扣7分	
	12	仪器维护和使用	7	操作不当扣7分	
	13	作业后整理工位	5	整理遗漏酌情扣分	
	14	遵守相关安全规范		因违规操作造成人身和设备事故的，总分按0分计	
分数合计			100		